Les Fables de la Fontaine

Texte intégral-Livres I- XII

Jean de La Fontaine

Modernisation de l'orthographe possible (voir le cadre information ci-dessous) : ponctuation et casse inchangées, respectant le rythme et les intonations de l'original

Premier Recueil : 1668

A Monseigneur Le Dauphin.

MONSEIGNEUR,

S'il y a quelque chose d'ingenieux dans la Republique des Lettres, on peut dire que c'est la maniere dont Esope a debité sa Morale. Il seroit veritablement à souhaiter que d'autres mains que les miennes y eussent ajoûté les ornemens de la Poësie ; puisque le plus sage des Anciens a jugé qu'ils n'y estoient pas inutiles. J'ose, MONSEIGNEUR, vous en presenter quelques Essais. C'est un Entretien convenable à vos premieres années. Vous estes en un âge où l'amusement & les jeux sont permis aux Princes ; mais en mesme temps vous devez donner quelques-unes de vos pensées à des reflexions serieuses. Tout cela se rencontre aux Fables que nous devons à Esope. L'apparence en est puerile, je le confesse ; mais ces puerilitez servent d'enveloppe à des veritez importantes. Je ne doute point, MONSEIGNEUR, que vous ne regardiez favorablement des inventions si utiles, & tout ensemble si agreables : car que peut-on souhaiter davantage que ces deux points ? Ce sont eux qui ont introduit les Sciences parmi les hommes. Esope a trouvé un art singulier de les joindre l'un avec l'autre. La lecture de son Ouvrage répand insensiblement dans une ame les semences de la vertu, & luy apprend à se connoistre, sans qu'elle s'aperçoive de cette étude, & tandis qu'elle croit faire toute autre chose. C'est une adresse dont s'est servi tres-heureusement celuy sur lequel sa Majesté a jetté les yeux pour vous donner des Instructions. Il fait en sorte que vous apprenez sans peine, ou, pour mieux parler, avec plaisir, tout ce qu'il est necessaire qu'un Prince sçache. Nous esperons beaucoup de cette conduite ; mais à dire la vérité, il y a des choses dont nous esperons infiniment davantage. Ce sont, MONSEIGNEUR, les qualitez que nostre invincible Monarque vous a données avec la Naissance ; c'est l'Exemple que tous les jours il vous donne. Quand vous le voyez former de si grands Desseins ; quand vous le considerez qui regarde, sans s'étonner, l'agitation de l'Europe, & les machines qu'elle remuë pour le détourner de son entreprise ; quand il penetre dés sa premiere démarche jusques dans le cœur d'une Province où l'on trouve à chaque pas des barrieres insurmontables, & qu'il en subjugue une autre en huit jours, pendant la saison la plus ennemie de la guerre, lorsque le repos & les plaisirs regnent dans les Cours des autres Princes ; quand non content de dompter les hommes, il veut triompher aussi des Elemens ; & quand au retour de cette expedition où il a vaincu comme un Alexandre, vous le voyez gouverner ses peuples comme un Auguste : avoüez le vray, MONSEIGNEUR, vous soupirez pour la gloire aussi-bien que luy, malgré l'impuissance de vos années ; vous attendez avec impatience le temps où vous pourrez vous declarer son Rival dans l'amour de cette divine Maistresse. Vous ne l'attendez pas, MONSEIGNEUR, vous le prévenez. Je n'en veux pour témoignage que ces nobles inquietudes, cette vivacité, cette ardeur, ces marques d'esprit, de courage, & de grandeur d'ame, que vous faites paroistre à tous les momens. Certainement c'est une joye bien sensible à nostre Monarque ; mais c'est un spectacle bien agreable pour l'Univers, que de voir ainsi croistre une jeune Plante, qui couvrira un jour de son ombre tant de Peuples & de Nations. Je devrois m'étendre sur ce sujet ; mais comme le dessein que j'ay de vous divertir est plus proportionné à mes forces que celuy de vous loüer, je me haste de venir aux Fables, & n'ajoûteray aux veritez que je vous ay dites que celle-cy : c'est, MONSEIGNEUR, que je suis avec un zele respectueux,

Voſtre tres-humble, tres-obeïssant & tres-fidele serviteur,

DE LA FONTAINE.

Preface.

L'Indulgence que l'on a euë pour quelques-unes de mes Fables, me donne lieu d'esperer la même grace pour ce Recueil. Ce n'est pas qu'un des Maistres de nostre Eloquence n'ait desapprouvé le dessein de les mettre en Vers. Il a cru que leur principal ornement est de n'en avoir aucun ; que d'ailleurs la contrainte de la Poësie jointe à la severité de nostre Langue, m'embarassoient en beaucoup d'endroits, & banniroient de la pluspart de ces Recits la breveté, qu'on peut fort bien appeller l'ame du Conte, puisque sans elle il faut necessairement qu'il languisse. Cette opinion ne sçauroit partir que d'un homme d'excellent goust : je demanderois seulement qu'il en relâchast quelque peu, & qu'il crust que les Graces Lacedemoniennes ne sont pas tellement ennemies des Muses Françoises, que l'on ne puisse souvent les faire marcher de compagnie.

Aprés tout, je n'ay entrepris la chose que sur l'exemple, je ne veux pas dire des Anciens, qui ne tire point à consequence pour moy ; mais sur celuy des Modernes. C'est de tout temps, & chez tous les peuples qui font profession de Poësie, que le Parnasse a jugé cecy de son Appanage. À peine les Fables qu'on attribuë à Esope virent le jour, que Socrate trouva à propos de les habiller des livrées des Muses. Ce que Platon en rapporte est si agreable, que je ne puis m'empescher d'en faire un des ornemens de cette Preface. Il dit que Socrate estant condamné au dernier supplice, l'on remit l'execution de l'Arrest, à cause de certaines Festes. Cebes l'alla voir le jour de sa mort. Socrate luy dit que les Dieux l'avoient averti plusieurs fois pendant son sommeil, qu'il devoit s'appliquer à la Musique avant qu'il mourust. Il n'avoit pas entendu d'abord ce que ce songe signifioit : car comme la Musique ne rend pas l'homme meilleur, à quoy bon s'y attacher ? Il faloit qu'il y eust du mystere là dessous ; d'autant plus que les Dieux ne se lassoient point de luy envoyer la mesme inspiration. Elle luy estoit encore venuë une de ces Festes. Si bien qu'en songeant aux choses que le Ciel pouvoit exiger de luy, il s'estoit avisé que la Musique & la Poësie ont tant de rapport, que possible estoit-ce de la derniere qu'il s'agissoit : Il n'y a point de bonne Poësie sans Harmonie ; mais il n'y en a point non plus sans fiction ; & Socrate ne sçavoit que dire la verité. Enfin il avoit trouvé un temperament. C'estoit de choisir des Fables qui continssent quelque chose de veritable, telles que sont celles d'Esope. Il employa donc à les mettre en Vers les derniers momens de sa vie.

Socrate n'est pas le seul qui ait consideré comme sœurs la Poësie & nos Fables. Phedre a témoigné qu'il estoit de ce sentiment ; & par l'excellence de son Ouvrage nous pouvons juger de celuy du Prince des Philosophes. Aprés Phedre, Avienus a traité le mesme sujet. Enfin les Modernes les ont suivis. Nous en avons des exemples non seulement chez les Estrangers ; mais chez nous. Il est vray que lorsque nos gens y ont travaillé, la Langue estoit si differente de ce qu'elle est, qu'on ne les doit considerer que comme Estrangers. Cela ne m'a point détourné de mon entreprise ; au contraire, je me suis flaté de l'esperance que si je ne courois dans cette carriere avec succez, on me donneroit au-moins la gloire de l'avoir ouverte.

Il arrivera possible que mon travail fera naistre à d'autres personnes l'envie de porter la chose plus loin. Tant s'en faut que cette matiere soit épuisée, qu'il reste encore plus de Fables à mettre en Vers, que je n'en ay mis. J'ay choisi veritablement les meilleures, c'est-à-dire celles qui m'ont semblé telles. Mais outre que je puis m'estre trompé dans mon choix, il ne sera pas difficile de donner un autre tour à celles-là mesme que j'ay choisies ; & si ce tour est moins long, il sera sans doute plus approuvé. Quoy qu'il en arrive, on m'aura toujours obligation ; soit que ma temerité ait esté heureuse, & que je ne me sois point trop écarté du chemin qu'il faloit tenir, soit que j'aye seulement excité les autres à mieux faire.

Je pense avoir justifié suffisamment mon dessein ; quant à l'execution, le Public en fera Juge. On ne trouvera pas icy l'élegance ni l'extrême breveté, qui rendent Phedre recommandable ; ce font qualitez au deſſus de ma portée. Comme il m'étoit impoſſible de l'imiter en cela, j'ay cru qu'il faloit en recompenſe égayer l'Ouvrage plus qu'il n'a fait. Non que je le blâme d'en eſtre demeuré dans ces termes : la Langue Latine n'en demandoit pas davantage ; & ſi l'on y veut prendre garde, on reconnoiſtra dans cet Auteur le vray caractere & le vray genie de Terence. La ſimplicité eſt magnifique chez ces grands Hommes : moy qui n'ay pas les perfections du langage comme ils les ont euës, je ne la puis élever à un ſi haut point. Il a donc falu ſe recompenſer d'ailleurs ; c'eſt ce que j'ay fait avec d'autant plus de hardieſſe que Quintilien dit qu'on ne ſçauroit trop égayer les Narrations. Il ne s'agit pas icy d'en apporter une raiſon ; c'eſt aſſez que Quintilien l'ait dit. J'ay pourtant conſideré que ces Fables eſtant ſceuës de tout le monde, je ne ferois rien, ſi je ne les rendois nouvelles par quelques traits qui en relevaſſent le gouſt. C'eſt ce qu'on demande aujour-d'huy ; on veut de la nouveauté & de la gayeté. Je n'appelle pas gayeté ce qui excite le rire ; mais un certain charme, un air agreable qu'on peut donner à toutes ſortes de ſujets, meſme les plus ſerieux.

Mais ce n'eſt pas tant par la forme que j'ay donnée à cet Ouvrage, qu'on en doit meſurer le prix, que par ſon utilité & par ſa matiere. Car qu'y a-t-il de recommandable dans les productions de l'eſprit, qui ne ſe rencontre dans l'Apologue ? C'eſt quelque choſe de ſi divin, que pluſieurs perſonnages de l'Antiquité ont attribué la plus grande partie de ces Fables à Socrate, choiſiſſant pour leur ſervir de pere, celuy des mortels qui avoit le plus de communication avec les Dieux. Je ne ſçay comme ils n'ont point fait deſcendre du Ciel ces meſmes Fables ; & comme ils ne leur ont point aſſigné un Dieu qui en euſt la direction, ainſi qu'à la Poëſie & à l'Eloquence. Ce que je dis n'eſt pas tout-à-fait ſans fondement ; puiſque, s'il m'eſt permis de meſler ce que nous avons de plus ſacré parmy les erreurs du Paganiſme, nous voyons que la Verité a parlé aux hommes par paraboles ; & la parabole eſt-elle autre choſe que l'Apologue, c'eſt-à-dire un exemple fabuleux, & qui s'inſinuë avec d'autant plus de facilité & d'effet, qu'il eſt plus commun & plus familier. Qui ne nous propoſeroit à imiter que les Maiſtres de la Sageſſe, nous fourniroit un ſujet d'excuſe ; il n'y en a point quand des Abeilles & des Fourmis ſont capables de cela même qu'on nous demande.

C'eſt pour ces raiſons que Platon ayant banni Homere de ſa Republique, y a donné à Eſope une place tres-honorable. Il ſouhaite que les enfans ſuccent ces Fables avec le lait, il commande aux Nourrices de les leur apprendre ; car on ne ſçauroit s'accoutumer de trop bonne heure à la ſageſſe & à la vertu : plutoſt que d'eſtre reduits à corriger nos habitudes, il faut travailler à les rendre bonnes, pendant qu'elles ſont encore indifferentes au bien ou au mal. Or quelle methode y peut contribuer plus utilement que ces Fables ? Dites à un enfant que Craſſus allant contre les Parthes, s'engagea dans leur païs ſans conſiderer comment il en ſortiroit :

que cela le fit perir luy & fon Armée, quelque effort qu'il fift pour fe retirer. Dites au mefme enfant, que le Renard & le Bouc defcendirent au fond d'un puits pour y éteindre leur foif : que le Renard en fortit s'eftant fervi des épaules & des cornes de fon camarade comme d'une échelle : au contraire le Bouc y demeura, pour n'avoir pas eu tant de prévoyance ; & par confequent il faut confiderer en toute chofe la fin. Je demande lequel de ces deux exemples fera le plus d'impreffion fur cet enfant ? ne s'arreftera-t-il pas au dernier, comme plus conforme & moins difproportionné que l'autre à la petiteffe de fon efprit ? Il ne faut pas m'alleguer que les penfées de l'enfance font d'elles-mefmes affez enfantines, fans y joindre encore de nouvelles badineries. Ces badineries ne font telles qu'en apparence, car dans le fonds elles portent un fens tres-folide. Et comme par la définition du Point, de la Ligne, de la Surface, & par d'autres principes tres-familiers, nous parvenons à des connoiffances qui mefurent enfin le Ciel & la Terre ; de même auffi par les raifonnemens, & confequences que l'on peut tirer de ces Fables, on fe forme le jugement & les mœurs, on fe rend capable des grandes chofes.

Elles ne font pas feulement Morales ; elles donnent encore d'autres connoiffances. Les proprietez des Animaux, & leurs divers caracteres y font exprimez ; par confequent les noftres auffi, puifque nous fommes l'abregé de ce qu'il y a de bon & de mauvais dans les creatures irraifonables. Quand Prometée voulut former l'homme, il prit la qualité dominante de chaque befte. De ces pieces fi differentes il compofa noftre efpece ; il fit cet Ouvrage qu'on appelle *le petit Monde*. Ainfi ces Fables font un Tableau où chacun de nous fe trouve dépeint. Ce qu'elles nous reprefentent, confirme les perfonnes d'âge avancé dans les connoiffances que l'ufage leur a données, & apprend aux enfans ce qu'il faut qu'ils fçachent. Comme ces derniers font nouveau-venus dans le monde, ils n'en connoiffent pas encore les habitans, ils ne fe connoiffent pas eux-mefmes. On ne les doit laiffer dans cette ignorance que le moins qu'on peut ; il leur faut apprendre ce que c'eft qu'un Lion, un Renard, ainfi du refte ; & pourquoy l'on compare quelquefois un homme à ce Renard ou à ce Lion. C'eft à quoy les Fables travaillent ; les premieres Notions de ces chofes proviennent d'elles.

J'ay déja paffé la longueur ordinaire des Prefaces ; cependant je n'ay pas encore rendu raifon de la conduite de mon Ouvrage. L'Apologue eft compofé de deux parties, dont on peut appeller l'une le Corps, l'autre l'Ame. Le Corps eft la Fable, l'Ame la Moralité. Ariftote n'admet dans la Fable que les Animaux ; il en exclud les Hommes & les Plantes. Cette regle eft moins de neceffité que de bien-feance, puifque ni Efope, ni Phedre, ni aucun des Fabuliftes ne l'a gardée : tout au contraire de la Moralité, dont aucun ne fe difpenfe : Que s'il m'eft arrivé de le faire, ce n'a efté que dans les endroits où elle n'a pû entrer avec grace, & où il eft aifé au Lecteur de la fuppléer. On ne confidere en France que ce qui plaift ; c'eft la grande regle, & pour ainsi dire la seule. Je n'ay donc pas cru que ce fust un crime de passer par dessus les anciennes Coutumes, lorsque je ne pouvois les mettre en usage sans leur faire tort. Du temps d'Esope la Fable estoit contée simplement, la Moralité separée, & toujours ensuite. Phedre est venu, qui ne s'est pas assujetti à cet ordre : il embellit la Narration, & transporte quelquefois la Moralité de la fin au commencement. Quand il seroit necessaire de luy trouver place, je ne manque à ce precepte que pour en observer un qui n'est pas moins important. C'est Horace qui nous le donne. Cet Auteur ne veut pas qu'un Ecrivain s'opiniâtre contre l'incapacité de son esprit, ni contre celle de sa matiere. Jamais, à ce qu'il prétend, un homme qui veut réüssir n'en vient jusques-là ; il abandonne les choses dont il voit bien qu'il ne sçauroit rien faire de bon :

———*Et quæ*
Desperat tractata nitescere posse, relinquit.

C'est ce que j'ay fait à l'égard de quelques Moralitez, du succés desquelles je n'ay pas bien esperé.

Il ne reste plus qu'à parler de la vie d'Esope. Je ne voy presque personne qui ne tienne pour fabuleuse celle que Planude nous a laissée. On s'imagine que cet Auteur a voulu donner à son Heros un caractere & des avantures qui répondissent à ses Fables. Cela m'a paru d'abord specieux ; mais j'ay trouvé à la fin peu de certitude en cette Critique. Elle est en partie fondée sur ce qui se passe entre Xantus & Esope : on y trouve trop de niaiseries : & qui est le Sage à qui de pareilles choses n'arrivent point ? Toute la vie de Socrate n'a pas esté serieuse. Ce qui me confirme en mon sentiment, c'est que le caractere que Planude donne à Esope, est semblable à celuy que Plutarque luy a donné dans son Banquet des sept Sages, c'est-à-dire d'un homme subtil, & qui ne laisse rien passer. On me dira que le Banquet des sept Sages est aussi une invention. Il est aisé de douter de tout : quant à moy je ne voy pas bien pourquoy Plutarque auroit voulu imposer à la posterité dans ce Traité-là, luy qui fait profession d'estre veritable par tout ailleurs, & de conserver à chacun son caractere. Quand cela seroit, je ne sçaurois que mentir sur la foy d'autruy : me croira-t-on moins que si je m'arreste à la mienne ? car ce que je puis est de composer un tissu de mes conjectures, lequel j'intituleray, *Vie d'Esope*. Quelque vrai-semblable que je le rende, on ne s'y asseurera pas ; & Fable pour Fable, le Lecteur preferera toujours celle de Planude à la mienne.

La Vie d'Esope
Le Phrygien.

Nous n'avons rien d'asseuré touchant la naissance d'Homere & d'Esope. À peine mesme sçait-on ce qui leur est arrivé de plus remarquable. C'est de quoy il y a lieu de s'étonner, veu que l'Hiſtoire ne rejette pas des choſes moins agreables & moins neceſſaires que celle-là. Tant de deſtructeurs de Nations, tant de Princes ſans merite ont trouvé des gens qui nous ont appris juſqu'aux moindres particularitez de leur vie ; & nous ignorons les plus importantes de celles d'Eſope & d'Homere, c'eſt-à-dire des deux perſonnages qui ont le mieux merité des Siecles ſuivans. Car Homere n'eſt pas ſeulement le Pere des Dieux, c'eſt auſſi celuy des bons Poëtes. Quant à Eſope, il me ſemble qu'on le devoit mettre au nombre des Sages, dont la Grece s'eſt tant vantée ; luy qui enſeignoit la veritable Sageſſe, & qui l'enſeignoit avec bien plus d'art que ceux qui en donnent des Définitions & des Regles. On a veritablement recueilly les vies de ces deux grands Hommes ; mais la pluſpart des Sçavans les tiennent toutes deux fabuleuſes ; particulierement celle que Planude a écrite. Pour moy, je n'ay pas voulu m'engager dans cette Critique. Comme Planude vivoit dans un ſiecle où la memoire des choſes arrivées à Eſope ne devoit pas eſtre encore éteinte, j'ay crû qu'il ſçavoit par tradition ce qu'il a laiſſé. Dans cette croyance je l'ay ſuivy, ſans retrancher de ce qu'il a dit d'Eſope que ce qui m'a ſemblé trop puerile, ou qui s'écartoit en quelque façon de la bien-ſeance.

Eſope eſtoit Phrygien, d'un Bourg appellé Amorium. Il naquit vers la cinquante-ſeptiéme Olympiade, quelque deux cens ans après la fondation de Rome. On ne ſçauroit dire s'il eut ſujet de remercier la Nature, ou bien de ſe plaindre d'elle : car en le doüant d'un tres-bel eſprit, elle le fit naiſtre difforme & laid de viſage, ayant à peine figure d'homme ; juſqu'à luy refuſer preſque entierement l'uſage de la parole. Avec ces défauts, quand il n'auroit pas eſté de condition à eſtre Eſclave, il ne pouvoit manquer de le devenir. Au reſte ſon ame ſe maintint toûjours libre, & indépendante de la fortune. Le premier Maiſtre qu'il eut, l'envoya aux champs labourer la terre ; ſoit qu'il le jugeaſt incapable de toute autre choſe, ſoit pour s'oſter de devant les yeux un objet ſi deſagreable. Or il arriva que ce Maiſtre eſtant allé voir ſa maiſon des champs, un Païſan luy donna des Figues : il les trouva belles, & les fit ſerrer fort ſoigneuſement, donnant ordre à ſon Sommelier appellé Agathopus, de les luy apporter au ſortir du bain. Le hazard voulut qu'Eſope eut affaire dans le logis. Auſſi-toſt qu'il y fut entré, Agathopus ſe ſervit de l'occaſion, & mangea les Figues avec quelques-uns de ſes Camarades ; puis ils rejetterent cette fripponnerie ſur Eſope, ne croyant pas qu'il ſe puſt jamais juſtifier, tant il eſtoit begue, & paroiſſoit idiot. Les chaſtimens dont les Anciens uſoient envers leurs Eſclaves, eſtoient fort cruels, & cette faute tres-puniſſable. Le pauvre Eſope ſe jetta aux pieds de ſon Maiſtre ; & ſe faiſant entendre du mieux qu'il pût, il témoigna qu'il demandoit pour toute grace qu'on ſurſiſt de quelques momens ſa punition. Cette grace luy ayant eſté accordée, il alla querir de l'eau tiéde, la bût en preſence de ſon Seigneur, ſe mit les doigts dans la bouche ; & ce qui s'enſuit ; ſans rendre autre choſe que cette eau ſeule.

Aprés s'eftre ainfi juftifié, il fit figne qu'on obligeaft les autres d'en faire autant. Chacun demeura furpris : on n'auroit pas crû qu'une telle invention puft partir d'Efope. Agathopus & fes Camarades ne parurent point étonnez. Ils bûrent de l'eau comme le Phrygien avoit fait, & fe mirent les doigts dans la bouche ; mais ils fe garderent bien de les enfoncer trop avant. L'eau ne laiffa pas d'agir, & de mettre en évidence les Figues toutes cruës encore, & toutes vermeilles. Par ce moyen Efope fe garantit ; fes accufateurs furent punis doublement, pour leur gourmandife & pour leur méchanceté. Le lendemain, aprés que leur Maiftre fut party, & le Phrygien eftant à fon travail ordinaire, quelques Voyageurs égarez (aucuns difent que c'eftoient des Preftres de Diane) le prierent au nom de Jupiter Hofpitalier, qu'il leur enfeignaft le chemin qui conduifoit à la Ville. Efope les obligea premierement de fe repofer à l'ombre ; puis leur ayant prefenté une legere collation, il voulut eftre leur guide, & ne les quitta qu'aprés qu'il les eut remis dans leur chemin. Les bonnes gens leverent les mains au Ciel, & prierent Jupiter de ne pas laiffer cette action charitable fans recompenfe. A peine Efope les eut quittez, que le chaud & la laffitude le contraignirent de s'endormir. Pendant fon fommeil il s'imagina que la Fortune eftoit debout devant luy, qui luy délioit la langue, & par mefme moyen luy faifoit prefent de cet Art, dont on peut dire qu'il eft l'Auteur. Réjoüy de cette avanture, il s'éveilla en furfaut ; & en s'éveillant : Qu'eft cecy, dit il, ma voix eft devenuë libre ? je prononce bien un rafteau, une charuë, tout ce que je veux. Cette merveille fut caufe qu'il changea de Maiftre. Car comme un certain Zenas, qui eftoit là en qualité d'Oeconome, & qui avoit l'œil fur les Efclaves, en eut battu un outrageufement pour une faute qui ne le meritoit pas, Efope ne put s'empefcher de le reprendre ; & le menaça que fes mauvais traitemens feroient fçeus : Zenas pour le prévenir, & pour fe vanger de luy, alla dire au Maiftre qu'il eftoit arrivé un prodige dans fa maifon ; que le Phrygien avoit recouvré la parole : mais que le méchant ne s'en fervoit qu'à blafphemer, & à médire leur Seigneur. Le Maiftre le crût, & paffa bien plus avant ; car il luy donna Efope, avec liberté d'en faire ce qu'il voudroit. Zenas de rétour aux champs, un Marchand l'alla trouver, & luy demanda fi pour de l'argent il le vouloit accomoder de quelque Befte de fomme. Non pas cela, dit Zenas, je n'en ay pas le pouvoir ; mais je te vendray, fi tu veux un de nos Efclaves. Là-deffus ayant fait venir Efope, le Marchand dit : Eft-ce afin de te mocquer que tu me propofes l'achapt de ce perfonnage ? On le prendroit pour un Outre. Dés que le Marchand eut ainfi parlé, il prit congé d'eux, partie murmurant, partie riant de ce bel objet. Efope le rappella, & luy dit : Achete-moy hardiment : je ne te feray pas inutile. Si tu as des enfans qui crient & qui foient méchans, ma mine les fera taire : on les menacera de moy comme de la Befte. Cette raillerie plût au Marchand. Il achepta noftre Phrygien trois oboles, & dit en riant : Les Dieux foient loüez ; je n'ay pas fait grande acquifition à la verité : auffi n'ai-je pas débourfé grand argent. Entre-autres denrées, ce Marchand trafiquoit d'efclaves. Si bien qu'allant à Ephefe pour fe défaire de ceux qu'il avoit, ce que chacun d'eux devoit porter pour la commodité du voyage, fut départy felon leur employ & felon leurs forces. Efope pria que l'on euft égard à fa taille ; qu'il eftoit nouveau venu, & devoit eftre traité doucement. Tu ne porteras rien, fi tu veux, luy repattirent fes Camarades. Efope fe picqua d'honneur, & voulut avoir fa charge comme les autres. On le laiffa donc choifir. Il prit le Panier au pain : C'eftoit le fardeau le plus pefant. Chacun crût qu'il l'avoit fait par beftife : mais dés la difnée le Panier fut entamé, & le Phrygien déchargé d'autant ; ainfi le foir, & de mefme le lendemain ; de façon qu'au bout de deux jours il marchoit à vuide. Le bon fens & le raifonnement du perfonnage furent admirez. Quant au Marchand, il fe défit de tous fes Efclaves, à la referve d'un Grammairien, d'un Chantre, & d'Efope, lefquels il alla expofer en vente à Samos. Avant que de les mener fur la place, il fit habiller les deux premiers le plus proprement qu'il pût, comme chacun farde fa marchandife. Efope au contraire ne fut veftu que d'un fac, & placé entre fes deux Compagnons, afin de leur donner luftre. Quelques acheteurs fe prefenterent ; entre-autres un Philofophe appellé Xantus. Il demanda au Grammairien & au Chantre ce qu'ils fçavoient faire : Tout, reprirent-ils. Cela fit rire le Phrygien, on peut s'imaginer de quel air. Planude rapporte qu'il s'en falut peu qu'on ne prift la fuite, tant il fit une effroyable grimace. Le Marchand fit fon Chantre mille oboles, fon Grammairien trois mille ; & en cas que l'on achetât l'un des deux, il devoit donner Efope par deffus le marché. La cherté du Grammairien & du Chantre dégoûta Xantus. Mais pour ne pas retourner chez foy fans avoir fait quelque empleté, fes difciples luy confeillerent d'acheter ce petit bout d'homme, que avoit ry de fi bonne grace : on en feroit un épouventail : il divertiroit les gens par fa mine. Xantus fe laiffa perfuader, & fit prix d'Efope à foixante oboles. Il luy demanda devant que de l'acheter, à quoy il luy feroit propre ; comme il l'avoit demandé à fes Camarades. Efope répondit, à rien, puifque les deux autres avoient tout retenu pour eux. Les Commis de la Doüane remirent genereufement à Xantus le fol pour livre, & luy en donnerent quittance fans rien payer. Xantus avoit une femme de gouft affez délicat, & à qui toutes fortes de gens ne plaifoient pas ; fi bien que de luy aller prefenter ferieufement fon nouvel Efclave, il n'y avoit pas d'apparence ; à moins qu'il ne la vouluft mettre en colere, & fe faire mocquer de luy. Il jugea plus à propos d'en faire un fujet de plaifanterie ; & alla dire au logis qu'il venoit d'acheter un jeune Efclave le plus beau du monde & le mieux fait. Sur cette nouvelle les filles qui fervoient fa femme, fe penferent battre à qui l'auroit pour fon ferviteur : mais elles furent bien étonnées quand le Perfonnage parut. L'une fe mit la main devant les yeux, l'autre s'enfuit, l'autre fit un cry. La Maîtreffe du logis dit que c'eftoit pour la chaffer qu'on luy amenoit un tel Monftre : qu'il y avoit long-temps que le Philofophe fe laffoit d'elle. De parole en parole le differend s'échauffa, jufques à tel point que la femme demanda fon bien, & voulut fe retirer chez fes parens. Xantus fit tant par fa patience, & Efope par fon efprit, que les chofes s'accommoderent. On ne parla plus de s'en aller, & peut-eftre que l'accoutumance effaça à la fin une partie de la laideur du nouvel Efclave. Je laifferai beaucoup de petites chofes où il fit paroiftre la vivacité de fon efprit : car quoy qu'on puiffe juger par là de fon caractere, elles font de trop peu de confequence pour en informer la pofterité. Voicy feulement un échantillon de fon bon fens & de l'ignorance de fon Maiftre. Celuy-ci alla chez un Jardinier fe choifir luy-mefme une falade. Les herbes cueillies, le Jardinier le pria de luy fatisfaire l'efprit fur une difficulté qui regardoit la Philofophie auffi-bien que le Jardinage. C'eft que les herbes qu'il plantoit & qu'il cultivoit avec un grand foin, ne profitoient point ; tout au contraire de celles que la terre produifoit d'elle-mefme, fans culture ny amendement. Xantus rapporta le tout à la Providence, comme on a coûtume de faire quand on eft court : Efope fe mit à rire ; & ayant tiré fon Maître à part, il luy confeilla de dire à ce Jardinier qu'il luy avoit fait une réponfe ainfi generale, parce que la queftion n'eftoit pas digne de luy ; il le laiffoit donc avec fon garçon, qui affurément le fatisferoit. Xantus s'eftant allé promener d'un autre cofté du Jardin, Efope compara la terre à une femme, qui ayant des enfans d'un premier mari, en époufereoit un fecond qui auroit auffi des enfans d'une autre femme : Sa nouvelle époufe ne manqueroit pas de concevoir de l'averfion pour ceux-cy, & leur ofteroit la nourriture, afin que les fiens en profitaffen. Il en eftoit ainfi de la terre, qui n'adoptoit qu'avec peine les productions du travail & de la culture, & qui refervoit toute fa tendreffe & tous fes bienfaits pour les fiennes feules ; elle étoit maraftre des unes, & mere paffionnée des autres. Le Jardinier parut fi content de cette raifon, qu'il offrit à Efope tout ce qui eftoit dans fon Jardin. Il arriva quelque temps aprés, un grand differend entre le Philofophe & fa femme. Le Philofophe étant de feftin mit à part quelques friandifes ; & dit à Efope : Va porter cecy à ma bonne Amie. Efope l'alla donner à une petite Chienne qui eftoit les délices de fon Maiftre. Xantus de retour ne manqua pas de demander des nouvelles de fon Prefent, & fi on l'avoit trouvé bon. Sa femme ne comprenoit rien à ce langage : on fit venir Efope pour l'éclaircir. Xantus qui ne cherchoit qu'un pretexte pour le faire battre, luy demanda s'il ne luy avoit pas dit expreffément : Va-t-en porter de ma part ces friandifes à ma bonne Amie ? Efope répondit là-deffus, que la bonne Amie n'eftoit pas la femme, qui pour la moindre parole menaçoit de faire un divorce ; c'eftoit la Chienne qui enduroit tout, & qui revenoit faire careffes aprés qu'on l'avoit battuë. Le Philofophe demeura court : mais fa femme entra dans une telle colere, qu'elle fe retira d'avec luy. Il n'y eut parent ni amy par qui Xantus ne luy fit parler, fans que les raifons ni les prieres y gagnaffent rien. Efope s'avifa d'un ftratagême. Il acheta force gibier, comme pour une nôce confiderable, & fit tant qu'il fut rencontré par un des domeftiques de fa Maîtreffe. Celui-cy luy demanda pourquoy tant d'apprefts ? Efope luy dit, que fon Maître ne pouvant obliger fa femme de revenir, en alloit époufer une autre. Auffi toft que la Dame fçeut cette nouvelle, elle retourna chez fon Mary par efprit de contradiction, ou par jaloufie. Ce ne fut pas fans la garder bonne à Efope, qui tous les jours faifoit de nouvelles pieces à fon Maiftre, & tous les jours fe fauvoit du chaftiment par quelque trait de fubtilité. Il n'eftoit pas poffible au Philofophe de le confondre. Un certain jour de marché, Xantus qui avoit deffein de regaler quelques-uns de fes Amis, luy commanda d'acheter ce qu'il y auroit de meilleur, & rien autre chofe. Je t'apprendray, dit en foymefme le Phrygien, à fpecifier ce que tu fouhaites, fans t'en remettre à la difcretion d'un efclave. Il n'acheta donc que des langues, lefquelles il fit accommoder à toutes les fauffes. L'Entrée, le Second, l'Entremets, tout ne fut que langues. Les Conviez loüerent d'abord le choix de ce mets, à la fin ils s'en dégoûterent. Ne t'ay-je pas commandé, dit Xantus, d'acheter ce qu'il y auroit de meilleur ? Et qu'y a-t-il de meilleur que la Langue ? reprit Efope : C'eft le lien de la vie civile, la Clef des Sciences, l'organe de la Verité & de la Raifon. Par elle on bâtit les Villes, & on les police ; on inftruit ; on perfuade ; on regne dans les Affemblées ; on s'acquitte du premier de tous les devoirs, qui eft de loüer les Dieux. Et bien (dit Xantus qui prétendoit l'attraper) achete-moy demain ce qui eft de pire : ces mefmes perfonnes viendront chez moy, & je veux diverfifier. Le lendemain Efope ne fit fervir que le mefme mets, difant que la Langue eft la pire chofe qui foit au monde. C'eft la Mere de tous debats, la Nourrice des procez, la fource des divifions & des guerres. Si l'on dit qu'elle eft l'organe de la Verité, c'eft auffi celuy de l'erreur, & qui pis eft de la Calomnie. Par elle on détruit les Villes, on perfuade de méchantes chofes. Si d'un côté elle loüe les Dieux, de l'autre elle profere des blafphêmes contre leur puiffance. Quelqu'un de la compagnie dit à Xantus, que veritablement ce Valet luy eftoit fort neceffaire ; car il fçavoit le mieux du monde exercer la patience d'un Philofophe. Dequoy vous mettez-vous en peine ? reprit Efope. Et trouve-moy, dit Xantus, un homme qui ne fe mette en peine de rien. Efope alla le lendemain fur la Place ; & voyant un Païfan qui regardoit toutes chofes avec la froideur & l'indifference d'une ftatuë, il amena ce Païfan au logis. Voilà, dit-il à Xantus, l'homme fans foucy que vous demandez. Xantus commanda à fa femme de faire chauffer de l'eau, de la mettre dans un baffin, puis de laver elle-mefme les pieds de fon nouvel Hofte. Le Païfan la laiffa faire, quoy qu'il fçût fort bien qu'il ne meritoit pas cet honneur : mais il difoit en luy-mefme : C'eft peut-eftre la coûtume d'en ufer ainfi. On le fit affeoir au haut-bout ; il prit fa place fans ceremonie. Pendant le repas, Xantus ne fit autre chose que blâmer fon Cuifinier : rien ne luy plaifoit ; ce qui eftoit doux, il le trouvoit trop falé ; & ce qui eftoit trop falé, il le trouvoit doux. L'homme fans foucy le laiffoit dire, & mangeoit de toutes fes dents. Au Deffert on mit fur la table un Gafteau que la femme du Philofophe avoit fait : Xantus le trouva mauvais, quoy qu'il fuft tres-bon.

Voilà, dit-il, la patisserie la plus méchante que j'aye jamais mangée : il faut brûler l'Ouvriere : car elle ne fera de sa vie rien qui vaille : qu'on apporte des fagots. Attendez, dit le Paysan ; je m'en vais querir ma femme, on ne fera qu'un buscher pour toutes les deux. Ce dernier trait desarçonna le Philosophe, & luy osta l'esperance de jamais attraper le Phrygien. Or ce n'estoit pas seulement avec son Maistre qu'Esope trouvoit occasion de rire & de dire de bons mots. Xantus l'avoit envoyé en certain endroit : il rencontra en chemin le Magistrat qui luy demanda où il alloit. Soit qu'Esope fust distrait, ou pour une autre raison, il répondit qu'il n'en sçavoit rien. Le Magistrat tenant à mépris & irreverence cette réponse, le fit mener en prison. Comme les Huissiers le conduisoient : Ne voyez-vous pas, dit-il, que j'ay tres-bien répondu ? Sçavois-je qu'on me feroit aller où je vas ? Le Magistrat le fit relascher, & trouva Xantus heureux d'avoir un Esclave si plein d'esprit. Xantus de sa part voyoit par là de quelle importance il luy estoit de ne point affranchir Esope ; & combien la possession d'un tel Esclave luy faisoit d'honneur. Mesme un jour, faisant la débauche avec ses disciples, Esope qui les servoit, vid que les fumées leur échauffoient déjà la cervelle, aussi-bien au Maistre qu'aux Ecoliers. La débauche de vin, leur dit-il, a trois degrez : le premier de volupté, le second d'yvrognerie, le troisiéme de fureur. On se mocqua de son observation, & on continua de vuider les pots. Xantus s'en donna jusques à perdre la raison, & à se vanter qu'il boiroit la Mer. Cela fit rire la Compagnie. Xantus soûtint ce qu'il avoit dit, gagea sa maison qu'il boiroit la Mer toute entiere ; & pour assurance de la gageure, il déposa l'Anneau qu'il avoit au doigt. Le jour suivant, que les vapeurs de Bacchus furent dissipées, Xantus fut extrêmement surpris de ne plus trouver son Anneau, lequel il tenoit fort cher. Esope luy dit qu'il estoit perdu, & que sa maison l'estoit aussi par la gageure qu'il avoit faite. Voilà le Philosophe bien alarmé. Il pria Esope de luy enseigner une défaite. Esope s'avisa de celle-cy. Quand le jour que l'on avoit pris pour l'execution de la gageure fut arrivé, tout le peuple de Samos accourut au rivage de la Mer, pour estre témoin de la honte du Philosophe. Celuy de ses Disciples qui avoit gagé contre luy, triomphoit déja. Xantus dit à l'Assemblée : Messieurs, j'ay gagé veritablement que je boirois toute la Mer, mais non pas les Fleuves qui entrent dedans : C'est pourquoy que celuy qui a gagé contre moy détourne leurs cours ; & puis je ferai ce que je me suis vanté de faire. Chacun admira l'expedient que Xantus avoit trouvé pour sortir à son honneur d'un si mauvais pas. Le Disciple confessa qu'il estoit vaincu, & demanda pardon à son Maistre. Xantus fut reconduit jusqu'en son logis avec acclamations. Pour recompense Esope luy demanda la liberté. Xantus la luy refusa, & dit que le temps de l'affranchir n'estoit pas encore venu : si toutefois les Dieux l'ordonnoient ainsi, il y consentoit ; partant, qu'il prist garde au premier présage qu'il auroit estant sorty du logis : s'il estoit heureux, & que par exemple deux Corneilles se presentassent à sa veuë, la liberté luy seroit donnée ; s'il n'en voyoit qu'une, qu'il ne fe laffaft point d'eftre Efclave. Efope fortit auffi toft. Son Maiftre eftoit logé à l'écart, & apparemment vers un lieu couvert de grands arbres. A peine noftre Phrygien fut hors, qu'il apperceut deux Corneilles qui s'abatirent fur le plus haut. Il en alla avertir fon Maiftre, qui voulut voir luy-mefme s'il difoit vray. Tandis que Xantus venoit, l'une des Corneilles s'envola. Me tromperas tu toûjours ? dit il à Efope : qu'on luy donne les eftrivieres. L'ordre fut executé. Pendant le fupplice du pauvre Efope, on vint inviter Xantus à un repas : il promit qu'il s'y trouveroit. Helas ! s'écria Efope, les prefages font bien menteurs ! moy qui ay veu deux Corneilles, je fuis battu ; mon Maiftre qui n'en a veu qu'une eft prié des nôces. Ce mot plût tellement à Xantus, qu'il commanda qu'on ceffaft de foüetter Efope : mais quant à la liberté, il ne fe pouvoit refoudre à la luy donner, encore qu'il la luy promift en diverfes occafions. Un jour ils fe promenoient tous deux parmy de vieux monumens, confiderant avec beaucoup de plaifir les Infcriptions qu'on y avoit mifes. Xantus en apperceut une qu'il ne put entendre, quoy qu'il demeuraft long-temps à en chercher l'explication. Elle eftoit compofée des premieres lettres de certains mots. Le Philofophe avoüa ingenûment que cela paffoit fon efprit. Si je vous fais trouver un Trefor par le moyen de ces Lettres, luy dit Efope, quelle recompenfe aurai-je ? Xantus luy promit la liberté, & la moitié du Trefor. Elles fignifient, pourfuivit Efope, qu'à quatre pas de cette Colomne nous en rencontrerons un. En effet, ils le trouverent, aprés avoir creufé quelque peu de terre. Le Philofophe fut fommé de tenir parole : mais il reculoit toûjours. Les Dieux me gardent de t'affranchir, dit-il à Efope, que tu ne m'ayes donné avant cela l'intelligence de ces lettres : ce me fera un autre trefor plus precieux que celuy lequel nous avons trouvé. On les a icy gravées, pourfuivit Efope, comme eftant les premieres lettres de ces mots, δ'πόбας βήματα, c'eft-à-dire : *Si vous reculez quatre pas, & que vous creufiez, vous trouverez un Trefor.* Puifque tu es fi fubtil, repartit Xantus, j'aurois tort de me défaire de toy : n'efpere donc pas que je t'affranchiffe. Et moy, repliqua Efope, je vous dénonceray au Roy Denys ; car c'eft à luy que le Trefor appartient, & ces mefmes lettres commencent d'autres mots qui le fignifient. Le Philofophe intimidé dit au Phrygien qu'il prift sa part de l'argent, & qu'il n'en dît mot, dequoy Efope declara ne luy avoir aucune obligation ; ces lettres ayant efté choifies de telle maniere qu'elles enfermoient un triple fens, & fignifioient encore, *En vous en allant vous partagerez le Trefor que vous aurez rencontré.* Dés qu'ils furent de retour, Xantus commanda que l'on enfermaft le Phrygien, & que l'on luy mift les fers aux pieds, de crainte qu'il n'allaft publier cette avanture. Helas ! s'écria Efope, eft-ce ainfi que les Philofophes s'acquittent de leurs promeffes ? Mais faites ce que vous voudrez, il faudra que vous m'affranchiffiez malgré vous. Sa prédiction fe trouva vraye. Il arriva un prodige qui mit fort en peine les Samiens. Un Aigle enleva l'Anneau public (c'eftoit apparemment quelque Sceau que l'on appofoit aux déliberations du Confeil) & le fit tomber au fein d'un Efclave. Le Philofophe fut consulté là-deffus, & comme eftant Philofophe, & comme eftant un des premiers de la Republique. Il demanda du temps, & eut recours à fon Oracle ordinaire ; c'eftoit Efope. Celuy-cy luy confeilla de le produire en public ; parce que s'il rencontroit bien, l'honneur en feroit toûjours à fon Maiftre, finon il n'y auroit que l'Efclave de blafmé. Xantus approuva la chofe, & le fit monter à la Tribune aux Harangues. Dés qu'on le vid, chacun s'éclata de rire, perfonne ne s'imagina qu'il pût rien partir de raifonnable d'un homme fait de cette maniere. Efope leur dit qu'il ne faloit pas confiderer la forme du vafe, mais la liqueur qui y eftoit enfermée. Les Samiens luy crierent qu'il dît donc fans crainte ce qu'il jugeoit de ce Prodige. Efope s'en excufa fur ce qu'il n'ofoit le faire. La fortune, difoit-il, avoit mis un debat de gloire entre le Maiftre & l'Efclave : fi l'Efclave difoit mal, il feroit battu ; s'il difoit mieux que le Maiftre, il feroit battu encore. Auffi-toft on preffa Xantus de l'affranchir. Le Philofophe refifta long-temps. À la fin le Prevoft de Ville le menaça de le faire de fon office, & en vertu du pouvoir qu'il en avoit comme Magiftrat ; de façon que le Philofophe fut obligé de donner les mains. Cela fait, Efope dit que les Samiens eftoient menacez de fervitude par ce Prodige ; & que l'Aigle enlevant leur Sceau, ne fignifioit autre chofe qu'un Roy puiffant, qui vouloit les affujettir. Peu de temps aprés, Crefus Roy des Lydiens, fit dénoncer à ceux de Samos, qu'ils euffent à fe rendre fes tributaires, finon qu'il les y forceroit par les armes. La plufpart eftoient d'avis qu'on luy obéïft. Efope leur dit que la Fortune prefentoit deux chemins aux hommes ; l'un de liberté, rude & épineux au commencement, mais dans la fuite tres-agreable ; l'autre d'Efclavage, dont les commencemens eftoient plus aifez, mais la fuite laborieufe. C'eftoit confeiller affez intelligiblement aux Samiens de défendre leur liberté. Ils renvoyerent l'Ambaffadeur de Crefus avec peu de fatisfaction. Crefus fe mit en eftat de les attaquer. L'Ambaffadeur luy dit que tant qu'ils auroient Efope avec eux, il auroit peine à les reduire à fes volontez, veu la confiance qu'ils avoient au bon fens du Perfonnage. Crefus le leur envoya demander, avec promeffe de leur laiffer la liberté s'ils le luy livroient. Les Principaux de la Ville trouverent ces conditions avatageufes, & ne crûrent pas que leur repos leur coûtaft trop cher quand ils l'acheteroient aux dépens d'Efope. Le Phrygien leur fit changer de fentiment, en leur contant que les Loups & les Brebis ayant fait un traité de paix, celles-cy donnerent leurs Chiens pour ôtages. Quand elles n'eurent plus de défenfeurs, les Loups les étranglerent avec moins de peine qu'ils ne faifoient. Cet Apologue fit fon effet : les Samiens prirent une déliberation toute contraire à celle qu'ils avoient prife. Efope voulut toutefois aller vers Crefus, & dit qu'il les ferviroit plus utilement eftant prés du Roy, que s'il demeuroit à Samos. Quand Crefus le vid, il s'étonna qu'une fi chetive creature luy euft efté un fi grand obftacle. Quoy ! voilà celuy qui fait qu'on s'oppofe à mes volontez ! s'écria-t-il. Efope fe profterna à fes pieds. Un homme prenoit des Sauterelles, dit-il :

une Cigale luy tomba auſſi ſous la main. Il s'en alloit la tuer, comme il avoit fait les Sauterelles. Que vous ay-je fait ? dit-elle à cet homme : je ne ronge point vos bleds : je ne vous procure aucun dommage : vous ne trouverez en moy que la voix, dont je me ſers fort innocemment. Grand Roy, je reſſemble à cette Cigale ; je n'ay que la voix, & ne m'en ſuis point ſervy pour vous offenſer. Creſus touché d'admiration & de pieté, non ſeulement luy pardonna ; mais il laiſſa en repos les Samiens à ſa conſideration. En ce temps-là le Phrygien compoſa ſes Fables, leſquelles il laiſſa au Roy de Lydie, & fut envoyé par luy vers les Samiens qui décernerent à Eſope de grands honneurs. Il luy prit auſſi envie de voyager, & d'aller par le monde, s'entretenant de diverſes choſes avec ceux que l'on appelloit Philoſophes. Enfin il ſe mit en grand credit prés de Lycerus Roy de Babilone. Les Rois d'alors s'envoyoient les uns aux autres des Problêmes à ſoudre ſur toutes ſortes de matieres, à condition de ſe payer une eſpece de tribut ou d'amende, ſelon qu'ils répondroient bien ou mal aux queſtions propoſées : en quoy Lycerus aſſiſté d'Eſope, avoit toûjours l'avantage, & ſe rendoit illuſtre parmi les autres, ſoit à reſoudre, ſoit à propoſer. Cependant noſtre Phrygien ſe maria ; & ne pouvant avoir d'enfans, il adopta un jeune homme d'extraction noble, appellé Ennus. Celuy-cy le paya d'ingratitude, & fut ſi méchant que d'oſer foüiller le lit de ſon bien-facteur. Cela eſtant venu à la connoiſſance d'Eſope, il le chaſſa. L'autre, afin de s'en venger, contrefit des lettres, par leſquelles il ſembloit qu'Eſope euſt intelligence avec les Rois qui eſtoient emules de Lycerus. Lycerus perſuadé par le cachet & par la ſignature de ces lettres, commanda à un de ſes Officiers nommé Hermippus, que ſans chercher de plus grandes preuves, il fiſt mourir promptement le traître Eſope. Cet Hermippus eſtant amy du Phrygien, luy ſauva la vie ; & à l'inſceu de tout le monde le nourrit long-temps dans un Sepulchre ; juſqu'à ce que Nectenabo Roy d'Egypte, ſur le bruit de la mort d'Eſope, crut à l'avenir rendre Lycerus ſon tributaire. Il oſa le provoquer, & le défia de luy envoyer des Architectes qui ſceuſſent baſtir une Tour en l'air, & par meſme moyen un homme preſt à répondre à toutes ſortes de queſtions. Lycerus ayant lû les Lettres, & les ayant communiquées aux plus habiles de ſon État, chacun d'eux demeura court ; ce qui fit que le Roy regreta Eſope, quand Hermippus luy dit qu'il n'eſtoit pas mort, & le fit venir. Le Phrygien fut tres-bien receu, ſe juſtifia, & pardonna à Ennus. Quant à la Lettre du Roy d'Egypte, il n'en fit que rire, & manda qu'il envoyeroit au Printemps les Architectes & le Répondant à toutes ſortes de queſtions. Lycerus remit Eſope en poſſeſſion de tous ſes biens, & luy fit livrer Ennus pour en faire ce qu'il voudroit. Eſope le receut comme ſon enfant ; & pour toute punition, luy recommanda d'honorer les Dieux & ſon Prince ; ſe rendre terrible à ſes ennemis, facile & commode aux autres ; bien traiter ſa femme, ſans pourtant luy confier ſon ſecret : parler peu, & chaſſer de chez ſoy les babillards : ne ſe point laiſſer abattre aux malheurs : avoir ſoin du lendemain ; car il vaut mieux enrichir ſes ennemis par ſa mort, que d'eſtre importun à ſes amis pendant ſon vivant ; ſur tout n'eſtre point envieux du bonheur ni de la vertu d'autruy ; d'autant que c'eſt ſe faire du mal à ſoy-meſme. Ennus touché de ces avertiſſemens, & de la bonté d'Eſope, comme d'un trait qui luy auroit penetré le cœur, mourut peu de temps aprés. Pour revenir au défi de Nectenabo, Eſope choiſit des Aiglons, & les fit inſtruire (choſe dificile à croire :) il les fit, diſ-je, inſtruire à porter en l'air chacun un panier, dans lequel eſtoit un jeune enfant. Le Printemps venu, il s'en alla en Égypte avec tout cet équipage ; non ſans tenir en grande admiration & en attente de ſon deſſein les peuples chez qui il paſſoit. Nectenabo, qui, ſur le bruit de ſa mort, avoit envoyé l'enigme, fut extrêmement ſurpris de ſon arrivée. Il ne s'y attendoit pas, & ne ſe fuſt jamais engagé dans un tel défi contre Lycerus, s'il euſt cru Eſope vivant. Il luy demanda s'il avoit amené les Architectes & le Répondant. Eſope dit que le Répondant eſtoit luy-meſme, & qu'il feroit voir les Architectes quand il ſeroit ſur le lieu. On ſortit en pleine campagne, où les Aigles enleverent les paniers avec les petits enfans, qui crioient qu'on leur donnaſt du mortier, des pierres & du bois. Vous voyez, dit Eſope à Nectenabo : Je vous ay trouvé les Ouvriers, fourniſſez-leur des materiaux. Nectenabo avoüa que Lycerus eſtoit le vainqueur. Il propoſa toutefois cecy à Eſope. J'ay des Cavales en Égypte, qui conçoivent au hanniſſement des Chevaux qui ſont devers Babylone : Qu'avez-vous à répondre là deſſus ? Le Phrygien remit ſa réponſe au lendemain ; & retourné qu'il fut au logis, il commanda à des enfans de prendre un Chat, & de le mener foüettant par les ruës. Les Egyptiens, qui adorent cet animal ſe trouverent extrêmement ſcandaliſez du traitement que l'on luy faiſoit. Ils l'arracherent des mains des enfans, & allerent ſe plaindre au Roy. On fit venir en ſa preſence le Phrygien. Ne ſçavez-vous pas, luy dit le Roy, que cet Animal eſt un de nos Dieux ? Pourquoy donc le faites-vous traiter de la ſorte ? C'eſt pour l'offenſe qu'il a commiſe envers Lycerus, reprit Eſope : car la nuit derniere il luy a étranglé un Coq extrêmement courageux, & qui chantoit à toutes les heures. Vous eſtes un menteur, repartit le Roy ; comment ſeroit-il poſſible que ce Chat euſt fait en ſi peu de temps un ſi long voyage ? Et comment eſt-il poſſible, reprit Eſope, que vos Jumens entendent de ſi loin nos Chevaux hannir, & conçoivent pour les entendre ? Enſuite de cela le Roy fit venir d'Heliopolis certains perſonnages d'eſprit ſubtil, & ſçavans en queſtions enigmatiques. Il leur fit un grand régal, où le Phrygien fut invité. Pendant le repas ils propoſerent à Eſope diverſes choſes ; celle-cy entr'autres. Il y a un grand Temple qui eſt appuyé ſur une Colomne entourée de douze Villes, chacune deſquelles a trente arcboutans, & autour de ces arcboutans ſe promenent l'une aprés l'autre deux Femmes, l'une blanche, l'autre noire. Il faut renvoyer, dit Eſope, cette queſtion aux petits enfans de noſtre païs. Le Temple eſt le Monde, la Colomne l'An ; les Villes ce ſont les Mois, & les Arcboutans les Jours, autour deſquels ſe promenent alternativement le Jour & la Nuit. Le lendemain Nectenabo aſſembla tous ſes amis. ſouffrirez-vous, leur dit-il, qu'une moitié d'homme, qu'un avorton ſoit la cauſe que Lycerus remporte le prix, & que j'aye la confuſion pour mon partage ? Un d'eux s'aviſa de demander à Eſope qu'il leur fiſt des queſtions de choſes dont ils n'euſſent jamais entendu parler. Eſope écrivit une cedule, par laquelle Nectenabo confeſſoit devoir deux mille talens à Lycerus. La cedule fut miſe entre les mains de Nextenabo toute cachetée. Avant qu'on l'ouvriſt, les amis du Prince ſoûtinrent que la choſe contenuë dans cet Ecrit eſtoit de leur connoiſſance. Quand on l'eut ouverte, Nectenabo s'écria : Voilà la plus grande fauſſeté du monde : je vous en prens à témoin tous tant que vous eſtes. Il eſt vray, repartirent-ils, que nous n'en avons jamais entendu parler. J'ay donc ſatisfait à voſtre demande, reprit Eſope. Nectenabo le renvoya comblé de preſens, tant pour luy que pour ſon Maiſtre. Le ſejour qu'il fit en Égypte eſt peut-eſtre cauſe que quelques-uns ont écrit qu'il fut Eſclave avec Rhodopé, celle-là qui des liberalitez de ſes Amans, fit élever une des trois Pyramides qui ſubſiſtent encore, & qu'on voit avez admiration : c'eſt la plus petite, mais celle qui eſt baſtie avec le plus d'art. Eſope, à ſon retour dans Babylone, fut receu de Lycerus avec de grandes démonſtrations de joye & de bienveillance : ce Roy luy fit ériger une ſtatuë. L'envie de voir & d'apprendre le fit renoncer à tous ces honneurs. Il quitta la Cour de Lycerus, où il avoit tous les avantages qu'on peut ſouhaiter ; & prit congé de ce Prince pour voir la Grece encore une fois. Lycerus ne le laiſſa point partir ſans embraſſemens & ſans larmes, & ſans le faire promettre ſur les Autels qu'il reviendroit achever ſes jours auprés de luy. Entre les Villes où il s'arreſta, Delphes fut une des principales. Les Delphiens l'écouterent fort volontiers, mais ils ne luy rendirent point d'honneurs. Eſope piqué de ce mépris, les compara aux baſtons qui flottent ſur l'onde. On s'imagine de loin que c'eſt quelque choſe de conſiderable ; de prés on trouve que ce n'eſt rien. La comparaiſon luy coûta cher. Les Delphiens en conceurent une telle haine, & un ſi violent deſir de vengeance (outre qu'ils craignoient d'eſtre décriez par luy) qu'ils reſolurent de l'oſter du monde. Pour y parvenir, ils cacherent parmi ſes hardes un de leurs vaſes ſacrez, pretendant que par ce moyen ils convaincroient Eſope de vol & de ſacrilege ; & qu'ils le condamneroient à la mort. Comme il fut ſorti de Delphes, & qu'il eut pris le chemin de la Phocide, les Delphiens accoururent comme gens qui eſtoient en peine. Ils l'accuſerent d'avoir dérobé leur vaſe. Eſope le nia avec des ſermens : on chercha dans ſon équipage, & il fut trouvé. Tout ce qu'Eſope put dire n'empeſcha point qu'on ne le traitaſt comme un criminel infame. Il fut ramené à Delphes chargé de fers, mis dans des cachots, puis condamné à eſtre précipité. Rien ne luy ſervit de ſe défendre avec ſes armes ordinaires, & de rapporter des Apologues ; les Delphiens s'en moquerent. La Grenoüille, leur dit-il, avoit invité le Rat à la venir voir ; afin de luy faire traverſer l'onde, elle l'attacha à ſon pied. Dés qu'il fut ſur l'eau, elle voulut le tirer au fond, dans le deſſein de le noyer, & d'en faire enſuite un repas.

Le malheureux Rat refifta quelque peu de temps. Pendant qu'il fe debattoit fur l'eau, un Oyfeau de proye l'apperceut, fondit fur luy, & l'ayant enlevé avec la Grenoüille qui ne fe put détacher, il fe reput de l'un & de l'autre. C'eft ainfi, Delphiens abominables, qu'un plus puiffant que nous me vengera : je periray, mais vous perirez auffi. Comme on le conduifoit au fupplice, il trouva moyen de s'échaper, & entra dans une petite Chapelle dédiée à Apollon. Les Delphiens l'en arracherent. Vous violez cet Afile, leur dit-il, parce que ce n'eft qu'une petite Chapelle ; mais un jour viendra que vôtre méchanceté ne trouvera point de retraite feure, non pas mefme dans les Temples : il vous arrivera la mefme chofe qu'à l'Aigle, laquelle, nonobftant les prieres de l'Efcarbot, enleva un Lievre qui s'eftoit réfugié chez luy. La generation de l'Aigle en fut punie jufques dans le giron de Jupiter. Les Delphiens peu touchez de tous ces exemples, le précipiterent. Peu de temps aprés fa mort, une pefte tres-violente exerça fur eux fes ravages. Ils demanderent à l'Oracle par quels moyens ils pourroient appaifer le courroux des Dieux. L'Oracle leur répondit qu'il n'y en avoit point d'autre que d'expier leur forfait, & fatisfaire aux Manes d'Efope. Auffi-toft une Pyramide fut élevée. Les Dieux ne témoignerent pas feuls combien ce crime leur déplaifoit ; les hommes vengerent auffi la mort de leur Sage. La Grece envoya Commiffaires pour en informer, & en fit une punition rigoureufe.

Fables Choisies
A Monseigneur Le Dauphin.

JE chante les Heros dont Efope est le Pere.
Troupe de qui l'Hiftoire, encor que menfongere,
Contient des veritez qui fervent de leçons.
Tout parle en mon Ouvrage, & mefme les Poiffons.

    Ce qu'ils difent s'adreffe à tous tant que nous fommes.
Je me fers d'animaux pour inftruire les Hommes.
ILLUSTRE REJETTON D'UN PRINCE aimé des Cieux,
Sur qui le Monde entier a maintenant les yeux,
Et qui faifant fléchir les plus fuperbes Teftes,
Comptera deformais fes jours par fes conqueftes :
Quelqu'autre te dira d'une plus forte voix
Les faits de tes Ayeux & les vertus des Rois.
Je vais t'entretenir des moindres Aventures,
Te tracer en ces vers de legeres peintures.

    Et fi de t'agréer je n'emporte le prix,
J'auray du moins l'honneur de l'avoir entrepris.

Livre I

Fable I.
La Cigale & la Fourmy.

LA Cigale ayant chanté
Tout l'Esté,
Se trouva fort dépourvuë
Quand la bise fut venuë.
Pas un seul petit morceau
      De mouche ou de vermisseau.
Elle alla crier famine
Chez la Fourmy sa voisine ;
La priant de luy prester
Quelque grain pour subsister
Jusqu'à la saison nouvelle.
Je vous payray, luy dit-elle,
Avant l'Oust, foy d'animal,
Interest & principal.
La Fourmy n'est pas presteuse ;
C'est là son moindre défaut.
Que faisiez-vous au temps chaud ?
Dit-elle à cette emprunteuse.
Nuit & jour à tout venant
Je chantois, ne vous déplaise.
Vous chantiez ? j'en suis fort aise.
Et bien, dansez maintenant.

II.
Le Corbeau & le Renard.

MAistre Corbeau sur un arbre perché,
Tenoit en son bec un fromage.
Maistre Renard par l'odeur alleché
Luy tint à peu prés ce langage :
Et bon jour, Monsieur du Corbeau.

Que vous eſtes joly ! que vous me ſemblez beau !
Sans mentir, ſi voſtre ramage
Se rapporte à voſtre plumage,
Vous eſtes le Phenix des hoſtes de ces bois.
A ces mots le Corbeau ne ſe ſent pas de joye :
Et pour monſtrer ſa belle voix,
Il ouvre un large bec, laiſſe tomber ſa proye.
Le Renard s'en ſaiſit, & dit : Mon bon Monſieur,
Apprenez que tout flateur
Vit aux dépens de celuy qui l'écoute.
Cette leçon vaut bien un fromage ſans doute.
Le Corbeau honteux & confus
Jura, mais un peu tard, qu'on ne l'y prendroit plus.

III.
La Grenoüille qui ſe veut faire auſſi groſſe que le Bœuf.

UNe Grenoüille vid un Bœuf,
Qui luy ſembla de belle taille.
Elle qui n'eſtoit pas groſſe en tout comme un œuf,
Envieuſe s'étend, & s'enfle & ſe travaille,

    Pour égaler l'animal en groſſeur ;
Diſant : Regardez bien, ma ſœur,
Eſt-ce aſſez ? dites-moy ? n'y ſuis-je point encore ?
Nenny. M'y voicy donc ? Point du tout. M'y voila ?
Vous n'en approchez point. La chetive pecore
S'enfla ſi bien qu'elle creva.
Le monde eſt plein de gens qui ne ſont pas plus ſages :
Tout Bourgeois veut baſtir comme les grands Seigneurs ;
Tout petit Prince a des Ambaſſadeurs :
Tout Marquis veut avoir des Pages.

IV.
Les deux Mulets.

Deux Mulets cheminoient ; l'un d'avoine chargé :
L'autre portant l'argent de la Gabelle.
Celuy-cy glorieux d'une charge ſi belle,
N'eût voulu pour beaucoup en eſtre ſoulagé.

Il marchoit d'un pas relevé,
Et faifoit fonner fa fonnette :
Quand l'ennemi fe prefentant,
Comme il en vouloit à l'argent,
Sur le Mulet du fifc une troupe fe jette,
Le faifit au frein, & l'arrefte.
Le Mulet en fe défendant,
Se fent percer de coups, il gemit, il foûpire.
Eft-ce donc là, dit-il, ce qu'on m'avoit promis ?
Ce Mulet qui me fuit, du danger fe retire,
Et moy j'y tombe, & je peris.
Ami, luy dit fon camarade,
Il n'eft pas toujours bon d'avoir un haut Employ.
Si tu n'avois fervi qu'un Meufnier, comme moy,
Tu ne ferois pas fi malade.

V.
LE LOUP & LE CHIEN.

UN Loup n'avoit que les os & la peau,
Tant les Chiens faifoient bonne garde.
Ce Loup rencontre un Dogue auffi puiffant que beau ;

    Gras, poli, qui s'eftoit fourvoyé par mégarde.
L'attaquer, le mettre en quartiers,
Sire Loup l'euft fait volontiers.
Mais il falloit livrer bataille ;
Et le Mâtin eftoit de taille
A fe défendre hardiment.
Le Loup donc l'aborde humblement,
Entre en propos, & luy fait compliment
Sur fon embonpoint qu'il admire :
Il ne tiendra qu'à vous, beau Sire,
D'eftre auffi gras que moy, luy repartit le Chien.
Quittez les bois, vous ferez bien :
Vos pareils y font miferables,
Cancres, haires, & pauvres diables,
Dont la condition eft de mourir de faim.
Car quoy ? Rien d'affuré ; point de franche lipée ;
Tout à la pointe de l'épée.

    Suivez-moy ; vous aurez bien un meilleur deftin.
Le Loup reprit : Que me faudra-t-il faire ?
Prefque rien, dit le Chien, donner la chaffe aux gens

Portans baſtons, & mendians ;
Flater ceux du logis ; à ſon Maiſtre complaire ;
Moyennant quoy voſtre ſalaire
Sera force reliefs de toutes les façons ;
Os de poulets, os de pigeons :
Sans parler de mainte careſſe.
Le Loup déja ſe forge une felicité
Qui le fait pleurer de tendreſſe.
Chemin faiſant il vid le col du Chien pelé.
Qu'eſt-ce là, luy dit-il ? Rien. Quoy rien ? Peu de choſe.
Mais encor ? Le colier dont je ſuis attaché
De ce que vous voyez eſt peut-eſtre la cauſe.

  Attaché ? dit le Loup, vous ne courez donc pas
Où vous voulez ? Pas toujours ; mais qu'importe ?
Il importe ſi bien, que de tous vos repas
Je ne veux en aucune ſorte ;
Et ne voudrois pas meſme à ce prix un treſor.
Cela dit, Maiſtre Loup s'enfuit, & court encor.

VI.
La Geniſſe, la Chevre & la Brebis en ſocieté avec le Lion.

LA Geniſſe, la Chevre, & leur ſœur la Brebis,
Avec un fier Lion, Seigneur du voiſinage,
Firent ſocieté, dit-on, au temps jadis,
  Et mirent en commun le gain & le dõmage.
Dans les lacqs de la Chevre un Cerf ſe trouva pris.
Vers ſes aſſociez auſſi-toſt elle envoye.
Eux venus, le Lion par ſes ongles conta,
Et dit : Nous ſommes quatre à partager la proye ;
Puis en autant de parts le Cerf il dépeça :
Prit pour lui la premiere en qualité de Sire ;
Elle doit eſtre à moy, dit-il ; & la raiſon,
C'eſt que je m'appelle Lion,
A cela l'on n'a rien à dire.
La ſeconde par droit me doit échoir encor :
Ce droit, vous le ſçavez, c'eſt le droit du plus fort.
Comme le plus vaillant je prétens la troiſiéme.
Si quelqu'une de vous touche à la quatriéme
Je l'étrangleray tout d'abord.

VII.
La Besace.

Jupiter dit un jour : Que tout ce qui respire
S'en vienne comparoistre aux pieds de ma grandeur.
Si dans son composé quelqu'un trouve à redire,
Il peut le declarer sans peur :

    Je mettray remede à la chose.
Venez Singe, parlez le premier, & pour cause.
Voyez ces animaux : faites comparaison
De leurs beautez avec les vôtres.
Estes-vous satisfait ? Moy, dit-il, pourquoy non ?
N'ai-je pas quatre pieds aussi-bien que les autres ?
Mon portrait jusqu'icy ne m'a rien reproché.
Mais pour mon frere l'Ours, on ne l'a qu'ébauché.
Jamais, s'il me veut croire, il ne se fera peindre.
L'Ours venant là-dessus, on crut qu'il s'alloit plaindre.
Tãt s'en faut ; de sa forme il se loüa tres-fort ;
Glosa sur l'Elephant : dit qu'on pourroit encor

    Ajoûter à sa queuë, ôter à ses oreilles ?
Que c'étoit une masse informe & sans beauté.
L'Elephant estant écouté,
Tout sage qu'il estoit, dit des choses pareilles.
Il jugea qu'à son appetit
Dame Baleine estoit trop grosse.
Dame Fourmi trouva le Ciron trop petit ;
Se croyant pour elle un colosse.
Jupin les renvoya s'estant censurez tous :
Du reste contens d'eux : mais parmy les plus fous
Nôtre espece excella : car tout ce que nous sommes,
Lynx envers nos pareils, & Taupes envers nous,
Nous nous pardonnons tout, & rien aux autres hommes.
On se void d'un autre œil qu'on ne void

    son prochain.
Le Fabricateur souverain
Nous créa Besaciers tous de mesme maniere,
Tant ceux du temps passé que du temps d'aujourd'huy.
Il fit pour nos défauts la poche de derriere,
Et celle de devant pour les défauts d'autruy.

VIII.
L'Hirondelle & les petits Oyseaux.

UNe Hirondelle en ses voyages
Avoit beaucoup appris. Quiconque a beaucoup veu,
Peut avoir beaucoup retenu.
Celle-cy prévoyoit jusqu'aux moindres orages.

Et devant qu'ils fussent éclos
Les annonçoit aux Matelots.
Il arriva qu'au tems que la chanvre se seme
Elle vid un Manant en couvrir maints sillons.
Ceci ne me plaist pas, dit-elle aux Oysillons,
Je vous plains : Car pour moy, dans ce peril extrême
Je sçauray m'éloigner, ou vivre en quelque coin.
Voyez-vous cette main qui par les airs chemine ?
Un jour viendra qui n'est pas loin,
Que ce qu'elle répand sera vôtre ruine.
De là naîtront engins à vous enveloper,
Et lacets pour vous attraper ;
Enfin mainte & mainte machine
Qui causera dans la saison
Vostre mort ou vostre prison.

Gare la cage ou le chaudron.
C'est pourquoy, leur dit l'Hirondelle,
Mangez ce grain, & croyez-moy.
Les Oyseaux se moquerent d'elle :
Ils trouvoient aux champs trop dequoy.
Quand la cheneviere fut verte,
L'Hirondelle leur dit : Arrachez brin à brin
Ce qu'a produit ce maudit grain ;
Ou soyez seurs de vôtre perte.
Prophete de malheur, babillarde, dit-on,
Le bel employ que tu nous donnes !
Il nous faudroit mille personnes
Pour éplucher tout ce canton.
La chanvre estant tout-à-fait creuë,
L'Hirondelle ajoûta : Cecy ne va pas bien :
Mauvaise graine est tost venuë.
Mais puisque jusqu'icy l'on ne m'a cruë en rien ;
Dés que vous verrez que la terre
Sera couverte, & qu'à leurs bleds

  Les gens n'eſtant plus occupez
Feront aux Oiſillons la guerre ;
Quand regingletes & rezeaux
Attraperont petits Oiſeaux ;
Ne volez plus de place en place :
Demeurez au logis, ou changez de climat :
Imitez le Canard, la Gruë, & la Becaſſe.
Mais vous n'eſtes pas en eſtat
De paſſer comme nous les deſerts & les ondes,
Ny d'aller chercher d'autres mondes.
C'eſt pourquoy vous n'avez qu'un party qui ſoit ſeur :
C'eſt de vous renfermer aux trous de quelque mur.
Les Oiſillons las de l'entendre,
Se mirent à jazer auſſi confuſément,
Que faiſoient les Troyens quand la pauvre Caſſandre

  Ouvroit la bouche ſeulement.
Il en prit aux uns comme aux autres.
Maint oiſillon ſe vit eſclave retenu.
Nous n'écoutons d'inſtincts que ceux qui ſont les nôtres,
Et ne croyons le mal que quand il eſt venu.

IX.
LE RAT DE VILLE, & LE RAT DES CHAMPS.

AUtrefois le Rat de ville
Invita le Rat des champs,
D'une façon fort civile,
A des reliefs d'Ortolans.

Sur un Tapis de Turquie
Le couvert ſe trouva mis.

  Je laiſſe à penſer la vie
Que firent ces deux amis.

Le regal fut fort honneſte :
Rien ne manquoit au feſtin ;
Mais quelqu'un troubla la feſte
Pendant qu'ils eſtoient en train.

A la porte de la falle
Ils entendirent du bruit.
Le Rat de ville détale,
Son camarade le fuit.

Le bruit cesse, on se retire,
Rat en campagne aussi-tost :
Et le Citadin de dire,
Achevons tout nôtre rost.

C'est assez, dit le Rustique ;
Demain vous viendrez chez moy :
Ce n'est pas que je me pique
De tous vos festins de Roy.

    Mais rien ne vient m'interrompre ;
Je mange tout à loisir.
Adieu donc, fy du plaisir
Que la crainte peut corrompre.

X.
Le Loup & l'Agneau.

LA raison du plus fort est toûjours la meilleure.
Nous l'allons montrer tout à l'heure.
Un Agneau se desalteroit
Dans le courant d'une onde pure.
    Un Loup survient à jeun qui cherchoit avanture,
Et que la faim en ces lieux attiroit.
Qui te rend si hardi de troubler mon breuvage ?
Dit cet animal plein de rage :
Tu feras châtié de ta temerité.
Sire, répond l'Agneau, que vostre Majesté
Ne se mette pas en colere ;
Mais plutost qu'elle considere
Que je me vas desalterant
Dans le courant,
Plus de vingt pas au-dessous d'elle ;
Et que par consequent en aucune façon
Je ne puis troubler sa boisson.
Tu la troubles, reprit cette beste cruelle,

Et je fçai que de moy tu médis l'an paffé.
Comment l'aurois-je fait fi je n'eftois pas né ?

  Reprit l'Agneau, je tete encor ma mere,
Si ce n'eft toy, c'eft donc ton frere :
Je n'en ay point. C'eft donc quelqu'un des tiens :
Car vous ne m'épargnez guéres,
Vous, vos bergers, & vos chiens.
On me l'a dit : il faut que je me vange.
Là-deffus au fond des forefts
Le Loup l'emporte, & puis le mange,
Sans autre forme de procés.

XI.
L'HOMME, & SON IMAGE.

Pour M. L. D. D. L. R.

UN homme qui s'aimoit fans avoir de rivaux,
 Paffoit dans fon efprit pour le plus beau du monde.
  Il accufoit toûjours les miroirs d'eftre faux,
 Vivant plus que content dans fon erreur profonde.
Afin de le guérir, le fort officieux
Prefentoit par tout à fes yeux
Les Confeillers muets dont fe fervent nos Dames ;
Miroirs dans les logis, miroirs chez les Marchands,
Miroirs aux poches des galands,
Miroirs aux ceintures des femmes.
Que fait noftre Narciffe ? Il fe va confiner
Aux lieux les plus cachez qu'il peut s'imaginer,
N'ofant plus des miroirs éprouver l'avanture :
Mais un canal formé par une fource pure
Se trouve en ces lieux écartez.
Il s'y void, il fe fâche ; & fes yeux irritez
Penfent appercevoir une chimere vaine.
Il fait tout ce qu'il peut pour éviter cette eau.

  Mais quoy, le canal eft fi beau,
Qu'il ne le quitte qu'avec peine.
On voit bien où je veux venir.
Je parle à tous ; et cette erreur extrême
Eft un mal que chacun fe plaift d'entretenir.

Noſtre ame c'eſt cet Homme amoureux de luy-meſme.
Tant de Miroirs ce ſont les ſottiſes d'autruy ;
Miroirs de nos défauts les Peintres legitimes.
Et quant au Canal, c'eſt celuy
Que chacun ſçait, le Livre des Maximes.

XII.
LE DRAGON À PLUſIEURS TEſTES, & LE DRAGON À PLUſIEURS QUEUËS.

UN Envoyé du Grand Seigneur
Preferoit, dit l'Hiſtoire, un jour chez l'Empereur
Les forces de ſon Maiſtre à celles de l'Empire.

    Un Alleman ſe mit à dire :
Noſtre Prince a des dépendans
Qui de leur chef ſont ſi puiſſans,
Que chacun d'eux pourroit ſoudoyer une armée.
Le Chiaoux homme de ſens
Luy dit : Je ſçais par renommée
Ce que chaque Electeur peut de monde fournir ;
Et cela me fait ſouvenir
D'une avanture étrange, & qui pourtant eſt vraye.
J'eſtois en un lieu ſeur, lors que je vis paſſer
Les cent teſtes d'une Hydre au travers d'une haye.
Mon ſang commence à ſe glacer,
Et je crois qu'à moins on s'effraye.
Je n'en eus toutefois que la peur ſans le mal.

    Jamais le corps de l'animal
Ne pût venir vers moy, ni trouver d'ouverture.
Je rêvais à cette avanture,
Quand un autre Dragon qui n'avoit qu'un ſeul chef,
Et bien plus d'une queuë à paſſer ſe preſente.
Me voilà ſaiſi derechef
D'étonnement & d'épouvante.
Ce chef paſſe, & le corps, & chaque queuë auſſi.
Rien ne les empeſcha ; l'un fit chemin à l'autre.
Je ſoûtiens qu'il en eſt ainſi
De voſtre Empereur & du noſtre.

XIII.
Les Voleurs & l'Asne.

Pour un Asne enlevé deux voleurs se battoient :
L'un vouloit le garder ; l'autre le vouloit vendre.
Tandis que coups de poing trottoient,
Et que nos champions songeaient à se défendre

      Arrive un troisiéme larron,
Qui saisit Maistre Aliboron.
L'Asne c'est quelquefois une pauvre Province.
Les Voleurs sont tel & tel Prince ;
Comme le Transsilvain, le Turc, & le Hongrois.
Au lieu de deux j'en ay rencontré trois.
Il est assez de cette marchandise,
De nul d'eux n'est souvent la Province conquise.
Un quart Voleur survient qui les accorde net,
En se saisissant du Baudet.

XIV.
Simonide préservé par les Dieux.

On ne peut trop loüer trois sortes de personnes ;
Les Dieux, sa Maistresse, & son Roy.
Malherbe le disoit : j'y souscris quant à moy :

      Ce sont maximes toujours bonnes.
La loüange chatoüille, & gagne les esprits.
Les faveurs d'une belle en sont souvent le prix.
Voyons comme les Dieux l'ont quelquefois payée.
Simonide avoit entrepris
L'éloge d'un Athlete ; & la chose essayée,
Il trouva son sujet plein de recits tout nuds.
Les parens de l'Athlete estoient gens inconnus,
Son pere un bon Bourgeois ; luy sans autre merite ;
Matiere infertile & petite.
Le Poëte d'abord parla de son Heros.
Aprés en avoir dit ce qu'il en pouvoit dire ;
Il se jette à costé ; se met sur le propos
De Castor & Pollux ; ne manque pas d'ecrire

Que leur exemple eſtoit aux luteurs glorieux ;
Eleve leurs combats, ſpecifiant les lieux
Où ces freres s'eſtoient ſignalez davantage.
Enfin l'éloge de ces Dieux
Faiſoit les deux tiers de l'ouvrage.
L'Athlete avoit promis d'en payer un talent :
Mais quand il le vid, le galand
N'en donna que le tiers, & dit fort franchement
Que Caſtor & Pollux acquitaſſent le reſte.
Faites-vous contenter par ce couple celeſte.
Je vous veux traiter cependant.
Venez ſouper chez moy, nous ferons bonne vie.
Les conviez ſont gens choiſis,
Mes parens, mes meilleurs amis.
Soyez donc de la compagnie.
Simonide promit. Peut-eſtre qu'il eut peur

De perdre, outre ſon dû, le gré de ſa loüange.
Il vient, l'on feſtine, l'on mange.
Chacun eſtant en belle humeur,
Un domeſtique accourt, l'avertit qu'à la porte
Deux hommes demandoient à le voir promptement.
Il ſort de table, & la cohorte
N'en perd pas un ſeul coup de dent.
Ces deux hommes eſtoient les gemeaux de l'éloge.
Tous deux luy rendent grace, & pour prix de ſes vers
Ils l'avertiſſent qu'il déloge,
Et que cette maiſon va tomber à l'envers.
La prediction fut vraye ;
Un pilier manque ; & le platfonds
Ne trouvant plus rien qui l'eſtaye,
Tombe ſur le feſtin, briſe plats & flacons,

N'en fait pas moins aux Echanſons.
Ce ne fut pas le pis ; car pour rendre complete
La vengeance deuë au Poëte,
Une poutre caſſa les jambes à l'Athlete,
Et renvoya les conviez
Pour la pluſpart eſtropiez.
La renommée eut ſoin de publier l'affaire.
Chacun cria miracle ; on doubla le ſalaire
Que meritoient les vers d'un homme aimé des Dieux.
Il n'eſtoit fils de bonne mere
Qui les payant à qui mieux mieux,

Pour ſes anceſtres n'en fiſt faire.
Je reviens à mon texte, & dis premierement
Qu'on ne ſçauroit manquer de loüer largement
Les Dieux & leurs pareils : de plus, que Melpomene

    Souvent, ſans déroger, trafique de ſa peine :
Enfin qu'on doit tenir noſtre art en quelque prix.
Les Grands ſe font honneur dés-lors qu'ils nous font grace.
Jadis l'Olympe & le Parnaſſe
Eſtoient freres & bons amis.

XV.
LA MORT & LE MALHEUREUX.

Un Malheureux appelloit tous les jours
La mort à ſon ſecours.

    O mort, luy diſoit-il, que tu me ſembles belle !
Vien viſte, vien finir ma fortune cruelle.
La mort crut, en venant, l'obliger en effet.
Elle frappe à ſa porte, elle entre, elle ſe montre.
Que vois-je ! cria-t-il, oſtez-moy cet objet ;
Qu'il eſt hideux ! que ſa rencontre
Me cauſe d'horreur & d'effroy !
N'approche pas, ô mort, ô mort, retire-toy.

Mecenas fut un galand homme :
Il a dit quelque part : Qu'on me rende impotent,
Cu de jatte, gouteux, manchot, pourveu qu'en ſomme
Je vive, c'eſt aſſez, je ſuis plus que content.

    Ne vien jamais ô mort, on s'en dit tout autant.

> *Ce ſujet a eſté traité d'une autre façon par Eſope, comme la Fable ſuivante le fera voir. Je compoſay celle-cy pour une raiſon qui me contraignoit de rendre la choſe ainſi generale. Mais quelqu'un me fit connoiſtre que j'euſſe beaucoup mieux fait de ſuivre mon original, & que je laiſſois paſſer un des plus beaux traits qui fuſt dans Eſope. Cela m'obligea d'y avoir recours. Nous ne ſçaurions aller plus avant que les Anciens : ils ne nous ont laißé pour noſtre part que la gloire de les bien ſuivre. Je joints toutefois ma Fable à celle d'Eſope : non que la mienne le merite : mais à cauſe du mot de Mecenas que j'y fais entrer, & qui eſt ſi beau & ſi à propos que je n'ay pas cru le devoir omettre.*

XVIII.
Homme entre deux âges, & ſes deux Maîtreſſes.

Un homme de moyen âge,
Et tirant ſur le griſon,
Jugea qu'il étoit ſaiſon
De ſonger au mariage.
Il avoit du contant.

  Et partant
Dequoy choiſir. Toutes vouloient luy plaire ;
En quoy noſtre amoureux ne ſe preſſoit pas tant.
Bien adreſſer n'eſt pas petite affaire.
Deux veuves ſur ſon cœur eurent le plus de part ;
L'une encor verte, & l'autre un peu bien mûre ;
Mais qui reparoit par ſon art
Ce qu'avoit détruit la nature.
Ces deux Veuves en badinant,
En riant, en luy faiſant feſte,
L'alloient quelquefois teſtonnant,
C'eſt-à-dire ajuſtant ſa teſte.
La Vieille à tous momens de ſa part emportoit
Un peu du poil noir qui reſtoit,
Afin que ſon amant en fuſt plus à ſa guiſe.

  La Jeune ſaccageoit les poils blancs à ſon tour.
Toutes deux firent tant que noſtre teſte griſe
Demeura ſans cheveux, & ſe douta du tour.
Je vous rends, leur dit-il, mille graces, les Belles,
Qui m'avez ſi bien tondu ;
J'ai plus gagné que perdu :
Car d'Hymen, point de nouvelles.
Celle que je prendrois voudroit qu'à ſa façon
Je vécuſſe, & non à la mienne.
Il n'eſt teſte chauve qui tienne ;
Je vous ſuis obligé, Belles, de la leçon.

XVIII.
Le Renard & la Cicogne.

Compere le Renard ſe mit un jour en frais,
Et retint à diſner commere la Cicogne.
Le régal fut petit, & ſans beaucoup d'appreſts ;
  Le galand pour toute beſogne
Avoit un broüet clair (il vivoit chichement.)
Ce broüet fut par luy ſervy ſur une aſſiette :
La Cicogne au long bec n'en put attraper miette ;
Et le drôle eut lapé le tout en un moment.
Pour ſe vanger de cette tromperie,
A quelque temps de là la Cicogne le prie :
Volontiers, luy dit-il, car avec mes amis
Je ne fais point ceremonie.
A l'heure dite il courut au logis
De la Cicogne ſon hôteſſe,
Loüa tres-fort la politeſſe,
Trouva le diſner cuit à point.
Bon appetit ſur tout ; Renards n'en manquent point.
Il ſe rejoüiſſoit à l'odeur de la viande

  Miſe en menus morceaux, & qu'il croyoit friande.
On ſervit pour l'embarraſſer
En un vaſe à long col, & d'étroite embouchure.
Le bec de la Cicogne y pouvoit bien paſſer,
Mais le muſeau du Sire eſtoit d'autre meſure.
Il luy fallut à jeun retourner au logis ;
Honteux comme un Renard qu'une Poule auroit pris,
Serrant la queuë, & portant bas l'oreille.
Trompeurs, c'eſt pour vouſ que j'écris,
Attendez-vous à la pareille.

XIX.
L'Enfant & le Maiſtre d'École.

Dans ce recit je pretens faire voir
D'un certain ſot la remontrance vaine.
Un jeune enfant dans l'eau ſe laiſſa choir,
En badinant ſur les bords de la Seine.
Le Ciel permit qu'un ſaule ſe trouva

Dont le branchage, aprés Dieu, le fauva.
S'eſtant pris, dis-je, aux branches de ce faule ;
Par cet endroit paſſe un Maiſtre d'école.
L'Enfant luy crie : Au ſecours, je peris.
Le Magiſter ſe tournant à ſes cris,
D'un ton fort grave à contre-temps s'aviſe
De le tancer. Ah le petit baboüin !
Voyez, dit-il, où l'a mis ſa ſotiſe !
Et puis prenez de tels fripons le ſoin.
Que les parens ſont malheureux, qu'il faille
Toûjours veiller à ſemblable canaille !
Qu'ils ont de maux, & que je plains leur ſort !
Ayant tout dit, il mit l'enfant à bord.
Je blâme icy plus de gens qu'on ne penſe.
Tout babillard, tout cenſeur, tout pedant,
Se peut connoiſtre au diſcours que j'avance :
Chacun des trois fait un peuple fort grand ;

　　　Le Createur en a beny l'engeance.
En toute affaire ils ne font que ſonger
Aux moyens d'exercer leur langue.
Hé, mon amy, tire-moy de danger :
Tu feras aprés ta harangue.

XX
LE COQ & LA PERLE.

　　Jean-Baptiste Oudry

Un jour un Coq détourna
Une Perle qu'il donna
Au beau premier Lapidaire.
Je la crois fine, dit-il,
Mais le moindre grain de mil
Seroit bien mieux mon affaire.

　　Un ignorant herita
D'un manuſcrit qu'il porta
Chez ſon voiſin le Libraire.
Je crois, dit-il, qu'il eſt bon ;
Mais le moindre ducaton
Seroit bien mieux mon affaire.

XXI.
LES FRELONS, & LES MOÛCHES À MIEL.

À l'œuvre on connoiſt l'Artiſan.
Quelques rayons de miel ſans maiſtre ſe trouverent.
Des Frelons les reclamerent.
Des Abeilles s'oppoſant,
  Devant certaine Gueſpe on traduiſit la cauſe.
Il eſtoit mal-aiſé de décider la choſe.
Les témoins dépoſoient qu'autour de ces rayons
Des animaux aîlez bourdonnans, un peu longs,
De couleur fort tannée ; & tels que les Abeilles,
Avoient long-temps paru. Mais quoy, dans les Frelons
Ces enſeignes eſtoient pareilles.
La Gueſpe ne ſçachant que dire à ces raiſons,
Fit enqueſte nouvelle ; & pour plus de lumiere
Entendit une fourmilliere.
Le point n'en pût eſtre éclaircy.
De grace, à quoy bon tout cecy ?
Dit une Abeille fort prudente.

  Depuis tantoſt ſix mois que la cauſe eſt pendante,
Nous voicy comme aux premiers jours.
Pendant cela le miel ſe gaſte.
Il eſt temps deſormais que le Juge ſe haſte :
N'a-t-il point aſſez leché l'Ours ?
Sans tant de contredits, & d'interlocutoires,
Et de fatras, & de grimoires,
Travaillons, les Frelons & nous :
On verra qui ſçait faire avec un ſuc ſi doux
Des cellules ſi bien baſties.
Le refus des Frelons fit voir
Que cet art paſſoit leur ſçavoir :
Et la Gueſpe adjugea le miel à leurs parties :
Pluſt à Dieu qu'on reglaſt ainſi tous les procez ;
Que des Turcs en cela l'on ſuiviſt la methode :

  Le ſimple ſens commun nous tiendroit lieu de Code.
Il ne faudroit point tant de frais.
Au lieu qu'on nous mange, on nous gruge ;
On nous mine par des longueurs :
On fait tant à la fin, que l'huiſtre eſt pour le Juge,
Les écailles pour les plaideurs.

XXII.
Le Chesne & le Rozeau.

LE Chesne un jour dit au Rozeau :
Vous avez bien sujet d'accuser la Nature.
Un Roitelet pour vous est un pesant fardeau.
    Le moindre vent qui d'aventure
Fait rider la face de l'eau
Vous oblige à baisser la teste :
Cependant que mon front au Caucase pareil,
Non content d'arrester les rayons du Soleil,
Brave l'effort de la tempeste.
Tout vous est Aquilon ; tout me semble Zephir.
Encor si vous naissiez à l'abry du feüillage
Dont je couvre le voisinage ;
Vous n'auriez pas tant à souffrir ;
Je vous défendrois de l'orage :
Mais vous naissez le plus souvent
Sur les humides bords des Royaumes du vent.
La Nature envers vous me semble bien injuste.
    Vostre compassion, luy répondit l'Arbuste,
Part d'un bon naturel ; mais quittez ce soucy.
Les vents me sont moins qu'à vous redoutables.
Je plie, & ne romps pas. Vous avez jusqu'icy
Contre leurs coups épouvantables
Resisté sans courber le dos :
Mais attendons la fin. Comme il disoit ces mots,
Du bout de l'orizon accourt avec furie
Le plus terrible des enfans
Que le Nort eust porté jusques là dans ses flancs.
L'Arbre tient bon, le Roseau plie ;
Le vent redouble ses efforts,
Et fait si bien qu'il déracine
    Celuy de qui la teste au Ciel estoit voisine,
Et dont les pieds touchoient à l'Empire des Morts.

Livre II

Fable I.
Contre ceux qui ont le goust difficile.

QUand j'aurois, en naiſſant, receu de Calliope
Les dons qu'à ſes Amans cette Muſe a promis,
    Je les conſacrerois aux menſonges d'Eſope :
Le menſonge & les vers de tout temps ſont amis.
Mais je ne me crois pas ſi cheri du Parnaſſe,
Que de ſçavoir orner toutes ces fictions :
On peut donner du luſtre à leurs inventions :
On le peut, je l'eſſaye, un plus ſçavant le faſſe.
Cependant juſqu'icy d'un langage nouveau
J'ay fait parler le Loup, & répondre l'Agneau.
J'ay paſſé plus avant ; les Arbres & les Plantes
Sont devenus chez moy creatures parlantes.
Qui ne prendroit cecy pour un enchantement ?

    Vraiment, me diront nos Critiques,
Vous parlez magnifiquement
De cinq ou ſix contes d'enfant.
Cenſeurs, en voulez-vous qui ſoient plus autentiques,
Et d'un ſtile plus haut ? En voicy. Les Troyens,
Aprés dix ans de guerre, autour de leurs murailles,
Avoient laſſé les Grecs, qui, par mille moyens,
Par mille aſſauts, par cent batailles,
N'avoient pû mettre à bout cette fiere Cité :
Quand un cheval de bois par Minerve inventé
D'un rare & nouvel artifice,
Dans ſes énormes flancs receut le ſage Ulyſſe,

    Le vaillant Diomede, Ajax l'impetueux,
Que ce Coloſſe monſtrueux
Avec leurs eſcadrons devoit porter dans Troye,
Livrant à leur fureur ſes Dieux meſmes en proye.
Stratagême inouï, qui des fabricateurs
Paya la conſtance & la peine.
C'eſt aſſez, me dira quelqu'un de nos Auteurs ;

La periode est longue, il faut reprendre haleine.
Et puis vostre Cheval de bois,
Vos Heros avec leurs Phalanges,
Ce sont des contes plus étranges
Qu'un Renard qui cajole un Corbeau sur sa voix.
De plus il vous sied mal d'écrire en si haut stile.

 Et bien, baissons d'un ton. La jalouse Amarille
Songeoit à son Alcippe, & croyoit de ses soins
N'avoir que ses Moutons & son Chien pour témoins.
Tircis qui l'apperceut, se glisse entre des Saules,
Il entend la Bergere adressant ces paroles
Au doux Zephire, & le priant
De les porter à son Amant.
Je vous arreste à cette rime,
Dira mon Censeur à l'instant.
Je ne la tiens pas legitime,
Ni d'une assez grande vertu.
Remettez, pour le mieux, ces deux vers à la fonte.
Maudit Censeur, te tairas-tu ?
Ne sçaurois-je achever mon conte ?

 C'est un dessein tres-dangereux
Que d'entreprendre de te plaire.
Les delicats sont malheureux ;
Rien ne sçauroit les satisfaire.

II.
Conseil tenu par les Rats.

UN Chat nommé Rodilardus,
Faisoit de Rats telle déconfiture,
Que l'on n'en voyoit presque plus,
Tant il en avoit mis dedans la sepulture.

 Le peu qu'il en restoit n'osant quitter son trou,
Ne trouvoit à manger que le quart de son sou ;
Et Rodilard passoit chez la gent miserable,
Non pour un Chat, mais pour un Diable.
Or un jour qu'au haut & au loin
Le galand alla chercher femme ;
Pendant tout le sabat qu'il fit avec sa Dame,
Le demeurant des Rats tint Chapitre en un coin
Sur la necessité presente.

Dés l'abord leur Doyen, perfonne fort prudente,
Opina qu'il faloit, & pluftoft que plus tard,
Attacher un grelot au cou de Rodilard ;
Qu'ainfi quand il iroit en guerre,

  De fa marche avertis ils s'enfuïroient fous terre.
Qu'il n'y fçavoit que ce moyen.
Chacun fut de l'avis de Monfieur le Doyen,
Chofe ne leur parut à tous plus falutaire.
La difficulté fut d'attacher le grelot.
L'un dit : Je n'y vas point, je ne fuis pas fi fot :
L'autre, Je ne fçaurois. Si bien que fans rien faire
On fe quitta. J'ay maints Chapitres vûs,
Qui pour neant fe font ainfi tenus ;
Chapitres, non de Rats, mais Chapitres de Moines,
Voire Chapitres de Chanoines.

Ne faut-il que deliberer ?
La Cour en Confeillers foifonne ;

  Eft-il befoin d'executer ?
L'on ne rencontre plus perfonne.

III.
LE LOUP PLAIDANT CONTRE LE RENARD PARDEVANT LE SINGE.

Un Loup difoit que l'on l'avoit volé.
Un Renard fon voifin, d'affez mauvaife vie,
Pour ce pretendu vol par luy fut appellé.

  Devant le Singe il fut plaidé,
Non point par Avocats, mais par chaque Partie.
Themis n'avoit point travaillé,
De memoire de Singe, à fait plus embroüillé.
Le Magiftrat fuoit en fon lit de Juftice.
Aprés qu'on eut bien contefté,
Repliqué, crié, tempefté,
Le Juge inftruit de leur malice,
Leur dit : Je vous connois de long-temps, mes amis ;
Et tous deux vous payerez l'amende :
Car toy, Loup, tu te plains, quoiqu'on ne t'ait rien pris ;
Et toy, Renard, as pris ce que l'on te demande.

Le Juge pretendoit qu'à tort & à travers
On ne sçauroit manquer condamnant un pervers.

> *Quelques perfonnes de bon fens ont cru que l'impoffibilité & la contradiction qui eft dans le Jugement de ce Singe, eftoit une chose à cenfurer ; mais je ne m'en fuis fervi qu'aprés Phedre, & c'eft en cela que confifte le bon mot, felon mon avis.*

IV.
Les deux Taureaux & une Grenoüille.

Deux Taureaux combattoient à qui poffederoit
Une Geniffe avec l'empire.
Une Grenoüille en foûpiroit.
Qu'avez-vous, fe mit à luy dire
Quelqu'un du peuple croaffant.

     Et ne voyez-vous pas, dit-elle,
Que la fin de cette querelle
Sera l'exil de l'un ; que l'autre le chaffant,
Le fera renoncer aux campagnes fleuries ?
Il ne regnera plus fur l'herbe des prairies,
Viendra dans nos marais regner fur les rofeaux ;
Et nous foulant aux pieds jufques au fond des eaux,
Tantoft l'une, & puis l'autre ; il faudra qu'on patiffe
Du combat qu'a caufé madame la Geniffe.
Cette crainte eftoit de bon fens.
L'un des Taureaux en leur demeure
S'alla cacher à leurs dépens,
Il en écrafoit vingt par heure.
Helas ! on voit que de tout temps
Les petits ont pati des fottifes des grands.

V.
La Chauvefouris & les deux Belettes.

Une Chauvefouris donna tefte baiffée
Dans un nid de Belette ; & fitoft qu'elle y fut,
L'autre envers les Souris de long-temps courroucée,

Pour la devorer accourut.
Quoy ? vous ofez, dit-elle, à mes yeux vous produire,
Aprés que voftre race a tâché de me nuire ?
N'eftes-vous pas Souris ? Parlez fans fiction.
Oüy vous l'eftes, ou bien je ne fuis pas Belette.
Pardonnez-moy, dit la pauvrette,
Ce n'eft pas ma profeffion.
Moy Souris ! des méchans vous ont dit ces nouvelles.
Grace à l'Auteur de l'Univers,
Je fuis Oyfeau ; voyez mes aifles :
Vive la gent qui fend les airs.
Sa raifon plut & fembla bonne.
Elle fait fi bien qu'on luy donne
Liberté de fe retirer.
Deux jours aprés noftre étourdie
Aveuglément va fe fourrer

    Chez une autre Belette aux Oyfeaux ennemie.
La voila derechef en danger de fa vie.
La Dame du logis, avec fon long mufeau,
S'en alloit la croquer en qualité d'Oyfeau,
Quand elle protefta qu'on lui faifoit outrage.
Moy pour telle paffer ? vous n'y regardez pas.
Qui fait l'Oyfeau ? c'eft le plumage.
Je fuis Souris ; vivent les Rats.
Jupiter confonde les Chats.
Par cette adroite repartie
Elle fauva deux fois fa vie.

Plufieurs fe font trouvez qui d'écharpe changeans,

    Aux dangers, ainfi qu'elle, ont fouvent fait la figue.
Le Sage dit, felon les gens,
Vive le Roi, vive la Ligue.

VI.
L'OYſEAU BLESSÉ D'UNE FLÉCHE.

Mortellement atteint d'une fléche empennée,
Un Oyfeau déploroit fa trifte deftinée.
Et difoit en fouffrant un furcroift de douleur,

    Faut-il contribuer à fon propre malheur ?
Cruels humains, vous tirez de nos aîles

De quoy faire voler ces machines mortelles ;
Mais ne vous mocquez point, engeance sans pitié :
Souvent il vous arrive un sort comme le nostre.
Des enfans de Japet toûjours une moitié
Fournira des armes à l'autre.

VII.
La Lice & sa Compagne.

UNe Lice estant sur son terme,
Et ne sçachant où mettre un fardeau si pressant,
Fait si bien qu'à la fin sa Compagne consent,

  De luy prêter sa hute, où la Lice s'enferme.
Au bout de quelque temps sa Compagne revient.
La Lice luy demande encore une quinzaine.
Ses petits ne marchoient, disoit-elle, qu'à peine.
Pour faire court, elle l'obtient.
Ce second terme échû, l'autre luy redemande
Sa maison, sa chambre, son lit.
La Lice cette fois montre les dents, & dit :
Je suis prête à sortir avec toute ma bande,
Si vous pouvez nous mettre hors.
Ses enfans étoient dejà forts.

Ce qu'on donne aux méchans, toûjours on le regrette.

  Pour tirer d'eux ce qu'on leur prête,
Il faut que l'on en vienne aux coups ;
Il faut plaider, il faut combattre.
Laissez-leur prendre un pied chez vous,
Ils en auront bien-tôt pris quatre.

VIII.
L'Aigle & l'Escarbot.

L'Aigle donnoit la chasse à Maître Jean Lapin,
Qui droit à son terrier s'enfuyoit au plus vîte.
Le trou de l'Escarbot se rencontre en chemin.

  Je laisse à penser si ce gîte
Estoit seur ; mais où mieux ? Jean Lapin s'y blotit.
L'Aigle fondant sur luy nonobstant cet azile,

L'Escarbot intercede & dit :
Princesse des Oyseaux, il vous est fort facile
D'enlever malgré moy ce pauvre malheureux :
Mais ne me faites pas cet affront, je vous prie :
Et puisque Jean Lapin vous demande la vie,
Donnez-la luy de grace, ou l'ôtez à tous deux :
C'est mon voisin, c'est mon compere.
L'oyseau de Jupiter, sans répondre un seul mot,
Choque de l'aîle l'Escarbot,

    L'étourdit, l'oblige à se taire ;
Enleve Jean Lapin. L'Escarbot indigné
Vole au nid de l'Oyseau, fracasse en son absence
Ses œufs, ses tendres œufs, sa plus douce esperance :
Pas un seul ne fut épargné.
L'Aigle estant de retour, & voyant ce ménage,
Remplit le Ciel de cris, & pour comble de rage,
Ne sçait sur qui venger le tort qu'elle a souffert.
Elle gemit en vain, sa plainte au vent se perd.
Il falut pour cet an vivre en mere affligée.
L'an suivant elle mit son nid en lieu plus haut.
L'Escarbot prend son temps, fait faire aux œufs le saut :

    La mort de Jean Lapin derechef est vangée.
Ce second deüil fut tel que l'echo de ces bois
N'en dormit de plus de six mois.
L'Oyseau qui porte Ganimede,
Du Monarque des Dieux enfin implore l'aide ;
Dépose en son giron ses œufs, & croit qu'en paix
Ils seront dans ce lieu, que pour ses interests
Jupiter se verra contraint de les défendre.
Hardy qui les iroit là prendre.
Aussi ne les y prit-on pas.
Leur ennemi changea de note,
Sur la robe du Dieu fit tomber une crotte :
Le Dieu la secoüant jetta les œufs à bas.
Quand l'Aigle sçut l'inadvertance,

    Elle menaça Jupiter
D'abandonner sa Cour, d'aller vivre au desert :
Avec mainte autre extravagance.
Le pauvre Jupiter se tut.
Devant son Tribunal l'Escarbot comparut,
Fit sa plainte, & conta l'affaire.

On fit entendre à l'Aigle enfin qu'elle avoit tort.
Mais les deux ennemis ne voulant point d'accord,
Le Monarque des Dieux s'avifa, pour bien faire,
De tranfporter le temps où l'Aigle fait l'amour,
En une autre faifon, quand la race Efcarbote

  Eft en quartier d'hyver, & comme la Marmotte
Se cache & ne voit point le jour.

IX
LE LION & LE MOUCHERON.

VA-t-en chetif infecte, excrement de la terre.
C'eſt en ces mots que le Lion
Parloit un jour au Moûcheron.
L'autre luy declara la guerre.
Penſes-tu, luy dit-il, que ton titre de Roy

  Me faſſe peur, ny me foucie ?
Un bœuf eſt plus puiſſant que toy ;
Je le meine à ma fantaiſie.
À peine il achevoit ces mots,
Que luy-même il fonna la charge,
Fut le Trompette & le Heros.
Dans l'abord il fe met au large ;
Puis prend fon temps, fond fur le cou
Du Lion qu'il rend prefque fou.
Le quadrupede écume, & fon œil étincelle ;
Il rugit, on fe cache, on tremble à l'environ :
Et cette alarme univerfelle
Eſt l'ouvrage d'un Moûcheron.
Un avorton de Moûche en cent lieux le harcelle,
Tantoſt picque l'échine, & tantoſt le mufeau,

  Tantoſt entre au fond du nazeau.
La rage alors fe trouve à fon faîte montée.
L'inviſible ennemy triomphe, & rit de voir
Qu'il n'eſt griffe ny dent en la beſte irritée,
Qui de la mettre en fang ne faſſe fon devoir.
Le malheureux Lion fe déchire luy-mefme,
Fait refonner fa queuë à l'entour de fes flancs,
Bat l'air qui n'en peut mais ; & fa fureur extrême
Le fatigue, l'abbat : le voilà fur les dents.
L'infecte du combat fe retire avec gloire :

Comme il sonna la charge, il sonne la victoire ;
Va par tout l'annoncer ; & rencontre en chemin
L'embuscade d'une araignée.
Il y rencontre aussi sa fin.

  Quelle chose par là nous peut estre enseignée ?
J'en vois deux, dont l'une est qu'entre nos ennemis,
Les plus à craindre sont souvent les plus petits ;
L'autre, qu'aux grands perils tel a pû se soustraire,
Qui perit pour la moindre affaire.

X.
L'ASNE CHARGÉ D'ÉPONGES, & L'ASNE CHARGÉ DE SEL.

Un Asnier, son Sceptre à la main,
Menoit en Empereur Romain
Deux Coursiers à longues oreilles.

  L'un d'éponges chargé marchoit comme un Courier ;
Et l'autre se faisant prier
Portoit, comme on dit, les bouteilles.
Sa charge estoit de sel. Nos gaillards pelerins
Par monts, par vaux, & par chemins
Au gué d'une riviere à la fin arriverent,
Et fort empêchez se trouverent.
L'Asnier, qui tous les jours traversoit ce gué-là,
Sur l'Asne à l'éponge monta,
Chassant devant luy l'autre beste,
Qui voulant en faire à sa teste
Dans un trou se precipita,
Revint sur l'eau, puis échapa :
Car au bout de quelques nagées
Tout son sel se fondit si bien,
Que le Baudet ne sentit rien

  Sur ses épaules soulagées.
Camarade Epongier prit exemple sur luy,
Comme un Mouton qui va dessus la foy d'autruy.
Voilà mon Asne à l'eau, jusqu'au col il se plonge
Luy, le Conducteur, & l'Eponge.
Tous trois beurent d'autant ; l'Asnier & le Grifon
Firent à l'éponge raison.
Celle-cy devint si pesante,
Et de tant d'eau s'emplit d'abord,

Que l'Afne fuccombant ne pût gagner le bord.
L'Afnier l'embraffoit dans l'attente
D'une prompte & certaine mort.
Quelqu'un vint au fecours : qui ce fut, il n'importe ;
C'eft affez qu'on ait veu par là qu'il ne

    faut point
Agir chacun de mefme forte.
J'en voulois venir à ce point.

XI.
LE LION & LE RAT.

Il faut autant qu'on peut obliger tout le monde.
On a fouvent befoin d'un plus petit que foy.

    De cette verité deux Fables feront foy,
Tant la chofe en preuves abonde.
Entre les pattes d'un Lion,
Un Rat fortit de terre affez à l'étourdie.
Le Roy des animaux en cette occafion
Montra ce qu'il eftoit, & luy donna la vie.
Ce bienfait ne fut pas perdu.
Quelqu'un auroit-il jamais crû
Qu'un Lion d'un Rat eût affaire ?
Cependant il avint qu'au fortir des forefts,
Ce Lion fut pris dans des rets,
Dont fes rugiffemens ne le pûrent défaire.
Sire Rat accourut ; & fit tant par fes dents,
Qu'une maille rongée emporta tout l'ouvrage.
Patience & longueur de temps
Font plus que force ny que rage.

XII.
LA COLOMBE & LA FOURMY.

L'autre exemple eft tiré d'animaux plus petits.
Le long d'un clair ruiffeau beuvoit une Colombe :
Quand fur l'eau fe panchant une Fourmy y tombe.
Et dans cet Ocean l'on euft vû la Fourmy
S'efforcer, mais en vain, de regagner la rive.
La Colombe auffi-toft ufa de charité.

Un brin d'herbe dans l'eau par elle eſtant jetté,
Ce fut un promontoire où la Fourmy arrive.
Elle ſe ſauve ; & là-deſſus
Paſſe un certain Croquant qui marchoit les pieds nus.
Ce Croquant par hazard avoit une arbaleſte.

  Dés qu'il void l'Oiſeau de Venus
Il le croit en ſon pot, & déja luy fait feſte.
Tandis qu'à le tuer mon Villageois s'appreſte,
La Fourmy le picque au talon.
Le Vilain retourne la teſte.
La Colombe l'entend, part, & tire de long.
Le ſouper du Croquant avec elle s'envole :
Point de Pigeon pour une obole.

XIII.
L'ASTROLOGUE QUI SE LAISSE TOMBER DANS UN PUITS.

Un Aſtrologue un jour ſe laiſſa choir
Au fonds d'un puits. On luy dit : Pauvre beſte,
Tandis qu'à peine à tes pieds tu peux voir,

  Penſes-tu lire au deſſus de ta teſte ?

Cette avanture en ſoy, ſans aller plus avant,
Peut ſervir de leçon à la pluſpart des hommes.
Parmi ce que de gens ſur la terre nous ſommes,
Il en eſt peu qui fort ſouvent
Ne ſe plaiſent d'entendre dire,
Qu'au Livre du Deſtin les mortels peuvent lire.
Mais ce Livre qu'Homere & les ſiens ont chanté,
Qu'eſt-ce que le hazard parmi l'Antiquité ?
Et parmi nous la Providence ?
Or du hazard il n'eſt point de ſcience.
S'il en eſtoit, on auroit tort
De l'appeller hazard, ni fortune, ni ſort,
Toutes choſes tres-incertaines.
Quant aux volontez ſouveraines

  De celuy qui fait tout, & rien qu'avec deſſein,
Qui les ſçait que luy ſeul ? comment lire en ſon ſein ?
Auroit-il imprimé ſur le front des étoiles
Ce que la nuit des temps enferme dans ſes voiles ?
A quelle utilité, pour exercer l'eſprit

De ceux qui de la Sphere & du Globe ont écrit ?
Pour nous faire éviter des maux inévitables ?
Nous rendre dans les biens de plaisirs incapables ?
Et causant du dégoust pour ces biens prévenus,
Les convertir en maux devant qu'ils soient venus ?
C'est erreur, ou plutost c'est crime de le croire.

    Le Firmament se meut ; les Astres font leur cours ;
Le Soleil nous luit tous les jours ;
Tous les jours sa clarté succede à l'ombre noire ;
Sans que nous en puissions autre chose inferer
Que la necessité de luire & d'éclairer,
D'amener les saisons, de meurir les semences,
De verser sur les corps certaines influences.
Du reste, en quoy répond au sort toujours divers
Ce train toujours égal dont marche l'Univers ?
Charlatans, faiseurs d'horoscope,
Quittez les Cours des Princes de l'Europe.
Emmenez avec vous les souffleurs tout d'un temps.
Vous ne meritez pas plus de foy que ces gens.

    Je m'emporte un peu trop ; revenons à l'histoire
De ce Speculateur, qui fut contraint de boire.
Outre la vanité de son art mensonger,
C'est l'image de ceux qui baillent aux chimeres,
Cependant qu'ils sont en danger,
Soit pour eux, soit pour leurs affaires.

XIV.
Le Lievre & les Grenoüilles.

Un Lievre en son giste songeoit,
(Car que faire en un giste, à moins que l'on ne songe ?)
Dans un profond ennuy ce Lievre se plongeoit :

    Cet animal est triste, & la crainte le ronge.
Les gens de naturel peureux
Sont, disoit-il, bien malheureux.
Ils ne sçauroient manger morceau qui leur profite.
Jamais un plaisir pur, toujours assauts divers.
Voilà comme je vis : cette crainte maudite
M'empesche de dormir, sinon les yeux ouverts.
Corrigez-vous, dira quelque sage cervelle.
Et la peur se corrige-t-elle ?

Je croy mefme qu'en bonne foy
Les hommes ont peur comme moy.
Ainfi raifonnoit noftre Lievre,
Et cependant faifoit le guet.
Il eftoit douteux, inquiet :

  Un foufle, une ombre, un rien, tout luy donnoit la fiévre.
Le melancolique animal
En rêvant à cette matiere,
Entend un leger bruit : ce luy fut un fignal
Pour s'enfuïr devers fa taniere.
Il s'en alla paffer fur le bord d'un Eftang.
Grenoüilles auffi-toft de fauter dans les ondes,
Grenoüilles de rentrer en leurs grottes profondes.
Oh, dit-il, j'en fais faire autant
Qu'on m'en fait faire ! ma prefence
Effraye auffi les gens, je mets l'alarme au camp !
Et d'où me vient cette vaillance ?
Comment des animaux qui tremblent devant moy !
Je fuis donc un foudre de guerre.

  Il n'est, je le vois bien, fi poltron fur la terre,
Qui ne puiffe trouver un plus poltron que foy.

XV.
LE COQ & LE RENARD.

Sur la branche d'un arbre eftoit en fentinelle
Un vieux Coq adroit & matois.
Frere, dit un Renard adouciffant fa voix,
Nous ne fommes plus en querelle :
Paix generale à cette fois.

  Je viens te l'annoncer ; defcends que je t'embraffe.
Ne me retarde point de grace :
Je dois faire aujourd'huy vingt poftes fans manquer.
Les tiens & toy pouvez vaquer
Sans nulle crainte à vos affaires ;
Nous vous y fervirons en freres.
Faites-en les feux dés ce foir.
Et cependant vien recevoir
Le baifer d'amour fraternelle.

Ami, reprit le Coq, je ne pouvois jamais
Apprendre une plus douce & meilleure nouvelle,
Que celle
De cette paix.
Et ce m'eſt une double joye
De la tenir de toy. Je voy deux Levriers,
Qui, je m'aſſure, ſont couriers,
Que pour ce ſujet on envoye.

  Ils vont viſte, & feront dans un moment à nous.
Je deſcends ; nous pourrons nous entrebaiſer tous.
Adieu, dit le Renard, ma traite eſt longue à faire.
Nous nous réjouïrons du ſuccés de l'affaire
Une autre fois. Le galand auſſi toſt
Tire ſes gregues, gagne au haut,
Mal-content de ſon ſtratagême ;
Et noſtre vieux Coq en ſoy-meſme
Se mit à rire de ſa peur :
Car c'eſt double plaiſir de tromper le trompeur.

XVI.
LE CORBEAU VOULANT IMITER L'AIGLE.

L'Oyſeau de Jupiter enlevant un Mouton,
Un Corbeau témoin de l'affaire,
Et plus foible de reins, mais non pas moins glouton,

  En voulut ſur l'heure autant faire.
Il tourne à l'entour du troupeau ;
Marque entre cent Moutons le plus gras, le plus beau,
Un vray Mouton de ſacrifice.
On l'avoit reſervé pour la bouche des Dieux.
Gaillard Corbeau diſoit, en le couvrant des yeux,
Je ne ſçay qui fut ta nourrice ;
Mais ton corps me paroiſt en merveilleux état :
Tu me ſerviras de pâture.
Sur l'animal beſlant, à ces mots, il s'abat.
La Moutonniere creature
Peſoit plus qu'un fromage ; outre que ſa toiſon

  Eſtoit d'une épaiſſeur extrême,
Et meſlée à peu prés de la meſme façon
Que la barbe de Polipheme.
Elle empeſtra ſi bien les ſerres du Corbeau,

Que le pauvre animal ne put faire retraite ;
Le Berger vient, le prend, l'encage bien & beau ;
Le donne à ſes enfans pour ſervir d'amuſette.
Il faut ſe meſurer, la conſequence eſt nette.
Mal prend aux Volereaux de faire les Voleurs
L'exemple eſt un dangereux leure.
Tous les mangeurs de gens ne ſont pas grands Seigneurs,

    Où la Gueſpe a paſſé, le Mouſcheron demeure.

XVII.
LE PAON SE PLAIGNANT À JUNON.

LE Paon ſe plaignoit à Junon :
Deeſſe, diſoit-il, ce n'eſt pas ſans raiſon
Que je me plains, que je murmure ;
Le chant dont vous m'avez fait don
Déplaiſt à toute la Nature :

    Au lieu qu'un Roſſignol, chetive creature,
Forme des ſons auſſi doux qu'éclatans ;
Eſt luy ſeul l'honneur du Printemps.
Junon répondit en colere :
Oyſeau jaloux, & qui devrois te taire,
Eſt-ce à toy d'envier la voix du Roſſignol ?
Toy que l'on voit porter à l'entour de ton col
Un arc-en-ciel nué de cent ſortes de ſoyes,
Qui te panades, qui déployes
Une ſi riche queuë, & qui ſemble à nos yeux
La Boutique d'un Lapidaire ?
Eſt-il quelque oyſeau ſous les Cieux
Plus que toy capable de plaire ?
Tout animal n'a pas toutes proprietez ;
Nous vous avons donné diverſes qualitez,
Les uns ont la grandeur & la force en partage ;

    Le Faucon eſt leger, l'Aigle plein de courage ;
Le Corbeau ſert pour le préſage ;
La Corneille avertit des malheurs à venir ;
Tous ſont contens de leur ramage.
Ceſſe donc de te plaindre, ou bien, pour te punir,
Je t'oſteray ton plumage.

XVIII.
La Chate metamorphosée en Femme.

Un homme cheriſſoit éperdument ſa Chate ;
Il la trouvoit mignonne, & belle, & delicate ;
Qui miauloit d'un ton fort doux.
Il eſtoit plus fou que les foux.

     Cet Homme donc par prieres, par larmes,
Par ſortileges & par charmes,
Fait tant qu'il obtient du deſtin,
Que ſa Chate en un beau matin
Devient femme, & le matin meſme
Maiſtre ſot en fait ſa moitié.
Le voilà fou d'amour extrême,
De fou qu'il eſtoit d'amitié.
Jamais la Dame la plus belle
Ne charma tant ſon Favory,
Que fait cette épouſe nouvelle
Son hypocondre de mary.
Il l'amadouë, elle le flate,
Il n'y trouve plus rien de Chate :
Et pouſſant l'erreur juſqu'au bout
La croit femme en tout & par tout.
Lors que quelques Souris qui rongeoient de la natte

     Troublerent le plaiſir des nouveaux mariez.
Auſſi toſt la femme eſt ſur pieds :
Elle manqua ſon avanture.
Souris de revenir, femme d'eſtre en poſture.
Pour cette fois elle accourut à point ;
Car ayant changé de figure
Les Souris ne la craignoient point.
Ce luy fut toûjours une amorce,
Tant le naturel a de force,
Il ſe mocque de tout, certain âge accomply.
Le vaſe eſt imbibé, l'étoffe a pris ſon ply.
En vain de ſon train ordinaire
On le veut deſaccoûtumer.
Quelque choſe qu'on puiſſe faire,
On ne ſçauroit le reformer.
Coups de fourche ny d'étrivieres
Ne luy font changer de manieres ;

Et, fuſſiez-vous embaſtonnez,
Jamais vous n'en ſerez les maiſtres.
Qu'on luy ferme la porte au nez,
Il reviendra par les feneſtres.

XIX.
LE LION & L'AſNE CHAſſANT.

LE Roy des animaux ſe mit un jour en teſte
De giboyer. Il celebroit ſa feſte.
Le gibier du Lion ce ne ſont pas moineaux ;
Mais beaux & bons Sangliers, Daims & Cerfs bons & beaux.

     Pour réüſſir dans cette affaire,
Il ſe ſervit du miniſtere
De l'Aſne à la voix de Stentor.
L'Aſne à Meſſer Lion fit office de Cor.
Le Lion le poſta, le couvrit de ramée,
Luy commanda de braire, aſſuré qu'à ce ſon
Les moins intimidez fuïroient de leur maiſon.
Leur troupe n'eſtoit pas encore accoûtumée
A la tempeſte de ſa voix :
L'air en retentiſſoit d'un bruit épouventable :
La frayeur ſaiſiſſoit les hoſtes de ces bois.
Tous fuyoient, tous tomboient au piége inévitable
Où les attendoit le Lion.
N'ay-je pas bien ſervy dans cette occaſion ?

     Dit l'Aſne, en ſe donnant tout l'honneur de la chaſſe ;
Oüy, reprit le Lion, c'eſt bravement crié.
Si je ne connoiſſois ta perſonne & ta race,
J'en ferois moy-meſme effrayé.

L'Aſne s'il eût oſé ſe fût mis en colere,
Encor qu'on le raillaſt avec juſte raiſon :
Car qui pourroit ſouffrir un Aſne fanfaron ?
Ce n'eſt pas là leur caractere.

XX.
TEſTAMENT EXPLIQUÉ PAR EſOPE.

SI ce qu'on dit d'Eſope eſt vray,
C'eſtoit l'Oracle de la Grece :

Luy feul avoit plus de fagesse
Que tout l'Areopage. En voicy pour effay

     Une Hiftoire des plus gentilles,
Et qui pourra plaire au Lecteur.

Un certain homme avoit trois filles,
Toutes trois de contraire humeur.
Une beuveufe, une coquette,
La troifiéme avare parfaite.
Cet Homme par fon Teftament
Selon les Loix municipales,
Leur laiffa tout fon bien par portions égales,
En donnant à leur Mere tant ;
Payable quand chacun d'elles
Ne poffederoit plus fa contingente part.
Le Pere mort, les trois femelles
Courent au Teftament fans attendre plus tard.
On le lit ; on tâche d'entendre
La volonté du Teftateur,

     Mais en vain : car comment comprendre
Qu'auffi toft que chacune fœur
Ne poffedera plus fa part hereditaire
Il luy faudra payer fa Mere ?
Ce n'eft pas un fort bon moyen
Pour payer, que d'eftre fans bien.
Que vouloit donc dire le Pere ?
L'affaire eft confultée ; & tous les Avocats
Aprés avoir tourné le cas
En cent & cent mille manieres
Y jettent leur bonnet, fe confeffent vaincus,
Et confeillent aux heritieres
De partager le bien fans fonger au furplus.
Quant à la fomme de la veuve,
Voicy, leur dirent-ils, ce que le confeil treuve,
Il faut que chaque fœur fe charge par traité
Du tiers payable à volonté.

     Si mieux n'aime la Mere en créer une rente
Dés le decés du mort courante.
La chofe ainfi reglée, on compofa trois lots.
En l'un les maifons de bouteille,
Les buffets dreffez fous la treille,
La vaiffelle d'argent, les cuvettes, les brocs,

Les magasins de malvoisie,
Les esclaves de bouche, & pour dire en deux mots,
L'attirail de la goinfrerie :
Dans un autre celuy de la coquetterie ;
La maison de la Ville, & les meubles exquis,
Les Eunuques, & les Coëffeuses,
Et les Brodeuses,
Les joyaux, les robes de prix.
Dans le troisiéme lot, les fermes, le ménage,
Les troupeaux, & le pasturage,

  Valets & bestes de labeur.
Ces lots faits, on jugea que le sort pourroit faire,
Que peut-estre pas une sœur
N'auroit ce qui luy pourroit plaire.
Ainsi chacune prit son inclination ;
Le tout à l'estimation.
Ce fut dans la ville d'Athenes,
Que cette rencontre arriva.
Petits & grands, tout approuva
Le partage & le choix. Esope seul trouva
Qu'aprés bien du temps & des peines,
Les gens avoient pris justement
Le contrepied du Testament.
Si le défunt vivoit, disoit-il, que l'Attique
Auroit de reproches de luy !
Comment ! ce peuple qui se pique
D'estre le plus subtil des peuples d'aujoud'huy,
A si mal entendu la volonté suprême

  D'un testateur ! Ayant ainsi parlé
Il fait le partage luy-mesme,
Et donne à chaque sœur un lot contre son gré.
Rien qui pust estre convenable,
Partant rien aux sœurs d'agreable.
A la Coquette l'attirail,
Qui fuit les personnes beuveuses.
La Biberonne eut le bestail
La Ménagere eut les coëffeuses.
Tel fut l'avis du Phrygien ;
Alleguant qu'il n'estoit moyen
Plus seur pour obliger ces filles
A se défaire de leur bien.
Qu'elles se mariroient dans les bonnes familles,

Quand on leur verroit de l'argent :
Pairoient leur Mere tout contant ;
Ne poſſederoient plus les effets de leur Pere ;

    Ce que diſoit le Teſtament.
Le peuple s'étonna comme il ſe pouvoit faire
Qu'un homme ſeul euſt plus de ſens
Qu'une multitude de gens.

Livre III

Fable I.
Le Meuſnier, ſon Fils, & l'Aſne.

A. M. D. M.

L'Invention des Arts eſtant un droit d'aîneſſe,
Nous devons l'Apologue à l'ancienne Grece.

    Mais ce champ ne ſe peut tellement moiſſonner,
Que les derniers venus n'y trouvent à glaner.
La feinte eſt un païs plein de terres deſertes.
Tous les jours nos Auteurs y font des découvertes.
Je t'en veux dire un trait aſſez bien inventé.
Autrefois à Racan Malherbe l'a conté.
Ces deux rivaux d'Horace, heritiers de ſa Lyre,
Diſciples d'Apollon, nos Maiſtres pour mieux dire,
Se rencontrant un jour tout ſeuls & ſans témoins ;
(Comme ils ſe confioient leurs penſers & leurs ſoins)
Racan commence ainſi : Dites-moy, je vous prie,

    Vous qui devez ſçavoir les choſes de la vie,
Qui par tous ſes degrez avez déja paſſé,
Et que rien ne doit fuïr en cet âge avancé ;
A quoy me reſoudray-je ? Il eſt temps que j'y penſe.
Vous connoiſſez mon bien, mon talent, ma naiſſance.
Dois-je dans la Province établir mon ſejour ?
Prendre employ dans l'Armée ? ou bien charge à la Cour ?
Tout au monde eſt mêlé d'amertume & de charmes.
La guerre a ſes douceurs, l'Hymen a ſes alarmes.
Si je ſuivois mon gouſt, je ſçaurois où buter ;

Mais j'ay les miens, la Cour, le peuple à contenter.
Malherbe là-deſſus. Contenter tout le monde !
Ecoutez ce recit avant que je réponde.

J'ay lu dans quelque endroit, qu'un Meuſnier & ſon fils,
L'un vieillard, l'autre enfant, non pas des plus petits,
Mais garçon de quinze ans, ſi j'ay bonne memoire,
Alloient vendre leur Aſne un certain jour de foire.
Afin qu'il fût plus frais & de meilleur débit,
On luy lia les pieds, on vous le ſuſpendit ;
Puis cet homme & ſon fils le portent comme un luſtre ;

　　　Pauvres gens, idiots, couple ignorant & ruſtre.
Le premier qui les vid, de rire s'éclata.
Quelle farce, dit-il, vont joüer ces gens-là ?
Le plus aſne des trois n'eſt pas celuy qu'on penſe.
Le Meuſnier à ces mots connoiſt ſon ignorance.
Il met ſur pieds ſa beſte, & la fait détaler.
L'Aſne, qui gouſtoit fort l'autre façon d'aller
Se plaint en ſon patois. Le Meuſnier n'en a cure.
Il fait monter ſon fils, il ſuit, & d'aventure
Paſſent trois bons Marchands. Cet objet leur déplut.
Le plus vieux au garçon s'écria tant qu'il put :

　　　Oh là oh, deſcendez, que l'on ne vous le diſe,
Jeune homme qui menez Laquais à barbe griſe.
C'eſtoit à vous de ſuivre, au vieillard de monter.
Meſſieurs, dit le Meuſnier, il vous faut contenter.
L'enfant met pied à terre, & puis le vieillard monte ;
Quand trois filles paſſant, l'une dit : C'eſt grand' honte,
Qu'il faille voir ainſi clocher ce jeune fils ;
Tandis que ce nigaut, comme un Eveſque aſſis,
Fait le veau ſur ſon Aſne, & penſe eſtre bien ſage.
Il n'eſt, dit le Meuſnier, plus de Veaux à mon âge.

　　　Paſſez voſtre chemin, la fille, & m'en croyez.
Aprés maints quolibets coup ſur coup renvoyez,
L'homme crut avoir tort, & mit ſon fils en croupe.
Au bout de trente pas une troiſiéme troupe
Trouve encore à gloſer. L'un dit : Ces gens ſont fous,
Le Baudet n'en peut plus, il mourra ſous leurs coups.
Hé quoy, charger ainſi cette pauvre Bourique !
N'ont-ils point de pitié de leur vieux domeſtique ?

Sans doute qu'à la Foire ils vont vendre sa peau.
Parbieu, dit le Meusnier, est bien fou du cerveau,

  Qui pretend contenter tout le monde & son pere.
Essayons toutefois, si par quelque maniere
Nous en viendrons à bout. Ils descendent tous deux.
L'Asne se prélassant marche seul devant eux.
Un quidan les rencontre, & dit : Est-ce la mode,
Que Baudet aille à l'aise, & Meusnier s'incommode ?
Qui de l'Asne ou du Maistre est fait pour se lasser ?
Je conseille à ces gens de le faire enchasser.
Ils usent leurs souliers, & conservent leur Asne :
Nicolas au rebours ; car quand il va voir Jeanne,

  Il monte sur sa beste, & la chanson le dit.
Beau trio de Baudets ! le Meusnier repartit :
Je suis Asne, il est vray, j'en conviens, je l'avoüe ;
Mais que doresnavant on me blâme, on me loüe ;
Qu'on dise quelque chose, ou qu'on ne dise rien ;
J'en veux faire à ma teste. Il le fit, & fit bien.

Quant à vous, suivez Mars, ou l'Amour, ou le Prince ;
Allez, venez, courez, demeurez en Province ;
Prenez femme, Abbaye, Employ, Gouvernement ;

  Les gens en parleront, n'en doutez nullement.

II.
LES MEMBRES & L'ESTOMACH.

IE devois par la Royauté
Avoir commencé mon Ouvrage.
A la voir d'un certain costé,
Messer Gaster en est l'image.

  S'il a quelque besoin, tout le corps s'en ressent.
De travailler pour luy les membres se lassant,
Chacun d'eux resolut de vivre en Gentil-homme,
Sans rien faire, alleguant l'exemple de Gaster.
Il faudroit, disoient-ils, sans nous qu'il vécust d'air.
Nous suons, nous peinons comme bestes de somme :
Et pour qui ? pour luy seul ; nous n'en profitons pas :

Noſtre ſoin n'aboutit qu'à fournir ſes repas.
Chommons, c'eſt un métier qu'il veut nous faire apprendre.
Ainſi dit, ainſi fait. Les mains ceſſent de prendre ;

    Les bras d'agir, les jambes de marcher.
Tous dirent à Gaſter, qu'il en allaſt chercher.
Ce leur fut une erreur dont ils ſe repentirent ;
Bien-toſt les pauvres gens tomberent en langueur :
Il ne ſe forma plus de nouveau ſang au cœur :
Chaque membre en ſouffrit, les forces ſe perdirent.
Par ce moyen les mutins virent
Que celuy qu'ils croyoient oiſif & pareſſeux,
A l'intereſt commun contribuoit plus qu'eux.
Cecy peut s'appliquer à la grandeur Royale.
Elle reçoit & donne, & la choſe eſt égale.

    Tout travaille pour elle, & reciproquement
Tout tire d'elle l'aliment.
Elle fait ſubſiſter l'artiſan de ſes peines,
Enrichit le Marchand, gage le Magiſtrat.
Maintient le Laboureur, donne paye au ſoldat,
Diſtribuë en cent lieux ſes graces ſouveraines,
Entretient ſeule tout l'Eſtat.
Menenius le ſçeut bien dire.
La Commune s'alloit ſeparer du Senat.
Les mécontens diſoient qu'il avoit tout l'Empire,
Le pouvoir, les treſors, l'honneur, la dignité ;
Au lieu que tout le mal eſtoit de leur côté ;
Les tributs, les impoſts, les fatigues de guerre.
Le peuple hors des murs eſtoit déja poſté.

    La pluſpart s'en alloient chercher une autre terre,
Quand Menenius leur fit voir
Qu'ils eſtoient aux membres ſemblables ;
Et par cet Apologue inſigne entre les Fables,
Les ramena dans leur devoir.

III.
Le Loup devenu Berger.

UN Loup qui commençoit d'avoir petite part
    Aux Brebis de ſon voiſinage,
Crut qu'il faloit s'aider de la peau du Renard,

Et faire un nouveau perfonnage.

     Il s'habille en Berger, endoffe un hoqueton,
Fait fa houlette d'un bafton ;
Sans oublier la Cornemufe.
Pour pouffer jufqu'au bout la rufe,
Il auroit volontiers écrit fur fon chapeau,
C'eft moy qui fuis Guillot Berger de ce troupeau.
Sa perfonne eftant ainfi faite,
Et fes pieds de devant pofez fur fa houlette,
Guillot le Sycophante[1] approche doucement.
Guillot le vray Guillot étendu fur l'herbette,
Dormoit alors profondément.
Son chien dormoit auffi, comme auffi fa mufette.

     La plufpart des Brebis dormoient pareillement.
L'hypocrite les laiffa faire :
Et pour pouvoir mener vers fon fort les Brebis,
Il voulut ajoûter la parole aux habits,
Chofe qu'il croyoit neceffaire.
Mais cela gâta fon affaire.
Il ne pût du Pafteur contrefaire la voix.
Le ton dont il parla fit retentir les bois,
Et découvrit tout le myftere.
Chacun fe reveille à ce fon,
Les Brebis, le Chien, le Garçon.
Le pauvre Loup dans cet efclandre,
Empêché par fon hoqueton,
Ne pût ny fuïr ny fe défendre.

Toûjours par quelque endroit fourbes fe laiffent prendre.

     Quiconque eft Loup, agiffe en Loup ;
C'eft le plus certain de beaucoup.

IV.
Les Grenoüilles qui demandent un Roy.

LEs Grenoüilles fe laffant
De l'eftat Democratique,
Par leurs clameurs firent tant

---
[1] Trompeur.

Que Jupin les foûmit au pouvoir Monarchique.
Il leur tomba du Ciel un Roy tout pacifique :

    Ce Roy fit toutefois un tel bruit en tombant,
Que la gent marécageufe,
Gent fort fotte & fort peureufe,
S'alla cacher fous les eaux,
Dans les joncs, dans les rofeaux,
Dans les trous du marécage,
Sans ofer de long-temps regarder au vifage
Celuy qu'elles croyoient eftre un geant nouveau ;
Or c'eftoit un foliveau,
De qui la gravité fit peur à la premiere,
Qui de le voir s'avanturant
Ofa bien quitter fa taniere.
Elle approcha, mais en tremblant.
Une autre la fuivit, une autre en fit autant,
Il en vint une fourmilliere ;

    Et leur troupe à la fin fe rendit familiere
Jufqu'à fauter fur l'épaule du Roy.
Le bon Sire le fouffre, & fe tient toûjours coy.
Jupin en a bien-toft la cervelle rompuë.
Donnez-nous, dit ce peuple, un Roy qui fe remuë.
Le Monarque des Dieux leur envoye une Gruë,
Qui les croque, qui les tuë,
Qui les gobe à fon plaifir ;
Et Grenoüilles de fe plaindre ;
Et Jupin de leur dire : Et quoy ! voftre defir
A fes loix croit-il nous aftraindre ?
Vous avez dû premierement
Garder voftre Gouvernement ;
Mais ne l'ayant pas fait, il vous devoit fuffire

    Que voftre premier Roy fuft debonnaire & doux :
De celuy-cy contentez-vous,
De peur d'en rencontrer un pire.

V.
Le Renard & le Bouc.

CApitaine Renard alloit de compagnie
Avec fon amy Bouc des plus haut encornez.
Celuy-cy ne voyoit pas plus loin que fon nez.

    L'autre eſtoit paſſé maiſtre en fait de tromperie.
La ſoif les obligea de deſcendre en un puits.
Là chacun d'eux ſe deſaltere.
Aprés qu'abondamment tous deux en eurent pris,
Le Renard dit au Bouc : Que ferons-nous compere ?
Ce n'eſt pas tout de boire ; il faut ſortir d'icy.
Leve tes pieds en haut, & tes cornes auſſi :
Mets-les contre le mur. Le long de ton eſchine
Je grimperay premierement :
Puis ſur tes cornes m'élevant,
A l'aide de cette machine
De ce lieu-cy je ſortiray,

    Aprés quoy je t'en tireray.
Par ma barbe, dit l'autre, il eſt bon ; & je louë
Les gens bien ſenſez comme toy.
Je n'aurois jamais quant à moy
Trouvé ce ſecret, je l'avouë.
Le Renard ſort du puits, laiſſe ſon compagnon,
Et vous luy fait un beau ſermon
Pour l'exhorter à patience.
Si le Ciel t'euſt, dit-il, donné par excellence
Autant de jugement que de barbe au menton,
Tu n'aurois pas à la legere
Deſcendu dans ce puits. Or adieu, j'en ſuis hors :
Taſche de t'en tirer, & fais tous tes efforts ;

    Car pour moy, j'ay certaine affaire,
Qui ne me permet pas d'arreſter en chemin.
En tout choſe il faut conſiderer la fin.

VI.
L'AIGLE, LA JAYE, & LA CHATE.

L'Aigle avoit ſes petits au haut d'un arbre creux
La Laye au pied, la Chate entre les deux :
Et ſans s'incommoder, moyennant ce partage

    Meres & nourriſſons faiſoient leur tripotage.
La Chate détruiſit par ſa fourbe l'accord.
Elle grimpa chez l'Aigle, & luy dit : Nôtre mort,
(Au moins de nos enfans, car c'eſt tout un aux meres)
Ne tardera poſſible gueres.
Voyez-vous à nos pieds foüir inceſſament

Cette maudite Laye, & creufer une mine ?
C'eſt pour déraciner le cheſne aſſeurément,
Et de nos nourriſſons attirer la ruine.
L'arbre tombant ils feront devorez :
Qu'ils s'en tiennent pour aſſurez.
S'il m'en reſtoit un ſeul j'adoucirois ma plainte.

  Au partir de ce lieu qu'elle remplit de crainte,
La perfide deſcend tout droit
A l'endroit
Où la Laye eſtoit en geſine.
Ma bonne amie & ma voiſine,
Luy dit-elle tout bas, je vous donne un avis.
L'Aigle, ſi vous ſortez, fondra ſur vos petits :
Obligez-moy de n'en rien dire.
Son couroux tomberoit ſur moy.
Dans cette autre famille ayant ſemé l'effroy,
La Chate en ſon trou ſe retire.
L'Aigle n'oſe ſortir, ny pourvoir aux beſoins
De ſes petits : La Laye encore moins :
Sottes de ne pas voir que le plus grand des ſoins

  Ce doit eſtre celuy d'éviter la famine.
A demeurer chez ſoy l'une & l'autre s'obſtine ;
Pour ſecourir les ſiens dedans l'occaſion :
L'Oyſeau Royal en cas de mine,
La Laye en cas d'irruption.
La faim détruiſit tout : il ne reſta perſonne
De la gent Marcaſſine & de la gent Aiglonne,
Qui n'allaſt de vie à trépas ;
Grand renfort pour Meſſieurs les Chats.

Que ne ſçait point ourdir une langue traîtreſſe
Par ſa pernicieuſe adreſſe ?

  Des malheurs qui ſont ſortis
De la boëte de Pandore,
Celuy qu'à meilleur droit tout l'Univers abhorre,
C'eſt la fourbe à mon avis.

VII.
L'Yvrogne & sa Femme.

CHacun a son défaut où toûjours il revient :
Honte ny peur n'y remedie.
Sur ce propos d'un conte il me souvient :

    Je ne dis rien que je n'appuye
De quelque exemple. Un suppost de Bacchus
Alteroit sa santé, son esprit, & sa bourse.
Telles gens n'ont pas fait la moitié de leur course,
Qu'ils sont au bout de leurs écus.
Un jour que celui-cy plein du jus de la treille,
Avoit laissé ses sens au fond d'une bouteille,
Sa femme l'enferma dans un certain tombeau.
Là les vapeurs du vin nouveau
Cuverent à loisir. A son réveil il treuve
L'attirail de la mort à l'entour de son corps,
Un luminaire, un drap des morts.

    Oh ! dit-il, qu'est-cecy ? ma femme est-elle veuve ?
Là-dessus son épouse en habit d'Alecton,
Masquée, & de sa voix contrefaisant le ton,
Vient au prétendu mort ; approche de sa biere ;
Luy presente un chaudeau propre pour Lucifer.
L'Epoux alors ne doute en aucune maniere
Qu'il ne soit citoyen d'enfer.
Quelle personne es-tu ? dit-il à ce phantosme.
La celeriere du Royaume
De Satan, reprit-elle ; & je porte à manger
A ceux qu'enclost la tombe noire.

    Le Mary repart sans songer ;
Tu ne leur portes point à boire ?

VIII.
La Goute & l'Araignée.

QUand l'Enfer eut produit la Goute & l'Araignée,
Mes filles, leur dit-il, vous pouvez vous vanter,
D'estre pour l'humaine lignée

   Egalement à redouter.
Or aviſons aux lieux qu'il vous faut habiter.
Voyez-vous ces caſes étretes,
Et ces Palais ſi grands, ſi beaux, ſi bien dorez ?
Je me ſuis propoſé d'en faire vos retraites.
Tenez donc ; voicy deux buchetes ;
Accommodez-vous, ou tirez.
Il n'eſt rien, dit l'Aragne, aux caſes qui me plaiſe.
L'autre tout au rebours voyant les Palais pleins
De ces gens nommez Medecins,
Ne crut pas y pouvoir demeurer à ſon aiſe.
Elle prend l'autre lot ; y plante le piquet ;
S'étend à ſon plaiſir ſur l'orteil d'un pauvre homme,

   Diſant : Je ne croy pas qu'en ce poſte je chomme,
Ny que d'en déloger, & faire mon paquet
Jamais Hippocrate me ſomme.
L'Aragne cependant ſe campe en un lambris,
Comme ſi de ces lieux elle euſt fait bail à vie ;
Travaille à demeurer : voilà ſa toile ourdie ;
Voilà des moûcherons de pris.
Une ſervante vient balayer tout l'ouvrage.
Autre toile tiſſuë, autre coup de balay.
Le pauvre Beſtion tous les jours déménage.
Enfin aprés un vain eſſay
Il va trouver la Goute. Elle eſtoit en campagne,
Plus malheureuſe mille fois
Que la plus malheureuſe Aragne.

   Son hoſte la menoit tantoſt fendre du bois,
Tantoſt fouir, hoüer. Goute bien tracaſſée
Eſt, dit-on, à demi panſée.
O, je ne ſçaurois plus, dit-elle, y reſiſter.
Changeons, ma ſœur l'Aragne. Et l'autre d'écouter.
Elle la prend au mot, ſe gliſſe en la cabane :
Point de coup de balay qui l'oblige à changer.
La Goute d'autre part va tout droit ſe loger
Chez un Prelat qu'elle condamne
A jamais du lit ne bouger.
Cataplaſmes, Dieu ſçait. Les gens n'ont point de honte

   De faire aller le mal toujours de pis en pis.
L'une & l'autre trouva de la ſorte ſon compte,
Et fit tres-ſagement de changer de logis.

IX.
LE LOUP & LA CICOGNE.

LEs Loups mangent gloutonnement.
Un Loup donc eſtant de frairie,
Se preſſa, dit-on, tellement,
Qu'il en penſa perdre la vie.

    Un os luy demeura bien avant au goſier.
De bonheur pour ce Loup, qui ne pouvoit crier,
Prés de là paſſe une Cicogne.
Il luy fait ſigne, elle accourt.
Voila l'Operatrice auſſi-toſt en beſogne.
Elle retira l'os ; puis pour un ſi bon tour
Elle demanda ſon ſalaire.
Voſtre ſalaire ? dit le Loup,
Vous riez, ma bonne comere.
Quoy, ce n'eſt pas encor beaucoup
D'avoir de mon goſier retiré voſtre cou ?
Allez, vous eſtes une ingrate ;
Ne tombez jamais ſous ma patte.

X.
LE LION ABATTU PAR L'HOMME.

On expoſoit une peinture,
Où l'Artiſan avoit tracé
Un Lion d'immenſe ſtature
Par un ſeul homme terraſſé.
Les regardans en tiroient gloire.
Un Lion en paſſant rabattit leur caquet,

    Je voy bien, dit-il, qu'en effet
On vous donne icy la victoire :
Mais l'Ouvrier vous a déçus,
Il avoit liberté de feindre.
Avec plus de raiſon nous aurions le deſſus,
Si mes confreres ſçavoient peindre.

XI.
Le Renard & les Raisins.

CErtain Renard Gascon, d'autres disent Normant,
Mourant presque de faim, vid au haut d'une treille
Des raisins murs apparemment,
Et couverts d'une peau vermeille.

    Le galand en eust fait volontiers un repas.
Mais comme il n'y pouvoit atteindre,
Ils sont trop verds, dit-il, & bons pour des goujats.
Fit-il pas mieux que de se plaindre ?

XII.
Le Cigne & le Cuisinier.

DAns une ménagerie
De volatiles remplie
Vivoient le Cigne & l'Oison :
Celuy-là destiné pour les regards du Maître,

    Celuy-cy pour son goust ; l'un qui se piquoit d'estre
Commensal du jardin, l'autre de la maison.
Des fossez du Chasteau faisant leurs galeries,
Tantost on les eût vûs coste à coste nager.
Tantost courir sur l'onde, & tantost se plonger,
Sans pouvoir satisfaire à leurs vaines envies.
Un jour le Cuisinier ayant trop bû d'un coup,
Prit pour Oison le Cigne ; & le tenant au cou,
Il alloit l'égorger, puis le mettre en potage.
L'oiseau prest à mourir, se plaint en son ramage.
Le Cuisinier fut fort surpris,
Et vid bien qu'il s'estoit mépris.

    Quoy ? je mettrois, dit-il, un tel chanteur en soupe ?
Non, non, ne plaise aux Dieux que jamais ma main coupe
La gorge à qui s'en sert si bien.

Ainsi dans les dangers qui nous suivent en croupe,
Le doux parler ne nuit de rien.

XIII.
LES LOUPS & LES BREBIS.

APrés mille ans & plus de guerre declarée,
Les Loups firent la paix avecque les Brebis.
C'eſtoit apparemment le bien des deux partis :

  Car ſi les Loups mangeoient mainte beſte égarée,
Les Bergers de leur peau ſe faiſoient maints habits.
Jamais de liberté, ni pour les paſturages,
Ni d'autre part pour les carnages.
Ils ne pouvoient jouïr qu'en tremblant de leurs biens.
La paix ſe conclud donc ; on donne des oſtages ;
Les Loups leurs Louveteaux, & les Brebis leurs Chiens.
L'échange en eſtant fait aux formes ordinaires,
Et reglé par des Commiſſaires,
Au bout de quelque temps que Meſſieurs les Louvats

  Se virent Loups parfaits & friands de tuerie ;
Ils vous prennent le temps que dans la Bergerie
Meſſieurs les Bergers n'eſtoient pas ;
Eſtranglent la moitié des Agneaux les plus gras ;
Les emportent aux dens, dans les bois ſe retirent.
Ils avoient averti leurs gens ſecretement.
Les Chiens, qui, ſur leur foy, repoſoient ſeurement,
Furent étranglez en dormant.
Cela fut ſi toſt fait, qu'à peine ils le ſentirent.
Tout fut mis en morceaux ; un ſeul n'en échapa.
Nous pouvons conclure de là

  Qu'il faut faire aux méchans guerre continuelle.
La paix eſt fort bonne de ſoy,
J'en conviens ; mais de quoy ſert-elle
Avec des ennemis ſans foy ?

XIV.
LE LION DEVENU VIEUX.

Le Lion, terreur des foreſts,
Chargé d'ans, & pleurant ſon antique proüeſſe,
Fut enfin attaqué par ſes propres ſujets,
Devenus forts par ſa foibleſſe.

Le Cheval s'approchant luy donne un coup de pied,
Le Loup un coup de dent, le Bœuf un coup de corne.
Le malheureux Lion languiſſant, triſte & morne ;
Peut à peine rugir, par l'âge eſtropié.
Il attend ſon deſtin ſans faire aucunes plaintes ;
Quand voyant l'Aſne meſme à ſon antre accourir,
Ah c'eſt trop, luy dit-il, je voulois bien mourir ;
Mais c'eſt mourir deux fois que ſouffrir tes atteintes.

XV.
Philomele & Progné.

AUtrefois Progné l'hirondelle
De ſa demeure s'écarta ;
Et loin des Villes s'emporta
Dans un Bois où chantoit la pauvre Philomele.

Ma ſœur, luy dit Progné, comment vous portez-vous ?
Voicy tantoſt mille ans que l'on ne vous a vuë :
Je ne me ſouviens point que vous ſoyez venuë
Depuis le temps de Thrace habiter parmi nous.
Dites-moy, que penſez-vous faire ?
Ne quitterez-vous point ce ſejour ſolitaire ?
Ah ! reprit Philomele, en eſt-il de plus doux ?
Progné luy repartit : Et quoy, cette muſique
Pour ne chanter qu'aux animaux,
Tout au plus à quelque ruſtique ?
Le deſert eſt-il fait pour des talens ſi beaux ?
Venez faire aux citez éclater leurs merveilles.

Auſſi-bien en voyant les bois,
Sans ceſſe il vous ſouvient que Terée autrefois
Parmi des demeures pareilles,
Exerça ſa fureur ſur vos divins appas.
Et c'eſt le ſouvenir d'un ſi cruel outrage
Qui fait, reprit ſa ſœur, que je ne vous fuis pas.
En voyant les hommes, helas !
Il m'en ſouvient bien davantage.

XVI.
La Femme noyée.

IE ne ſuis pas de ceux qui diſent,
Ce n'eſt rien ;
C'eſt une femme qui ſe noye.
Je dis que c'eſt beaucoup ; & ce ſexe vaut bien
Que nous le regrettions, puiſqu'il fait nôtre joye.

   Ce que j'avance icy n'eſt point hors de propos ;
Puiſqu'il s'agit dans cette Fable
D'une femme qui dans les flots
Avoit fini ſes jours par un ſort déplorable,
Son Epoux en cherchoit le corps,
Pour luy rendre en cette avanture
Les honneurs de la ſepulture.
Il arriva que ſur les bords
Du fleuve auteur de ſa diſgrace
Des gens ſe promenoient, ignorans l'accident.
Ce mary donc leur demandant
S'ils n'avoient de ſa femme apperçu nulle trace ;
Nulle, reprit l'un d'eux ; mais cherchez-la plus bas ;
Suivez le fil de la riviere.
Un autre repartit : Non, ne le ſuivez pas ;
Rebrouſſez plutoſt en arriere.

   Quelle que ſoit la pente & l'inclination
Dont l'eau par ſa courſe l'emporte,
L'eſprit de contradiction
L'aura fait floter d'autre ſorte.
Cet homme ſe railloit aſſez hors de ſaiſon.
Quant à l'humeur contrediſante,
Je ne ſçay s'il avoit raiſon.
Mais que cette humeur ſoit, ou non,
Le défaut du ſexe & ſa pente,
Quiconque avec elle naiſtra,
Sans faute avec elle mourra,
Et juſqu'au bout contredira,
Et, s'il peut, encor par-delà.

XVII.
La Belette entrée dans un Grenier.

DAmoiſelle Belette au corps long & floüet,
Entra dans un Grenier par un trou fort étroit.
Elle ſortoit de maladie.
Là vivant à diſcretion,

  La galande fit chere lie,
Mangea, rongea ; Dieu ſçait la vie,
Et le lard qui perit en cette occaſion.
La voilà pour concluſion
Graſſe, mafluë, & rebondie.
Au bout de la ſemaine ayant diſné ſon ſou,
Elle entend quelque bruit, veut ſortir par le trou,
Ne peut plus repaſſer, & croit s'eſtre mépriſe.
Aprés avoir fait quelques tours,
C'eſt, dit-elle, l'endroit, me voilà bien ſurpriſe ;
J'ay paſſé par icy depuis cinq ou ſix jours.
Un Rat qui la voyoit en peine,
Luy dit : Vous aviez lors la panſe un peu moins pleine.
Vous eſtes maigre entrée, il faut maigre ſortir.

  Ce que je vous dis là, l'on le dit à bien d'autres.
Mais ne confondons point, par trop approfondir,
Leurs affaires avec les voſtres.

XVIII.
Le Chat & un vieux Rat.

I'Ay lû chez un conteur de Fables,
Qu'un ſecond Rodilard, l'Alexandre des Chats,
L'Attila, le fleau des Rats,
Rendoit ces derniers miſerables.

  J'ay lû, dis-je, en certain Auteur,
Que ce Chat exterminateur,
Vray Cerbere, eſtoit craint une lieuë à la ronde ;
Il vouloit de Souris dépeupler tout le monde.
Les planches qu'on ſuſpend ſur un leger appuy,
La mort aux Rats, les Souricieres,
N'eſtoient que jeux au prix de luy.
Comme il void que dans leurs tanieres

Les Souris eſtoient priſonnieres ;
Qu'elles n'oſoient ſortir ; qu'il avoit beau chercher ;
Le galand fait le mort ; & du haut d'un plancher
Se pend la teſte en bas. La beſte ſcelerate

    A de certains cordons ſe tenoit par la pate.
Le peuple des Souris croit que c'eſt châtiment ;
Qu'il a fait un larcin de roſt ou de fromage,
Egratigné quelqu'un, cauſé quelque dommage :
Enfin qu'on a pendu le mauvais garnement.
Toutes, dis-je, unanimement
Se promettent de rire à ſon enterrement ;
Mettent le nez à l'air, montrent un peu la teſte ;
Puis rentrent dans leurs nids à rats ;
Puis reſſortant font quatre pas ;
Puis enfin ſe mettent en queſte.
Mais voicy bien une autre feſte.

    Le pendu reſſuſcite ; & ſur ſes pieds tombant
Attrape les plus pareſſeuſes.
Nous en ſçavons plus d'un, dit-il en les gobant :
C'eſt tour de vieille guerre ; & vos cavernes creuſes
Ne vous ſauveront pas ; je vous en avertis ;
Vous viendrez toutes au logis.
Il prophetiſoit vray ; noſtre maiſtre Mitis
Pour la ſeconde fois les trompe & les affine ;
Blanchit ſa robe, & s'enfarine ;
Et de la ſorte déguiſé
Se niche & ſe blotit dans une huche ouverte :
Ce fut à luy bien aviſé :

    La gent trote-menu s'en vient chercher ſa perte.
Un Rat ſans plus s'abſtient d'aller flairer autour.
C'eſtoit un vieux routier ; il ſçavoit plus d'un tour ;
Meſme il avoit perdu ſa queuë à la bataille.
Ce bloc enfariné ne me dit rien qui vaille,
S'écria-t-il de loin au General des Chats.
Je ſoupçonne deſſous encor quelque machine.
Rien ne te ſert d'eſtre farine ;
Car quand tu ſerois ſac je n'approcherois pas.
C'eſtoit bien dit à luy ; j'approuve ſa prudence.
Il eſtoit experimenté ;

Et sçavoit que la méfiance
Est mere de la seureté.

Livre IV

Fable I.
Le Lion amoureux.

A Mademoiselle de Sevigné.

SEvigné, de qui les attraits
Servent aux graces de modele,
    Et qui naquistes toute belle,
A vostre indifference prés,
Pourriez-vous estre favorable
Aux jeux innocens d'une Fable ?
Et voir sans vous épouventer,
Un Lion qu'amour sçeut dompter ?
Amour est un étrange maistre.
Heureux qui peut ne le connoistre
Que par recit, luy ny ses coups !
Quand on en parle devant vous,
Si la verité vous offense,
La Fable au moins se peut souffrir.
Celle-cy prend bien l'asseurance
De venir à vos pieds s'offrir,
Par zele & par reconnoissance.

Du temps que les bestes parloient
Les Lions entr'autres vouloient
Estre admis dans nostre alliance.

    Pourquoy non ? puisque leur engeance
Valoit la nostre en ce temps-là,
Ayant courage, intelligence,
Et belle hure outre cela.
Voicy comment il en alla.
Un Lion de haut parentage
En passant par un certain pré,
Rencontra Bergere à son gré.
Il la demande en mariage.

Le pere auroit fort fouhaité
Quelque gendre un peu moins terrible.
La donner luy fembloit bien dur ;
La refufer n'eftoit pas feur.
Mefme un refus euft fait poffible,
Qu'on euft vû quelque beau matin
Un mariage clandeftin.
Car outre qu'en toute maniere
La belle eftoit pour les gens fiers ;
Fille fe coëffe volontiers

  D'amoureux à longue criniere.
Le Pere donc ouvertement
N'ofant renvoyer noftre amant,
Luy dit : Ma fille eft délicate ;
Vos griffes la pourront bleffer
Quand vous voudrez la careffer.
Permettez donc qu'à chaque pate
On vous les rogne ; & pour les dents,
Qu'on vous les lime en mefme temps.
Vos baifers en feront moins rudes
Et pour vous plus délicieux ;
Car ma fille y répondra mieux
Eftant fans ces inquietudes.
Le Lion confent à cela
Tant fon ame eftoit aveuglée.
Sans dents ni griffes le voilà
Comme place démantelée.
On lafcha fur luy quelques chiens,
Il fit fort peu de refiftance.

 Amour, amour, quand tu nous tiens,
On peut bien dire, Adieu prudence.

II.
Le Berger & la Mer.

DU rapport d'un troupeau dont il vivoit fans foins
Se contenta long-temps un voifin d'Amphitrite.
Si fa fortune eftoit petite,
Elle eftoit feure tout au moins.

 A la fin les trefors déchargez fur la plage,
Le tenterent fi bien qu'il vendit fon troupeau,

Trafiqua de l'argent, le mit entier fur l'eau ;
Cet argent perit par naufrage.
Son maiftre fut réduit à garder les Brebis ;
Non plus Berger en chef comme il eftoit jadis,
Quand fes propres Moutons paiffoient fur le rivage ;
Celuy qui s'eftoit veu Coridon ou Tircis,
Fut Pierrot & rien davantage.
Au bout de quelque temps il fit quelques profits ;
Racheta des beftes à laine ;

  Et comme un jour les vents retenant leur haleine,
Laiffoient paifiblement aborder les vaiffeaux ;
Vous voulez de l'argent, ô Mefdames les Eaux,
Dit-il, adreffez-vous, je vous prie, à quelqu'autre :
Ma foy vous n'aurez pas le noftre.

Cecy n'eft pas un conte à plaifir inventé.
Je me fers de la verité
Pour montrer par experience,
Qu'un fou quand il eft affuré,
Vaut mieux que cinq en efperance :
Qu'il fe faut contenter de fa condition ;
Qu'aux confeils de la Mer & de l'Ambition
Nous devons fermer les oreilles.

  Pour un qui s'en loüera, dix mille s'en plaindront.
La Mer promet monts & merveilles ;
Fiez-vous-y, les vents & les voleurs viendront.

III.
La Moûche & la Fourmy

LA Moûche & la Fourmy conteftoient de leur prix.
Ô Jupiter ! dit la premiere,
Faut-il que l'amour propre aveugle les efprits
D'une fi terrible maniere,

  Qu'un vil & rampant animal
A la fille de l'air ofe fe dire égal ?
Je hante les Palais ; je m'affied à la table :
Si l'on t'immole un bœuf, j'en goûte devant toy :
Pendant que celle-cy chetive & miferable,
Vit trois jours d'un feftu qu'elle a traîné chez foy.
Mais ma mignonne, dites-moy,

Vous campez-vous jamais ſur la teſte d'un Roy,
D'un Empereur, ou d'une Belle ?
Je le fais ; & je baiſe un beau ſein quand je veux :
Je me jouë entre des cheveux :
Je rehauſſe d'un teint la blancheur naturelle :
Et la derniere main que met à ſa beauté
Une femme allant en conqueſte,

   C'eſt un ajuſtement des Moûches emprunté.
Puis allez-moy rompre la teſte
De vos greniers. Avez-vous dit ?
Luy repliqua la ménagere.
Vous hantez les Palais : mais on vous y maudit.
Et quant à goûter la premiere
De ce qu'on ſert devant les Dieux,
Croyez-vous qu'il en vaille mieux ?
Si vous entrez par tout : auſſi font les profanes.
Sur la teſte des Rois & ſur celle des Aſnes
Vous allez vous planter ; je n'en diſconviens pas ;
Et je ſçay que d'un prompt trépas
Cette importunité bien ſouvent eſt punie.
Certain ajuſtement, dites-vous, rend jolie.

   J'en conviens : il eſt noir ainſi que vous & moy.
Je veux qu'il ait nom Mouche ; eſt-ce un ſujet pourquoy
Vous faſſiez ſonner vos merites ?
Nomme-t-on pas auſſi Moûches les paraſites ?
Ceſſez donc de tenir un langage ſi vain :
N'ayez plus ces hautes penſées :
Les Moûches de Cour ſont chaſſées :
Les Moûcharts ſont pendus : & vous mourrez de faim,
De froid, de langueur, de miſere,
Quand Phœbus regnera ſur un autre hemiſphere.
Alors je joüiray du fruit de mes travaux.
Je n'iray par monts ny par vaux
M'expoſer au vent, à la pluye.
Je vivray ſans mélancolie.

   Le ſoin que j'auray pris, de ſoin m'exemptera.
Je vous enſeigneray par là
Ce que c'eſt qu'une fauſſe ou veritable gloire.
Adieu : je perds le temps : laiſſez-moy travailler.
Ny mon grenier ny mon armoire
Ne ſe remplit à babiller.

IV.
Le Jardinier & son Seigneur.

Un amateur de jardinage,
Demy Bourgeois, demy manant,
Poſſedoit en certain Village
Un jardin aſſez propre, & le clos à tenant.
Il avoit de plan vif ſemé cette étenduë,

    Là croiſſoit à plaiſir l'oſeille & la laituë ;
Dequoy faire à Margot, pour ſa feſte, un bouquet ;
Peu de jaſmin d'Eſpagne, & force ſerpolet.
Cette felicité par un Lievre troublée,
Fit qu'au Seigneur du Bourg noſtre homme ſe plaignit.
Ce maudit animal vient prendre ſa goulée
Soir & matin, dit-il, & des pieges ſe rit :
Les pierres, les baſtons y perdent leur crédit.
Il eſt Sorcier, je croy. Sorcier ? je l'en défie,
Repartit le Seigneur. Fuſt-il diable, Miraut,
En dépit de ſes tours, l'attrapera bien-toſt.
Je vous en déferay, bon homme, ſur ma vie :
Et quand ? & dés demain, ſans tarder plus long-temps.

    La partie ainſi faite, il vient avec ſes gens :
Çà déjeunons, dit-il, vos poulets ſont-ils tendres ?
La fille du logis, qu'on vous voye, approchez.
Quand la marierons-nous ? quand aurons-nous des gendres ?
Bon homme, c'eſt ce coup qu'il faut, vous m'entendez,
Qu'il faut foüiller à l'eſcarcelle.
Diſant ces mots, il fait connoiſſance avec elle ;
Auprés de luy la fait aſſeoir ;
Prend une main, un bras, leve un coin du mouchoir ;
Toutes ſotiſes dont la Belle
Se défend avec grand reſpect ;
Tant qu'au pere à la fin cela devient ſuſpect.

    Cependant on fricaſſe, on ſe ruë en cuiſine.
De quand ſont vos jambons ? Ils ont fort bonne mine.
Monſieur, ils ſont à vous. Vraiment, dit le Seigneur,
Je les reçois, & de bon cœur.
Il déjeûne tres-bien, auſſi fait ſa famille,
Chiens, chevaux & valets, tous gens bien endentez :
Il commande chez l'hoſte, y prend des libertez,
Boit ſon vin, careſſe ſa fille.

L'embarras des Chasseurs succede au déjeuné.
Chacun s'anime & se prépare :
Les trompes & les cors font un tel tintamarre,
Que le bon homme est étonné.
Le pis fut que l'on mit en piteux équipage

  Le pauvre potager ; adieu planches, quarreaux ;
Adieu chicorée & poreaux ;
Adieu dequoy mettre au potage.
Le Lievre estoit gîté dessous un maistre chou.
On le queste, on le lance, il s'enfuit par un trou,
Non pas trou, mais troüée, horrible & large playe
Que l'on fit à la pauvre haye
Par ordre du Seigneur ; car il eust esté mal
Qu'on n'eust pû du jardin sortir tout à cheval.
Le bon homme disoit : Ce sont là jeux de Prince :
Mais on le laissoit dire ; & les chiens & les gens
Firent plus de degât en une heure de temps,
Que n'en auroient fait en cent ans

  Tous les Lievres de la Province.

Petits Princes, vuidez vos debats entre vous :
De recourir aux Rois vous seriez de grands fous.
Il ne les faut jamais engager dans vos guerres,
Ni les faire entrer sur vos terres.

V.
L'ANE & LE PETIT CHIEN.

Ne forçons point nostre talent ;
Nous ne ferions rien avec grace.
Jamais un lourdaut, quoy qu'il fasse,
Ne sçauroit passer pour galant.

  Peu de gens que le Ciel cherit & gratifie,
Ont le don d'agréer infus avec la vie.
C'est un point qu'il leur faut laisser ;
Et ne pas ressembler à l'Asne de la Fable,
Qui, pour se rendre plus aimable
Et plus cher à son Maistre, alla le caresser.
Comment, disoit-il en son ame,
Ce Chien, parce qu'il est mignon,
Vivra de pair à compagnon

Avec Monsieur, avec Madame,
Et j'auray des coups de baston ?
Que fait-il ? il donne la pate,
Puis aussi-tost il est baisé.
S'il en faut faire autant afin que l'on me flate,
Cela n'est pas bien mal-aisé.
Dans cette admirable pensée,
Voyant son Maistre en joye, il s'en vient lourdement,

   Leve une corne toute usée ;
La luy porte au menton fort amoureusement.
Non sans accompagner, pour plus grand ornement
De son chant gracieux cette action hardie.
Oh oh ! quelle caresse, & quelle melodie !
Dit le Maistre aussi-tost. Holà, Martin bâton.
Martin bâton accourt ; l'Asne change de ton.
Ainsi finit la Comedie.

VI.
Le combat des Rats & des Belettes.

LA nation des Belettes,
Non plus que celle des Chats,
Ne veut aucun bien aux Rats ;
Et sans les portes étretes
De leurs habitations,

   L'animal à longue eschine
En feroit je m'imagine,
De grandes destructions.
Or une certaine année
Qu'il en estoit à foison,
Leur Roy nommé Ratapon,
Mit en campagne une armée.
Les Belettes de leur part
Déployerent l'étendard.
Si l'on croit la Renommée,
La Victoire balança.
Plus d'un Gueret s'engraissa
Du sang de plus d'une bande.
Mais la perte la plus grande
Tomba presque en tous endroits
Sur le peuple Souriquois.
Sa déroute fut entiere :

Quoy que puſt faire Artarpax,
Pſicarpax, Méridarpax,

    Qui tout couverts de pouſſiere,
Soûtinrent aſſez long-temps
Les efforts des combattans.
Leur reſiſtance fut vaine :
Il falut céder au fort :
Chacun s'enfuit au plus fort,
Tant Soldat que Capitaine.
Les Princes perirent tous.
La racaille dans des trous
Trouvant ſa retraite preſte,
Se ſauva ſans grand travail.
Mais les Seigneurs ſur leur teſte
Ayant chacun un plumail,
Des cornes ou des aigrettes ;
Soit comme marques d'honneur :
Soit afin que les Belettes
En conçuſſent plus de peur :
Cela cauſa leur malheur.
Trou, ny fente, ny crevaſſe

    Ne fut large aſſez pour eux :
Au lieu que la populace
Entroit dans les moindres creux.
La principale jonchée
Fut donc des principaux Rats.
Une teſte empanachée
N'eſt pas petit embarras.
Le trop ſuperbe équipage
Peut ſouvent en un paſſage
Cauſer du retardement.
Les petits en toute affaire
Eſquivent fort aiſément :
Les grands ne le peuvent faire.

VII.
LE SINGE & LE DAUFIN.

C'eſtoit chez les Grecs un uſage,
Que ſur la mer tous voyageurs
Menoient avec eux en voyage

Singes & Chiens de Bâteleurs.
Un Navire en cet équipage

  Non loin d'Athenes fit naufrage.
Sans les Dauphins tout euſt pery.
Cet animal eſt fort amy
De noſtre eſpece ; En ſon Hiſtoire
Pline le dit, il le faut croire.
Il ſauva donc tout ce qu'il pût.
Meſme un Singe en cette occurrence,
Profitant de la reſſemblance,
Luy penſa devoir ſon ſalut.
Un Daufin le prit pour un homme,
Et ſur ſon dos le fit aſſeoir,
Si gravement qu'on euſt crû voir
Ce chanteur que tant on renomme.
Le Daufin l'alloit mettre à bord ;
Quand par hazard il luy demande :
Eſtes-vous d'Athenes la grande ?
Oüy, dit l'autre, on m'y connoiſt fort,
S'il vous y ſurvient quelque affaire

  Employez-moy ; car mes parens
Y tiennent tous les premiers rangs ;
Un mien couſin eſt Juge-Maire.
Le Daufin dit bien-grammercy.
Et le Pirée a part auſſi
A l'honneur de voſtre preſence ?
Vous le voyez ſouvent ? Je penſe.
Tous les jours ; il eſt mon amy,
C'eſt une vieille connoiſſance.
Noſtre Magot prit pour ce coup
Le nom d'un port pour un nom d'homme.
De telles gens il eſt beaucoup,
Qui prendroient Vaugirard pour Rome ;
Et qui, caquetans au plus drû,
Parlent de tout & n'ont rien vû.
Le Daufin rit, tourne la teſte,
Et le Magot conſideré
Il s'apperçoit qu'il n'a tiré

  Du fond des eaux rien qu'une beſte.
Il l'y replonge, & va trouver
Quelque homme afin de le ſauver.

VIII.
L'Homme & l'Idole de bois.

CErtain Payen chez luy gardoit un Dieu de bois ;
De ces Dieux qui font fourds, bien qu'ayans des oreilles.
Le Payen cependant s'en promettoit merveilles.

      Il luy couftoit autant que trois.
Ce n'eftoient que vœux & qu'offrandes,
Sacrifices de bœufs couronnez de guirlandes.
Jamais Idole, quel qu'il fuft,
N'avoit eu cuifine fi graffe ;
Sans que pour tout ce culte à fon hofte il écheût
Succeffion, trefor, gain au jeu, nulle grace.
Bien plus, fi pour un fou d'orage en quelque endroit
S'amaffoit d'une ou d'autre forte,
L'homme en avoit fa part, & fa bourfe en fouffroit.
La pitance du Dieu n'en eftoit pas moins forte.
A la fin fe fâchant de n'en obtenir rien,
Il vous prend un levier, met en pieces l'Idole,

      Le trouve remply d'or. Quand je t'ay fait du bien,
M'as-tu valu, dit-il, feulement une obole ?
Va, fors de mon logis : cherche d'autres autels.
Tu reffembles aux naturels
Malheureux, groffiers, & ftupides :
On n'en peut rien tirer qu'avecque le bâton.
Plus je te rempliffois, plus mes mains eftoient vuides :
J'ay bien fait de changer de ton.

IX.
Le Geay paré des plumes du Paon.

UN Paon muoit ; un Geay prit fon plumage ;
Puis aprés fe l'accommoda ;
Puis parmy d'autres Paons tout fier fe panada,
Croyant eftre un beau perfonnage.

      Quelqu'un le reconnut ; il fe vit bafoüé,
Berné, fifflé, moqué, joüé ;
Et par Meffieurs les Paons plumé d'étrange forte :
Mefme vers fes pareils s'eftant refugié
Il fut par eux mis à la porte.

Il eſt aſſez de Geais à deux pieds comme luy,
Qui ſe parent ſouvent des dépoüilles d'autruy :
Et que l'on nomme plagiaires.
Je m'en tais ; & ne veux leur cauſer nul ennuy ;
Ce ne ſont pas là mes affaires.

X.
LE CHAMEAU, & LES BAſTONS FLOTANS.

LE premier qui vid un Chameau
S'enfuit à cet objet nouveau ;
Le ſecond approcha ; le troiſiéme oſa faire
Un licou pour le Dromadaire.

  L'accoûtumance ainſi nous rend tout familier.
Ce qui nous paroiſſoit terrible & ſingulier,
S'apprivoiſe avec noſtre veuë,
Quand ce vient à la continuë.
Et puiſque nous voicy tombez ſur ce ſujet :
On avoit mis des gens au guet,
Qui voyant ſur les eaux de loin certain objet,
Ne pûrent s'empêcher de dire,
Que c'eſtoit un puiſſant navire.
Quelques momens aprés, l'objet devint brûlot,
Et puis nacelle, & puis balot ;
Enfin bâtons flotans ſur l'onde.
J'en ſçais beaucoup de par le monde
A qui cecy conviendroit bien :

  De loin c'eſt quelque choſe, & de prés ce n'eſt rien.

XI.
LA GRENOÜILLE & LE RAT.

TEl, comme dit Merlin, cuide engeigner autruy,
Qui ſouvent s'engeigne ſoy-meſme.
J'ay regret que ce mot ſoit trop vieux aujourd'huy,

  Il m'a toujours ſemblé d'une énergie extrême.
Mais afin d'en venir au deſſein que j'ay pris :
Un Rat plein d'en-bon-point, gras, & des mieux nourris,
Et qui ne connoiſſoit l'Avent ni le Carême,
Sur le bord d'un marais égayoit ſes eſprits.
Une Grenoüille approche, & luy dit en ſa langue :

Venez me voir chez moy, je vous feray festin.
Messire Rat promit soudain :
Il n'estoit pas besoin de plus longue harangue.
Elle allegua pourtant les delices du bain,
La curiosité, le plaisir du voyage,
Cent raretez à voir le long du marécage :

     Un jour il conteroit à ses petits enfans
Les beautez de ces lieux, les mœurs des habitans,
Et le gouvernement de la chose publique
Aquatique.
Un point sans plus tenoit le galand empesché.
Il nageoit quelque peu ; mais il faloit de l'aide.
La Grenoüille à cela trouve un tres-bon remede.
Le Rat fut à son pied par la pate attaché.
Un brin de jonc en fit l'affaire.
Dans le marais entrez, nostre bonne commere
S'efforce de tirer son hoste au fond de l'eau,

     Contre le droit des gens, contre la foy jurée,
Pretend qu'elle en fera gorge chaude & curée ;
(C'estoit, à son avis, un excellent morceau.)
Déja dans son esprit la galande le croque.
Il atteste les Dieux ; la perfide s'en moque.
Il resiste ; elle tire. En ce combat nouveau.
Un Milan qui dans l'air planoit, faisoit la ronde,
Voit d'enhaut le pauvret se debattant sur l'onde.
Il fond dessus, l'enleve, & par mesme moyen
La Grenoüille & le lien.
Tout en fut ; tant & si bien
Que de cette double proye
L'Oiseau se donne au cœur joye ;

     Ayant de cette façon,
A souper chair & poisson.

La ruse la mieux ourdie
Peut nuire à son inventeur :
Et souvent la perfidie
Retourne sur son autheur.

XII.
TRIBUT ENVOYÉ PAR LES ANIMAUX À ALEXANDRE.

UNe Fable avoit cours parmis l'Antiquité :
Et la raiſon ne m'en eſt pas connuë.
Que le Lecteur en tire une moralité.
     Voicy la Fable toute nuë.

La Renommée ayant dit en cent lieux,
Qu'un fils de Jupiter, un certain Alexandre,
Ne voulant rien laiſſer de libre ſous les Cieux,
Commandoit que ſans plus attendre,
Tout peuple à ſes pieds s'allaſt rendre ;
Quadrupedes, Humains, Elephans, Vermiſſeaux,
La Republique des Oiſeaux :
La Deeſſe aux cens bouches, dis-je,
Ayant mis par tout la terreur
En publiant l'Edit du nouvel Empereur ;
Les Animaux, & toute eſpece lige
De ſon ſeul appetit, creurent que cette fois
Il falloit ſubir d'autres loix.

     On s'aſſemble au deſert ; Tous quittent leur taniere.
Après divers avis, on reſout, on conclut
D'envoyer hommage & tribut.
Pour l'hommage & pour la maniere,
Le Singe en fut chargé : l'on luy mit par écrit
Ce que l'on vouloit qui fuſt dit.
Le ſeul tribut les tint en peine.
Car que donner ? il falloit de l'argent.
On en prit d'un Prince obligeant,
Qui poſſedant dans ſon domaine
Des mines d'or fournit ce qu'on voulut.
Comme il fut queſtion de porter ce tribut,
Le Mulet & l'Aſne s'offrirent,
Aſſiſtez du Cheval ainſi que du Chameau.
Tous quatre en chemin ils ſe mirent
Avec le Singe Ambaſſadeur nouveau.
La Caravanne enfin rencontre en un paſſage

     Monſeigneur le Lion. Cela ne leur plût point.
Nous nous rencontrons tout à point,
Dit-il, & nous voicy compagnons de voyage.

J'allois offrir mon fait à part ;
Mais bien qu'il foit leger, tout fardeau m'embaraffe.
Obligez-moy de me faire la grace
Que d'en porter chacun un quart.
Ce ne vous fera une charge trop grande ;
Et j'en feray plus libre, & bien plus en eftat,
En cas que les Voleurs attaquent noftre bande,
Et que l'on en vienne au combat.
Econduire un Lion rarement fe pratique.

  Le voilà donc admis, foulagé, bien receu,
Et malgré le Heros de Jupiter iffu,
Faifant chere & vivant fur la bourfe publique.
Ils arriverent dans un pré
Tout bordé de ruiffeaux, de fleurs tout diapré ;
Où maint Mouton cherchoit fa vie ;
Sejour du frais, veritable patrie
Des Zephirs. Le Lion n'y fut pas, qu'à fes gens
Il fe plaignit d'eftre malade.
Continuez vôtre Ambaffade,
Dit il ; je fens un feu qui me brûle au dedans,
Et veux chercher icy quelque herbe falutaire.
Pour vous ne perdez point de temps.

  Rendez-moy mon argent, j'en puis avoir affaire.
On déballe ; & d'abord le Lion s'écria
D'un ton qui témoignoit fa joye :
Que de filles, ô Dieux, mes pieces de monnoye
Ont produites ! voyez ; La plûfpart font déja
Auffi grandes que leurs meres.
Le croift m'en appartient. Il prit tout là-deffus ;
Ou bien s'il ne prit tout, il n'en demeura gueres.
Le Singe & les fommiers confus,
Sans ofer repliquer en chemin fe remirent.
Au fils de Jupiter on dit qu'ils fe plaignirent,
Et n'en eurent point de raifon.

  Qu'euft-il fait ? c'euft efté Lion contre Lion ;
Et le Proverbe dit : Corfaires à Corfaires,
L'un l'autre s'attaquant ne font pas leurs affaires.

XIII.
LE CHEVAL S'ESTANT VOULU VANGER DU CERF.

DE tout temps les Chevaux ne font nés pour les hommes.
Lors que le genre humain de gland fe contentoit,
Afne, Cheval, & Mule aux forefts habitoit ;
     Et l'on ne voyoit point, comme au fiecle où nous fommes,
Tant de felles & tant de bafts,
Tant de harnois pour les combats,
Tant de chaifes, tant de caroffes ;
Comme auffi ne voyoit-on pas
Tant de feftins & tant de nôces.
Or un Cheval eut alors different
Avec un Cerf plein de vîteffe,
Et ne pouvant l'attraper en courant,
Il eut recours à l'Homme, implora fon adreffe.
L'homme luy mit un frein, luy fauta fur le dos,
Ne luy donna point de repos
Que le Cerf ne fuft pris, & n'y laiffaft la vie.
Et cela fait, le Cheval remercie
L'Homme fon bienfaiteur, difant : Je fuis à vous,

     Adieu. Je m'en retourne en mon fejour fauvage.
Non pas cela, dit l'Homme, il fait meilleur chez nous :
Je vois trop quel eft votre ufage.
Demeurez donc, vous ferez bien traité,
Et jufqu'au ventre en la litiere.

Helas ! que fert la bonne chere
Quand on n'a pas la liberté ?
Le Cheval s'apperçut qu'il avoit fait folie ;
Mais il n'eftoit plus temps ; déja fon écurie
Eftoit prête & toute bâtie.
Il y mourut en traînant fon lien ;
Sage s'il eût remis une legere offenfe.
Quel que foit le plaifir que caufe la vengeance,

     C'eft l'acheter trop cher, que l'acheter d'un bien,
Sans qui les autres ne font rien.

XIV.
Le Renard & le Buſte.

LEs Grands, pour la pluſpart, ſont maſques de theatre.
Leur apparence impoſe au vulgaire idolâtre.
L'Aſne n'en ſçait juger que par ce qu'il en void.
      Le Renard au contraire à fonds les examine,
Les tourne de tout ſens ; & quand il s'apperçoit
      Que leur fait n'eſt que bonne mine,
Il leur applique un mot qu'un Buſte de Heros
      Luy fit dire fort à propos.
C'eſtoit un Buſte creux, & plus grand que nature.
Le Renard en loüant l'effort de la Sculpture,
Belle teſte, dit-il, *mais de cervelle point.*
Combien de grands Seigneurs ſont Buſtes en ce point ?

XV.
Le Loup, la Chevre, & le Chevreau

LA Bique allant remplir sa traînante mamelle,
Et paître l'herbe nouvelle,
Ferma sa porte au loquet ;
Non sans dire à son Biquet ;
Gardez-vous sur votre vie
D'ouvrir, que l'on ne vous die
Pour enseigne et mot du guet,
Foin du Loup et de sa race.
Comme elle disait ces mots,
Le Loup de fortune passe.
Il les recueille à propos,
Et les garde en sa mémoire.

La Bique, comme on peut croire,
N'avait pas vu le glouton.
Dés qu'il la voit partie, il contrefait son ton ;
Et d'une voix papelarde
Il demande qu'on ouvre, en disant Foin du Loup,
Et croyant entrer tout d'un coup.
Le Biquet soupçonneux par la fente regarde.

Montrez-moi patte blanche, ou je n'ouvrirai point,
S'écria-t-il d'abord (patte blanche est un point
Chez les Loups comme on sait rarement en usage.)
Celui-ci fort surpris d'entendre ce langage,
Comme il était venu s'en retourna chez soi.
Où serait le Biquet s'il eût ajouté foi
Au mot du guet, que de fortune
Notre Loup avait entendu ?
Deux sûretés valent mieux qu'une :
Et le trop en cela ne fut jamais perdu.

XVI.
Le Loup, la Mere & l'Enfant.

LA Bique allant remplir fa traînante mammelle,
Et paiftre l'herbe nouvelle,
Ferma fa porte au loquet ;

  Non fans dire à fon Biquet ;
Gardez-vous fur votre vie
D'ouvrir, que l'on ne vous die
Pour enfeigne & mot du guet,
Foin du Loup & de fa race.
Comme elle difoit ces mots,
Le Loup de fortune paffe.
Il les recueille à propos,
Et les garde en fa memoire.
La Bique, comme on peut croire,
N'avoit pas vû le glouton.
Dés qu'il la voit partie, il contrefait fon ton ;
Et d'une voix papelarde
Il demande qu'on ouvre, en difant Foin du Loup,
Et croyant entrer tout d'un coup.
Le Biquet foupçonneux par la fente regarde.

  Montrez-moy pate blanche, ou je n'ouvriray point,
S'écria-t-il d'abord (pate blanche eft un point
Chez les Loups comme on fçait rarement en ufage.)
Celuy-cy fort furpris d'entendre ce langage,
Comme il eftoit venu s'en retourna chez foy.
Où feroit le Biquet s'il euft ajoûté foy

Au mot du guet, que de fortune
Noſtre Loup avoit entendu ?
Deux ſeuretez valent mieux qu'une :
Et le trop en cela ne fut jamais perdu.

LE Loup me remet en memoire
Un de ſes compagnons qui fut encor mieux pris.
Il y perit ; voicy l'hiſtoire.
Un Villageois avoit à l'écart ſon logis.
Meſſer Loup attendoit chape-chute à la porte.
Il avoit vû ſortir gibier de toute ſorte ;
Veaux de lait, Agneaux & Brebis,
Regimens de Dindons, enfin bonne Provende.
Le larron commençoit pourtant à s'ennuyer.
Il entend un enfant crier.
La mere auſſi-toſt le gourmande,
Le menace, s'il ne ſe taiſt,
De le donner au Loup. L'Animal ſe tient preſt ;

    Remerciant les Dieux d'une telle avanture.
Quand la mere appaiſant ſa chere geniture,
Luy dit : Ne criez point ; s'il vient, nous le tuërons.
Qu'eſt cecy ? s'écria le mangeur de Moutons.
Dire d'un, puis d'un autre ? Eſt-ce ainſi que l'on traite
Les gens faits comme moy ? Me prend-on pour un ſot ?
Que quelque jour ce beau marmot
Vienne au bois cueillir la noiſette.
Comme il diſoit ces mots, on ſort de la maiſon.
Un chien de cour l'arreſte. Epieux & fourches fieres
L'ajuſtent de toutes manieres.
Que veniez-vous chercher en ce lieu, luy dit-on ?
Auſſi-toſt il conta l'affaire.

    Merci de moy, luy dit la Mere,
Tu mangeras mon fils ? L'ay-je fait à deſſein
Qu'il aſſouviſſe un jour ta faim ?
On aſſomma la pauvre beſte.
Un manant luy coupa le pied droit & la teſte.
Le Seigneur du Village à ſa porte les mit ;
Et ce dicton Picard à l'entour fut écrit :
Biaux chires leups n'écoutez mie
Mere tenchent chen fieux qui crie.

XVII.
Parole de Socrate.

SOcrate un jour faisant bâtir,
Chacun censuroit son ouvrage.
L'un trouvoit les dedans, pour ne luy point mentir,
Indignes d'un tel personnage.

    L'autre blâmoit la face ; & tous estoient d'avis
Que les appartemens en estoient trop petits.
Quelle maison pour luy ! L'on y tournoit à peine.
Pleust au Ciel que de vrais amis
Telle qu'elle est, dit-il, elle pût estre pleine !
Le bon Socrate avoit raison
De trouver pour ceux-là trop grande sa maison.
Chacun se dit ami ; mais fol qui s'y repose ;
Rien n'est plus commun que ce nom,
Rien n'est plus rare que la chose.

XVIII.
Le Vieillard & ses enfans.

TOute puissance est foible, à moins que d'estre unie.
Ecoutez là-dessus l'Esclave de Phrygie.
Si j'ajoûte du mien à son invention,
C'est pour peindre nos mœurs, & non point par envie ;

    Je suis trop au-dessous de cette ambition.
Phedre encherit souvent par un motif de gloire ;
Pour moy de tels pensers me seroient malseans.
Mais venons à la Fable, ou plutost à l'Histoire
De celuy qui tâcha d'unir tous ses enfans.

Un Vieillard prest d'aller où la mort l'appeloit,
Mes chers enfans, dit-il, (à ses fils il parloit)
Voyez si vous romprez ces dards liez ensemble ;
Je vous expliqueray le nœud qui les assemble.

    L'aisné les ayant pris, & fait tous ses efforts,
Les rendit en disant : Je le donne aux plus forts.
Un second luy succede, & se met en posture ;
Mais en vain. Un cadet tente aussi l'aventure.
Tous perdirent leur temps, le faisceau resista ;

De ces dards joints enſemble un ſeul ne s'éclata.
Foibles gens ! dit le pere, il faut que je vous montre
Ce que ma force peut en ſemblable rencontre.
On crut qu'il ſe moquoit ; on ſoûrit, mais à tort.
Il ſepare les dards, & les rompt ſans effort.

  Vous voyez, reprit-il, l'effet de la concorde.
Soyez joints, mes enfans, que l'amour vous accorde.
Tant que dura ſon mal il n'eut autre diſcours.
Enfin ſe ſentant preſt de terminer ſes jours,
Mes chers enfans, dit-il, je vais où ſont nos peres ;
Adieu, promettez-moy de vivre comme freres ;
Que j'obtienne de vous cette grace en mourant.
Chacun de ſes trois fils l'en aſſeure en pleurant.
Il prend à tous les mains ; il meurt ; & les trois freres
Trouvent un bien fort grand, mais fort meſlé d'affaires.

  Un creancier ſaiſit, un voiſin fait procés.
D'abord noſtre Trio s'en tire avec ſuccès.
Leur amitié fut courte autant qu'elle eſtoit rare.
Le ſang les avoit joints, l'intereſt les ſepare.
L'ambition, l'envie, avec les conſultans,
Dans la ſucceſſion entrent en meſme temps.
On en vient au partage, on conteſte, on chicane.
Le Juge ſur cent points tour à tour les condamne.
Creanciers & voiſins reviennent auſſitoſt ;
Ceux-là ſur une erreur, ceux-cy ſur un défaut.

  Les freres deſunis ſont tous d'avis contraire :
L'un veut s'accommoder, l'autre n'en veut rien faire.
Tous perdirent leur bien ; & voulurent trop tard
Profiter de ces dards unis & pris à part.

XIX.
L'ORACLE & L'IMPIE.

VOuloir tromper le Ciel, c'eſt folie à la Terre.
Le Dedale des cœurs en ſes détours n'enferre
Rien qui ne ſoit d'abord éclairé par les Dieux.

  Tout ce que l'homme fait, il le fait à leurs yeux ;
Même les actions que dans l'ombre il croit faire.
Un Payen qui ſentoit quelque peu le fagot,
Et qui croyoit en Dieu pour uſer de ce mot,

Par benefice d'inventaire,
Alla confulter Apollon.
Dés qu'il fut en fon fanctuaire,
Ce que je tiens, dit-il, eft-il en vie ou non ?
Il tenoit un moineau, dit-on,
Preft d'étouffer la pauvre befte,
Ou de la lâcher auffi toft,
Pour mettre Apollon en défaut.
Apollon reconnut ce qu'il avoit en tefte.
Mort ou vif, luy dit-il, montre-nous ton moineau,

    Et ne me tends plus de panneau ;
Tu te trouverois mal d'un pareil ftratagême.
Je vois de loin, j'atteins de même.

XX
L'AVARE QUI A PERDU SON TRESOR.

L'ufage feulement fait la poffeffion.
Je demande à ces gens, de qui la paffion
Eft d'entaffer toûjours, mettre fomme fur fomme,

    Quel avantage ils ont que n'ait pas un autre homme ?
Diogene là-bas eft auffi riche qu'eux ;
Et l'Avare icy haut, comme luy vit en gueux.
L'homme au trefor caché qu'Efope nous propofe,
Servira d'exemple à la chofe.
Ce malheureux attendoit
Pour joüir de fon bien une feconde vie ;
Ne poffedoit pas l'or, mais l'or le poffedoit.
Il avoit dans la terre une fomme enfoüie ;
Son cœur avec ; n'ayant autre déduit
Que d'y ruminer jour & nuit,
Et rendre fa chevance à luy-mefme facrée.

    Qu'il allaft ou qu'il vinft, qu'il buft ou qu'il mangeaft,
On l'euft pris de bien court à moins qu'il ne fongeaft
A l'endroit où gifoit cette fomme enterrée.
Il y fit tant de tours qu'un Foffoyeur le vid ;
Se douta du dépoft, l'enleva fans rien dire.
Noftre Avare un beau jour ne trouva que le nid.
Voilà mon homme aux pleurs ; il gémit, il foûpire,
Il fe tourmente, il fe déchire.

Un paſſant luy demande à quel ſujet ſes cris.
C'eſt mon treſor que l'on m'a pris.

    Voſtre treſor ? où pris ? Tout joignant cette pierre.
Eh ſommes-nous en temps de guerre
Pour l'apporter ſi loin ? N'euſſiez-vous pas mieux fait
De le laiſſer chez vous en votre cabinet,
Que de le changer de demeure ?
Vous auriez pû ſans peine y puiſer à toute heure.
A toute heure ? bons Dieux ! ne tient-il qu'à cela ?
L'argent vient-il comme il s'en va ?
Je n'y touchois jamais. Dites-moy donc de grace,
Reprit l'autre, pourquoy vous vous affligez tant,

    Puiſque vous ne touchiez jamais à cet argent :
Mettez une pierre à la place,
Elle vous vaudra tout autant.

XXI.
L'ŒIL DU MAIſTRE.

UN Cerf s'eſtant ſauvé dans une eſtable à bœufs,
Fut d'abord averti par eux,
Qu'il cherchât un meilleur azile.
Mes freres, leur dit-il, ne me decelez pas :

    Je vous enſeigneray les pâtis les plus gras ;
Ce ſervice vous peut quelque jour eſtre utile ;
Et vous n'en aurez point regret.
Les Bœufs à toutes fins promirent le ſecret.
Il ſe cache en un coin, reſpire, & prend courage.
Sur le ſoir on apporte herbe fraiſche & fourage,
Comme l'on faiſoit tous les jours.
L'on va, l'on vient, les valets font cent tours ;
L'Intendant meſme, & pas un d'aventure
N'aperçut ny corps ny ramure,
Ny Cerf enfin. L'habitant des foreſts
Rend déja grace aux Bœufs, attend dans cette étable

    Que chacun retournant au travail de Cerés,
Il trouve pour ſortir un moment favorable.
L'un des Bœufs ruminant luy dit : Cela va bien :
Mais quoy l'homme aux cent yeux n'a pas fait ſa reveuë.
Je crains fort pour toy ſa venuë.

Jusques-là pauvre Cerf, ne te vante de rien.
Là-dessus le Maistre entre & vient faire sa ronde.
Qu'est-ce-cy ? dit-il à son monde.
Je trouve bien peu d'herbe en tous ces rateliers.
Cette litiere est vieille ; allez vîte aux greniers.
Je veux voir desormais vos bestes mieux soignées.

  Que couste-t-il d'oster toutes ces araignées ?
Ne sçauroit-on ranger ces jougs & ces colliers ?
En regardant à tout, il voit une autre tête
Que celles qu'il voyoit d'ordinaire en ce lieu.
Le Cerf est reconnu ; chacun prend un épieu ;
Chacun donne un coup à la beste.
Ses larmes ne sçauroient la sauver du trépas.
On l'emporte, on la sale, on en fait maint repas,
Dont maint voisin s'éjoüit d'estre.
Phedre, sur ce sujet, dit fort élegamment,
Il n'est pour voir que l'œil du Maître.

  Quant à moy, j'y mettrois encor l'œil de l'Amant.

XXII.
L'Aloüette & ses petits, avec le Maistre d'un champ.

NE t'attens qu'à toy seul, c'est un commun Proverbe.
Voicy comme Esope le mit
En credit.

Les Aloüettes font leur nid
  Dans les bleds quand ils sont en herbe :
C'est-à-dire environ le temps
Que tout aime, & que tout pullule dans le monde ;
Monstres marins au fond de l'onde,
Tigres dans les Forests, Aloüettes aux champs.
Une pourtant de ces dernieres
Avoit laissé passer la moitié d'un Printemps
Sans gouster le plaisir des amours printanieres.
A toute force enfin elle se resolut
D'imiter la Nature, & d'estre mere encore.
Elle bâtit un nid, pond, couve, & fait éclore
A la haste ; le tout alla du mieux qu'il put.

Les bleds d'alentour mûrs, avant que la nitée
Se trouvaſt aſſez forte encor
Pour voler & prendre l'eſſor,
De mille ſoins divers l'Aloüette agitée
S'en va chercher pâture, avertit ſes enfans
D'eſtre toujours au guet & faire ſentinelle.
Si le poſſeſſeur de ces champs
Vient avecque ſon fils (comme il viendra) dit-elle,
Ecoutez bien ; ſelon ce qu'il dira,
Chacun de nous décampera.
Si-toſt que l'Aloüette eut quitté ſa famille,
Le poſſeſſeur du champ vient avecque ſon fils.
Ces bleds ſont mûrs, dit-il, allez chez nos amis
Les prier que chacun apportant ſa faucille,

　　　Nous vienne aider demain dés la pointe du jour.
Noſtre Aloüette de retour
Trouve en alarme ſa couvée.
L'un commence. Il a dit que l'Aurore levée,
L'on fiſt venir demain ſes amis pour l'aider.
S'il n'a dit que cela, repartit l'Aloüette,
Rien ne nous preſſe encor de changer de retraite :
Mais c'eſt demain qu'il faut tout de bon écouter.
Cependant ſoyez gais, voilà dequoy manger.
Eux repus, tout s'endort ; les petits & la mere.
L'aube du jour arrive ; & d'amis point du tout.

　　　L'Aloüette à l'eſſor, le Maiſtre s'en vient faire
Sa ronde ainſi qu'à l'ordinaire.
Ces bleds ne devroient pas, dit-il, eſtre debout.
Nos amis ont grand tort, & tort qui ſe repoſe
Sur de tels pareſſeux à ſervir ainſi lents.
Mon fils, allez chez nos parens
Les prier de la meſme choſe.
L'épouvante eſt au nid plus forte que jamais.
Il a dit ſes parens, mere, c'eſt à cette heure….
Non, mes enfans, dormez en paix ;
Ne bougeons de nôtre demeure.
L'Aloüette eut raiſon, car perſonne ne vint.
Pour la troiſiéme fois le Maiſtre ſe ſouvint

　　　De viſiter ſes bleds. Noſtre erreur eſt extrême,
Dit-il, de nous attendre à d'autres gens que nous.
Il n'eſt meilleur ami ni parent que ſoy-même.

Retenez bien cela, mon fils, & sçavez-vous
Ce qu'il faut faire ? Il faut qu'avec noſtre famille
Nous prenions dés demain chacun une faucille ;
C'eſt là noſtre plus court ; & nous acheverons
Noſtre moiſſon quand nous pourrons.
Dés-lors que ce deſſein fut ſceu de l'Aloüette,
C'eſt ce coup qu'il eſt bon de partir, mes enfans.

  Et les petits en meſme temps,
Voletans, ſe culbutans,
Délogerent tous ſans trompette.

Livre V

Fable I.
Le Buſcheron & Mercure.
A.M.L.C.D.B.

VOſtre gouſt a ſervi de regle à mon Ouvrage.
J'ay tenté les moyens d'acquerir ſon ſuffrage.

  Vous voulez qu'on évite un ſoin trop curieux,
Et des vains ornemens l'effort ambitieux.
Je le veux comme vous ; cet effort ne peut plaire.
Un Auteur gaſte tout quand il veut trop bien faire.
Non qu'il faille bannir certains traits delicats :
Vous les aimez ces traits, & je ne les hais pas.
Quant au principal but qu'Esope ſe propose,
J'y tombe au moins mal que je puis.
Enfin ſi dans ces Vers je ne plais & n'inſtruis,
Il ne tient pas à moy, c'eſt toujours quelque choſe.
Comme la force eſt un poinct
Dont je ne me pique point,

  Je tâche d'y tourner le vice en ridicule,
Ne pouvant l'attaquer avec des bras d'Hercule.
C'eſt là tout mon talent ; je ne ſçay s'il ſuffit.
Tantoſt je peins en un recit
La ſotte vanité jointe avecque l'envie,
Deux pivots ſur qui roule aujourd'huy notre vie.
Tel eſt ce chetif animal

Qui voulut en groſſeur au Bœuf ſe rendre égal.
J'oppoſe quelquefois, par une double image,
Le vice à la vertu, la ſottiſe au bon ſens ;
Les Agneaux aux Loups raviſſans,
La Moûche à la Fourmy ; faiſant de cet ouvrage
Une ample Comedie à cent actes divers,
Et dont la ſcene eſt l'Univers.

   Hommes, Dieux, Animaux, tout y fait quelque rôle ;
Jupiter comme un autre : introduiſons celuy
Qui porte de ſa part aux Belles la parole :
Ce n'eſt pas de cela qu'il s'agit aujourd'huy.

UN Bûcheron perdit ſon gagne-pain ;
C'eſt ſa coignée ; & la cherchant en vain,
Ce fut pitié là-deſſus de l'entendre.
Il n'avoit pas des outils à revendre.
Sur celuy-cy rouloit tout ſon avoir.
Ne ſçachant donc où mettre ſon eſpoir,
Sa face eſtoit de pleurs toute baignée.
O ma cognée, ô ma pauvre cognée !
S'écrioit-il, Jupiter rend la moy :
Je tiendray l'eſtre encore un coup de toy.

   Sa plainte fut de l'Olimpe entenduë.
Mercure vient. Elle n'eſt pas perduë,
Luy dit ce Dieu, la connoîtras-tu bien ?
Je crois l'avoir prés d'icy rencontrée.
Lors une d'or à l'homme eſtant montrée,
Il répondit : Je n'y demande rien.
Une d'argent ſuccede à la premiere ;
Il la refuſe. Enfin une de bois.
Voilà, dit-il, la mienne cette fois ;
Je ſuis content, ſi j'ay cette derniere.
Tu les auras, dit le Dieu, toutes trois.
Ta bonne foy ſera recompenſée.
En ce cas-là je les prendray, dit-il.
L'Hiſtoire en eſt auſſi-toſt diſperſée.
Et Boquillons de perdre leur outil,
Et de crier pour ſe le faire rendre.
Le Roi des Dieux ne ſçait auquel entendre.
Son fils Mercure aux criards vient encor,
A chacun d'eux il en montre une d'or.
Chacun eût cru paſſer pour une beſte

De ne pas dire auſſi-toſt, La voilà.
Mercure, au lieu de donner celle-là,
Leur en décharge un grand coup ſur la teſte.

Ne point mentir, eſtre content du ſien,
C'eſt le plus ſeur : cependant on s'occupe
A dire faux pour attraper du bien :
Que ſert cela ? Jupiter n'eſt pas dupe.

II.
LE POT DE TERRE & LE POT DE FER.

LE Pot de fer propoſa
Au Pot de terre un voyage.
Celuy-cy s'en excuſa ;
Diſant qu'il feroit que ſage
De garder le coin du feu ;
Car il luy faloit ſi peu,
Si peu, que la moindre choſe

    De ſon débris feroit cauſe.
Il n'en reviendroit morceau.
Pour vous, dit-il, dont la peau
Eſt plus dure que la mienne,
Je ne vois rien qui vous tienne.
Nous vous mettrons à couvert,
Repartit le Pot de fer.
Si quelque matiere dure
Vous menace d'avanture,
Entre deux je paſſeray,
Et du coup vous ſauveray.
Cette offre le perſuade.
Pot de fer ſon camarade
Se met droit à ſes côtez.
Mes gens s'en vont à trois pieds
Clopin clopant comme ils peuvent,
L'un contre l'autre jettez,
Au moindre hoquet qu'ils treuvent.
Le pot de terre en ſouffre : il n'eut pas fait cent pas

    Que par ſon compagnon il fut mis en éclats,
Sans qu'il eût lieu de ſe plaindre.
Ne nous aſſocions qu'avecque nos égaux ;

Ou bien il nous faudra craindre
Le deſtin d'un de ces pots.

III.
Le petit Poiſſon et le Peſcheur

PEtit poiſſon deviendra grand,
Pourveu que Dieu lui preſte vie.
Mais le laſcher en attendant,
Je tiens pour moi que c'eſt folie ;
Car de le rattraper il n'eſt pas trop certain.

      Un Carpeau qui n'eſtoit encore que fretin,
Fut pris par un Peſcheur au bord d'une riviere.
Tout fait nombre, dit l'homme en voyant ſon butin ;
Voilà commencement de chere et de feſtin :
Mettons-le en noſtre gibeciere.
Le pauvre Carpillon luy dit en ſa maniere :
Que ferez-vous de moy ? je ne ſçaurois fournir
Au plus qu'une demy bouchée,
Laiſſez-moy Carpe devenir :
Je ſerai par vous repêchée.
Quelque gros Partiſan m'achetera bien cher,
Au lieu qu'il vous en faut chercher
Peut-eſtre encor cent de ma taille
Pour faire un plat. Quel plat ? croyez-moy ; rien qui vaille.

      Rien qui vaille ? & bien ſoit, repartit le Pêcheur ;
Poiſſon mon bel amy, qui faites le Prêcheur,
Vous irez dans la poëſle ; & vous avez beau dire,
Dés ce ſoir on vous fera frire.

Un tien vaut, ce dit-on, mieux que deux tu l'auras :
L'un eſt ſeur, l'autre ne l'eſt pas.

IV.
Les Oreilles du Lièvre.

Un animal cornu bleſſa de quelques coups
Le Lion, qui plein de couroux,
Pour ne plus tomber en la peine,
Bannit des lieux de ſon domaine
Toute beſte portant des cornes à ſon front.

   Chevres, Beliers, Taureaux auſſi-toſt délogerent,
Daims, & Cerfs de climat changerent ;
Chacun à s'en aller fut prompt.
Un Lievre appercevant l'ombre de ſes oreilles,
Craignit que quelque Inquiſiteur
N'allaſt interpreter à cornes leur longueur :
Ne les ſoûtinſt en tout à des cornes pareilles.
Adieu voiſin Grillon, dit-il, je pars d'icy ;
Mes oreilles enfin feroient cornes auſſi ;
Et quand je les aurois plus courtes qu'une Autruche,
Je craindrois meſme encor. Le Grillon repartit :
Cornes cela ? vous me prenez pour cruche ;
Ce ſont oreilles que Dieu fit.

   On les fera paſſer pour cornes,
Dit l'animal craintif, & cornes de Licornes.
J'auray beau proteſter ; mon dire & mes raiſons
Iront aux petites Maiſons.

V.
LE RENARD AYANT LA QUEUË COUPÉE.

UN vieux Renard, mais des plus fins
Grand croqueur de Poulets, grand preneur de Lapins ;
Sentant ſon Renard d'une lieuë,
Fut enfin au piege attrapé.

   Par grand hazard en eſtant échapé,
Non pas franc, car pour gage il y laiſſa ſa queuë :
S'eſtant, dis-je, ſauvé ſans queuë & tout honteux ;
Pour avoir des pareils, (comme il eſtoit habile)
Un jour que les Renards tenoient conſeil entr'eux :
Que faiſons-nous, dit-il, de ce poids inutile,
Et qui va balayant tous les ſentiers fangeux ?
Que nous ſert cette queuë ? il faut qu'on ſe la coupe.
Si l'on me croit, chacun s'y reſoudra.
Votre avis eſt fort bon, dit quelqu'un de la troupe ;
Mais tournez-vous, de grace, & l'on vous répondra.

   A ces mots il ſe fit une telle huée,
Que le pauvre écourté ne put eſtre entendu.

Pretendre oſter la queuë euſt eſté temps perdu ;
La mode en fut continuée.

VI.
La Vieille et les deux Servantes.

Il eſtoit une Vieille ayant deux Chambrieres.
Elles filoient ſi bien, que les ſœurs filandieres
Ne faiſoient que broüiller au prix de celles-cy.

    La Vieille n'avoit point de plus preſſant ſoucy
Que de diſtribuer aux Servantes leur tâche
Dés que Thetis chaſſoit Phœbus aux crins dorez,
Tourets entroient en jeu, fuſeaux eſtoient tirez,
Deçà, delà, vous en aurez ;
Point de ceſſe, point de relâche.
Dés que l'Aurore, dis-je, en ſon char remontoit ;
Un miſerable Coq à point nommé chantoit.
Auſſi-toſt noſtre Vieille encor plus miſerable
S'affubloit d'un jupon craſſeux & deteſtable ;
Allumoit une lampe, & couroit droit au lit

    Où de tout leur pouvoir, de tout leur appetit,
Dormoient les deux pauvres Servantes.
L'une entr'ouvroit un œil, l'autre étendoit un bras ;
Et toutes deux tres-mal contentes,
Diſoient entre leurs dents, Maudit Coq, tu mourras.
Comme elles l'avoient dit, la beſte fut gripée ;
Le Réveille-matin eut la gorge coupée.
Ce meurtre n'amanda nullement leur marché.
Notre couple au contraire à peine eſtoit couché,
Que la Vieille craignant de laiſſer paſſer l'heure,
Couroit comme un Lutin par toute ſa demeure.

    C'eſt ainſi que le plus ſouvent,
Quand on penſe ſortir d'une mauvaiſe affaire,
On s'enfonce encor plus avant :
Témoin ce Couple et ſon ſalaire.
La Vieille, au lieu du Coq, les fit tomber par là
De Caribde en Sylla.

VII.
Le Satyre & le Passant.

AU fond d'un antre sauvage,
Un Satyre & ses enfans,
Alloient manger leur potage
Et prendre l'écuelle aux dents.

On les eust vûs sur la mousse
     Luy, sa femme, & maint petit ;
Ils n'avoient tapis ni housse,
Mais tous fort bon appetit.

Pour se sauver de la pluye
Entre un Passant morfondu.
Au broüet on le convie ;
Il n'estoit pas attendu.

Son hoste n'eut pas la peine
De le semondre deux fois ;
D'abord avec son haleine
Il se réchauffe les doigts.

Puis sur le mets qu'on luy donne
Delicat il souffle aussi ;
Le Satyre s'en étonne :
Nostre hoste, à quoy bon cecy ?

L'un refroidit mon potage ;
     L'autre réchauffe ma main.
Vous pouvez, dit le Sauvage,
Reprendre vostre chemin.

Ne plaise aux Dieux que je couche
Avec vous sous mesme toit.
Arriere ceux dont la bouche
Souffle le chaud & le froid.

VIII.
LE CHEVAL & LE LOUP.

UN certain Loup, dans la faifon
Que les tiedes Zephirs ont l'herbe rajeunie,
Et que les animaux quittent tous la maifon,

    Pour s'en aller chercher leur vie.
Un Loup, dis-je, au fortir des rigueurs de l'Hyver,
Apperceut un Cheval qu'on avoit mis au vert.
Je laiffe à penfer quelle joye.
Bonne chaffe, dit-il, qui l'auroit à fon croc.
Eh ! que n'es-tu Mouton ? car tu me ferois hoc :
Au lieu qu'il faut rufer pour avoir cette proye.
Rufons donc. Ainfi dit, il vient à pas comptez,
Se dit Ecolier d'Hippocrate ;
Qu'il connoift les vertus & les proprietez
De tous les Simples de ces prez :
Qu'il fçait guerir, fans qu'il fe flate,

    Toutes fortes de maux. Si Dom Courfier vouloit
Ne point celer fa maladie,
Luy Loup gratis le gueriroit.
Car le voir en cette prairie
Paiftre ainfi fans eftre lié,
Témoignoit quelque mal, felon la Medecine.
J'ay, dit la Befte chevaline,
Une apoftume fous le pied.
Mon fils, dit le Docteur, il n'eft point de partie
Sufceptible de tant de maux.
J'ay l'honneur de fervir Noffeigneurs les Chevaux,
Et fais auffi la Chirurgie.
Mon galand ne fongeoit qu'à bien prendre fon temps,
Afin de haper fon malade.

    L'autre qui s'en doutoit, luy lâche une ruade,
Qui vous luy met en marmelade
Les mendibules & les dents.
C'est bien fait, dit le Loup en foy-mefme fort trifte ;
Chacun à fon métier doit toûjours s'attacher.
Tu veux faire icy l'Arborifte,
Et ne fus jamais que Boucher.

IX.
LE LABOUREUR & SES ENFANS.

TRavaillez, prenez de la peine.
C'eſt le fonds qui manque le moins.
Un riche Laboureur ſentant ſa mort prochaine,
Fit venir ſes enfans, leur parla ſans témoins.

     Gardez-vous, leur dit-il, de vendre l'heritage
Que nous ont laiſſé nos parens.
Un treſor eſt caché dedans.
Je ne ſçai pas l'endroit ; mais un peu de courage
Vous le fera trouver, vous en viendrez à bout.
Remuez voſtre champ dés qu'on aura fait l'Ouſt.
Creuſez, foüillez, bêchez, ne laiſſez nulle place
Où la main ne paſſe & repaſſe.
Le pere mort, les fils vous retournent le champ
Deçà, delà, par tout ; ſi bien qu'au bout de l'an
Il en rapporta davantage.
D'argent, point de caché. Mais le pere fut ſage

     De leur montrer avant ſa mort,
Que le travail eſt un treſor.

X.
LA MONTAGNE QUI ACCOUCHE.

Une Montagne en mal d'enfant,
Jettoit une clameur ſi haute,
Que chacun au bruit accourant,
Crut qu'elle accoucheroit, ſans faute,
D'une Cité plus groſſe que Paris :

     Elle accoucha d'une Souris.

Quand je ſonge à cette Fable,
Dont le recit eſt menteur,
Et le ſens est veritable,
Je me figure un Auteur,
Qui dit : Je chanteray la guerre
Que firent les Titans au Maiſtre du tonnerre.
C'eſt promettre beaucoup ; mais qu'en ſort-il ſouvent ?
Du vent.

XI.
La Fortune & le jeune Enfant.

Sur le bord d'un puits tres-profond,
Dormoit étendu de son long
Un Enfant alors dans ses classes.
Tout est aux Ecoliers couchette & matelas.

  Un honneste homme en pareil cas
Auroit fait un saut de vingt brasses.
Prés de là tout heureusement
La Fortune passa, l'éveilla doucement,
Luy disant, Mon mignon, je vous sauve la vie.
Soyez une autre fois plus sage, je vous prie.
Si vous fussiez tombé, l'on s'en fust pris à moy :
Cependant c'estoit vostre faute.
Je vous demande en bonne foy
Si cette imprudence si haute
Provient de mon caprice ? Elle part à ces mots.
Pour moy j'approuve son propos.
Il n'arrive rien dans le monde
Qu'il ne faille qu'elle en réponde.
Nous la faisons de tous Echos.
Elle est prise à garand de toutes avantures.

  Est-on sot, étourdi, prend-on mal ses mesures ;
On pense en estre quitte en accusant son sort.
Bref la Fortune a toujours tort.

XII.
Les Medecins.

Le Medecin Tant-pis alloit voir un malade,
Que visitoit aussi son confrere Tant-mieux,
Ce dernier esperoit, quoique son camarade

  Soûtinst que le gisant iroit voir ses ayeux.
Tous deux s'estant trouvez differens pour la cure,
Leur malade paya le tribut à Nature ;
Aprés qu'en ses conseils Tant-pis eust esté cru.
Ils triomphoient encor sur cette maladie.

L'un difoit, Il eft mort, je l'avois bien prévû.
S'il m'euft cru, difoit l'autre, il feroit plein de vie.

XIII.
La Poule aux œufs d'or.

L'Avarice perd tout en voulant tout gagner.
Je ne veux, pour le témoigner,
Que celuy dont la Poule, à ce que dit la Fable,
Pondoit tous les jours un œuf d'or.

    Il crut que dans fon corps elle avoit un trefor.
Il la tua, l'ouvrit, & la trouva femblable
A celle dont les œufs ne lui rapportoient rien,
S'eftant luy-mefme ofté le plus beau de fon bien.
Belle leçon pour les gens chiches :
Pendant ces derniers temps combien en a-t-on vus
Qui du foir au matin font pauvres devenus
Pour vouloir trop toft eftre riches ?

XIV.
L'Âne portant des Reliques.

Un Baudet, chargé de Reliques,
S'imagina qu'on l'adoroit.
Dans ce penfer il fe quarroit,
Recevant comme fiens l'Encens et les Cantiques.

    Quelqu'un vit l'erreur, & lui dit :
Maiftre Baudet, oftez-vous de l'efprit
Une vanité fi folle :
Ce n'eft pas vous, c'eft l'Idole
A qui cet honneur fe rend,
Et que la gloire en eft deuë.
D'un Magiftrat ignorant
C'eft la Robe qu'on faluë.

XV.
Le Cerf & la Vigne.

Un Cerf à la faveur d'une Vigne fort haute,
Et telle qu'on en voit en de certains climats,

    S'eſtant mis à couvert, & ſauvé du trépas ;
Les Veneurs pour ce coup croyoient leurs chiens en faute.
Ils les rappellent donc. Le Cerf hors de danger
Broute ſa bienfaitrice, ingratitude extrême !
On l'entend, on retourne, on le fait déloger,
Il vient mourir en ce lieu meſme.
J'ay mérité, dit-il, ce juſte chaſtiment :
Profitez-en, ingrats. Il tombe en ce moment.
La Meute en fait curée. Il luy fut inutile
De pleurer aux Veneurs à ſa mort arrivez.

    Vraye image de ceux qui profanent l'azile
Qui les a conſervez.

XVI.
Le Serpent & la Lime.

On conte qu'un ſerpent voiſin d'un Horloger,
(C'eſtoit pour l'Horloger un mauvais voiſinage)
Entra dans ſa boutique, & cherchant à manger

    N'y rencontra pour tout potage
Qu'une Lime d'acier qu'il ſe mit à ronger.
Cette Lime luy dit, ſans ſe mettre en colere,
Pauvre ignorant ! & que pretends-tu faire ?
Tu te prends à plus dur que toy,
Petit Serpent à teſte folle,
Plutoſt que d'emporter de moy
Seulement le quart d'une obole,
Tu te romprois toutes les dents.
Je ne crains que celles du temps.

Cecy s'adreſſe à vous, eſprits du dernier ordre,
Qui n'eſtant bons à rien cherchez ſur tout à mordre,
Vous vous tourmentez vainement.

Croyez-vous que vos dents impriment leurs outrages
Sur tant de beaux ouvrages ?
Ils font pour vous d'airain, d'acier, de diamant.

XVII.
Le Liévre & la Perdrix.

Il ne fe faut jamais moquer des miferables :
Car qui peut s'affeurer d'eftre toûjours heureux ?
Le fage Efope dans fes Fables
Nous en donne un exemple ou deux.

Celuy qu'en ces Vers je propofe,
Et les fiens, ce font mefme chofe.
Le Lievre & la Perdrix concitoyens d'un champ,
Vivoient dans un état ce femble affez tranquille :
Quand une Meute s'approchant
Oblige le premier à chercher un azile.
Il s'enfuit dans fon fort, met les chiens en défaut ;
Sans mefme en excepter Briffaut.
Enfin il fe trahit luy-mefme
Par les efprits fortans de fon corps échauffé.
Miraut fur leur odeur ayant philofophé,
Conclut que c'eft fon Liévre ; & d'une ardeur extrême
Il le pouffe ; & Ruftaut qui n'a jamais menti,
Dit que le Liévre eft reparti.
Le pauvre malheureux vient mourir à fon gifte.

La Perdrix le raille & luy dit :
Tu te vantois d'eftre fi vîte :
Qu'as-tu fait de tes pieds ? Au moment qu'elle rit,
Son tour vient, on la trouve. Elle croit que fes aifles
La fçauront garentir à toute extremité :
Mais la pauvrette avoit compté
Sans l'Autour aux ferres cruelles.

XVIII.
L'Aigle & le Hibou.

L'Aigle & le Chat-huant leurs querelles cefferent ;
Et firent tant qu'ils f'embrafferent.
L'un jura foy de Roy, l'autre foy de Hibou,

Qu'ils ne fe goberoient leurs petits peu ny prou.
Connoiffez-vous les miens ? dit l'Oifeau de Minerve.
Non, dit l'Aigle. Tant pis, reprit le trifte Oifeau.
Je crains en ce cas pour leur peau :
C'eft hazard fi je les conferve.
Comme vous eftes Roy, vous ne confiderez
Qui ny quoy : Rois & Dieux mettent, quoy qu'on leur die,
Tout en mefme categorie.
Adieu mes nourriçons fi vous les rencontrez.
Peignez-les moy, dit l'Aigle, ou bien me les montrez.
Je n'y toucheray de ma vie.
Le Hibou repartit : Mes petits font mignons,

Beaux, bien faits, & jolis fur tous leurs compagnons.
Vous les reconnoiftrez fans peine à cette marque.
N'allez pas l'oublier ; retenez-la fi bien
Que chez moy la maudite Parque
N'entre point par voftre moyen.
Il avint qu'au Hibou Dieu donna geniture,
De façon qu'un beau foir qu'il eftoit en pafture,
Noftre Aigle apperceut d'avanture,
Dans les coins d'une roche dure,
Ou dans les trous d'une mazure
(Je ne fçai pas lequel des deux),
De petits monftres fort hideux,
Rechignez, un air trifte, une voix de Megere.

Ces enfans ne font pas, dit l'Aigle, à nôtre amy :
Croquons-les. Le galand n'en fit pas à demy.
Ses repas ne font point repas à la legere.
Le Hibou de retour ne trouve que les pieds
De fes chers nourriçons, helas ! pour toute chofe.
Il fe plaint, & les Dieux font par luy fuppliez
De punir le brigand qui de fon deüil eft caufe.
Quelqu'un luy dit alors : N'en accufe que toy,
Ou plutoft la commune loy,
Qui veut qu'on trouve fon femblable

Beau, bien fait, & fur tous aimable.
Tu fis de tes enfans à l'Aigle ce portrait,
En avoient-ils le moindre trait ?

XIX
LE LION S'EN ALLANT EN GUERRE.

      Le Lion dans fa tefte avoit une entreprife.
Il tint confeil de guerre, envoya fes Prevofts ;
Fit avertir les animaux :

      Tous furent du deffein ; chacun felon fa guife.
L'Elephant devait fur fon dos
Porter l'attirail neceffaire,
Et combattre à fon ordinaire :
L'Ours s'apprefter pour les affauts :
Le Renard ménager de fecrettes pratiques :
Et le Singe amufer l'ennemi par fes tours.
Renvoyez, dit quelqu'un, les Afnes qui font lourds ;
Et les Liévres fujets à des terreurs paniques.
Point du tout, dit le Roy, je les veux employer.
Noftre troupe fans eux ne feroit pas complete.
L'Afne effrayra les gens nous fervant de trompete ;

      Et le Liévre pourra nous fervir de courrier.

Le Monarque prudent & fage
De fes moindres fujets fçait tirer quelque ufage,
Et connoift les divers talens :
Il n'eft rien d'inutile aux perfonnes de fens.

XX
L'OURS & LES DEUX COMPAGNONS.

Deux compagnons, preffez d'argent,
A leur voifin Fourreur vendirent
La peau d'un Ours encor vivant ;
Mais qu'ils tuëroient bien-toft ; du moins à ce qu'ils dirent.

      C'eftoit le Roy des Ours au compte de ces gens.
Le Marchand à fa peau devoit faire fortune.
Elle garentiroit des froids les plus cuisans.
On en pourroit fourrer plutoft deux robes qu'une.

Dindenaut prifoit moins fes Moutons qu'eux leur Ours.
Leur, à leur compte, & non à celui de la Befte.
S'offrant de la livrer au plus tard dans deux jours,
Ils conviennent de prix, & fe mettent en quefte,
Trouvent l'Ours qui s'avance, & vient vers eux au trot.
Voilà mes gens frappez comme d'un coup de foudre.

  Le marché ne tint pas ; il fallut le refoudre :
D'interefts contre l'Ours, on n'en dit pas un mot.
L'un des deux Compagnons grimpe au faifte d'un arbre ;
L'autre, plus froid que n'eft un marbre,
Se couche sur le nez, fait le mort, tient fon vent ;
Ayant quelque part oüy dire
Que l'Ours s'acharne peu fouvent
Sur un corps qui ne vit, ne meut ny ne refpire.
Seigneur Ours, comme un fot, donna dans ce panneau.
Il void ce corps gifant, le croit privé de vie,
Et, de peur de fupercherie

  Le tourne, le retourne, approche fon museau,
Flaire aux paffages de l'haleine.
C'eft, dit-il, un cadavre ; Oftons-nous, car il fent.
A ces mots, l'Ours s'en va dans la foreft prochaine.
L'un de nos deux Marchands de fon arbre defcend,
Court à fon compagnon ; lui dit que c'eft merveille,
Qu'il n'ait eu feulement que la peur pour tout mal.
Et bien, ajoûta-t-il, la peau de l'animal ?
Mais que t'a-t-il dit à l'oreille ?
Car il s'approchoit de bien prés,
Te retournant avec fa ferre.
Il m'a dit qu'il ne faut jamais

  Vendre la peau de l'Ours qu'on ne l'ait mis par terre.

XXI.
L'ÂNE VÊTU DE LA PEAU DU LION.

De la peau du Lion l'Afne s'étant veftu,
Eftoit craint par tout à la ronde ;
Et bien qu'animal fans vertu,
Il faifoit trembler tout le monde.

Un petit bout d'oreille échapé par malheur,
Découvrit la fourbe & l'erreur.
Martin fit alors ſon office.
Ceux qui ne ſçavoient pas la ruſe & la malice,
S'eſtonnoient de voir que Martin
Chaſſaſt les Lions au moulin.

Force gens font du bruit en France,
Par qui cet Apologue eſt rendu familier.
Un équipage cavalier
Fait les trois quarts de leur vaillance.

Livre VI

Fable I

Une Morale nue apporte de l'ennui :
Le conte fait passer le précepte avec lui.
En ces sortes de feinte il faut instruire et plaire ;
Et conter pour conter me semble peu d'affaire.
C'est par cette raison qu'égayant leur esprit,
Nombre de gens fameux en ce genre ont écrit.
Tous ont fui l'ornement et le trop d'étendue.
On ne voit point chez eux de parole perdue.
Phèdre était si succinct, qu'aucuns l'en ont blâmé.
Ésope en moins de mots s'est encore exprimé.
Mais sur tous certain Grec rencherit et se pique
D'une élégance Laconique.
Il renferme toujours son conte en quatre Vers ;
Bien ou mal, je le laisse à juger aux Experts.
Voyons-le avec Ésope en un sujet semblable.
L'un amène un Chasseur, l'autre un Pâtre en sa Fable.
J'ai suivi leur projet quant à l'événement,
Y cousant en chemin quelque trait seulement.
Voici comme, à peu près Ésope le raconte.

Un Pâtre, à ses Brebis trouvant quelque méconte,
Voulut à toute force attraper le Larron.
Il s'en va prés d'un antre, et tend à l'environ
Des lacs à prendre Loups, soupçonnant cette engeance.

Avant que partir de ces lieux,
Si tu fais, disait-il, ô Monarque des Dieux,
Que le drôle à ces lacs se prenne en ma présence,
Et que je goûte ce plaisir,
Parmi vingt Veaux je veux choisir
Le plus gras, et t'en faire offrande.
À ces mots sort de l'antre un Lion grand et fort.
Le Pâtre se tapit, et dit à demi mort,
Que l'homme ne sait guère, hélas ! ce qu'il demande !
Pour trouver le Larron qui détruit mon troupeau,
Et le voir en ces lacs pris avant que je parte,
O Monarque des Dieux, je t'ai promis un Veau ;
Je te promets un Bœuf si tu fais qu'il s'écarte.
C'est ainsi que l'a dit le principal Auteur :
Passons à son imitateur.

Un Fanfaron, amateur de la chasse,
Venant de perdre un Chien de bonne race,
Qu'il soupçonnait dans le corps d'un Lion,
Vit un Berger : Enseigne-moi, de grâce,
De mon voleur, lui dit-il, la maison,
Que de ce pas je me fasse raison.
Le Berger dit : C'est vers cette montagne.
En lui payant de tribut un Mouton
Par chaque mois, j'erre dans la campagne
Comme il me plaît, et je suis en repos.
Dans le moment qu'ils tenaient ces propos,
Le Lion sort, et vient d'un pas agile.
Le Fanfaron aussitôt d'esquiver :
O Jupiter ! montre-moi quelque asile,
S'écria-t-il, qui me puisse sauver.

La vraie épreuve de courage
N'est que dans le danger que l'on touche du doigt.
Tel le cherchait, dit-il, qui, changeant de langage,
S'enfuit aussitôt qu'il le voit.

II.
LE LION & LE CHASSEUR.

Un fanfaron, amateur de la chasse,
Venant de perdre un chien de bonne race
Qu'il soupçonnait dans le corps d'un lion,
Vit un berger. Enseigne-moi, de grâce,
De mon voleur, lui dit-il, la maison ;
Que de ce pas je me fasse raison.

Le berger dit : C'est vers cette montagne.
En lui payant de tribut un mouton
Par chaque mois, j'erre dans la campagne
Comme il me plaît ; et je suis en repos.
Dans le moment qu'ils tenaient ces propos
Le lion sort, et vient d'un pas agile.
Le fanfaron aussitôt d'esquiver ;
Ô Jupiter, montre-moi quelque asile,
S'écria-t-il, qui me puisse sauver !

La vraie épreuve de courage
N'est que dans le danger que l'on touche du doigt :
Tel le cherchait, dit-il, qui, changeant de langage,
S'enfuit aussitôt qu'il le voit.

III.
PHŒBUS & BORÉE.

Borée & le Soleil virent un Voyageur
Qui s'étoit muni par bonheur
Contre le mauvais temps. On entroit dans l'Automne,

    Quand la précaution aux Voyageurs eſt bonne :
Il pleut ; le Soleil luit ; & l'écharpe d'Iris
Rend ceux qui ſortent avertis
Qu'en ces mois le manteau leur eſt fort neceſſaire.
Les Latins les nommoient douteux pour cette affaire.
Noſtre homme s'eſtoit donc à la pluye attendu.
Bon manteau bien doublé ; bonne étoffe bien forte.
Celuy-cy, dit le Vent, prétend avoir pourvû
À tous les accidens ; mais il n'a pas préveu

Que je fçauray souffler de sorte,
Qu'il n'est bouton qui tienne : il faudra, si je veux,

    Que le manteau s'en aille au Diable.
L'ébatement pourroit nous en estre agreable :
Vous plaist-il de l'avoir ? Et bien gageons nous deux
(Dit Phœbus) sans tant de paroles,
A qui plustost aura dégarny les épaules
Du Cavalier que nous voyons.
Commencez : Je vous laisse obscurcir mes rayons.
Il n'en falut pas plus. Notre souffleur à gage
Se gorge de vapeurs, s'enfle comme un balon ;
Fait un vacarme de demon ;
Siffle, souffle, tempeste, & brise en son passage

    Maint toit qui n'en peut mais, fait perir maint bateau ;
Le tout au sujet du manteau.
Le Cavalier eut soin d'empêcher que l'orage
Ne se pût engouffrer dedans.
Cela le preserva : le vent perdit son temps :
Plus il se tourmentoit, plus l'autre tenoit ferme :
Il eut beau faire agir le colet & les plis.
Si tost qu'il fut au bout du terme
Qu'à la gageure on avoit mis ;
Le Soleil dissipe la nuë :
Recrée, & puis penetre enfin le Cavalier ;
Sous son balandras fait qu'il suë ;
Le contraint de s'en dépoüiller.

    Encor n'usa-t-il pas de toute sa puissance.
Plus fait douceur que violence.

IV.
JUPITER & LE MÉTAYER.

Jupiter eut jadis une ferme à donner.
Mercure en fit l'annonce ; & gens se presenterent,
Firent des offres, écouterent :

    Ce ne fut pas sans bien tourner.
L'un alleguoit que l'heritage
Estoit frayant & rude, & l'autre un autre si.
Pendant qu'ils marchandoient ainsi,

Un d'eux le plus hardi, mais non pas le plus ſage,
Promit d'en rendre tant, pourveu que Jupiter
Le laiſſaſt diſpoſer de l'air,
Luy donnaſt ſaiſon à ſa guiſe,
Qu'il euſt du chaud, du froid, du beau temps, de la biſe,
Enfin du ſec & du moüillé,
Auſſi-toſt qu'il auroit baaillé.
Jupiter y conſent. Contract paſſé ; noſtre homme
Tranche du Roy des airs, pleut, vente & fait en ſomme

    Un climat pour luy ſeul : ſes plus proches voiſins
Ne s'en ſentoient non plus que les Ameriquains.
Ce fut leur avantage ; ils eurent bonne année,
Pleine moiſſon, pleine vinée.
Monſieur le Receveur fut tres-mal partagé.
L'an ſuivant voilà tout changé,
Il ajuſte d'une autre ſorte
La temperature des Cieux.
Son champ ne s'en trouve pas mieux,
Celuy de ſes voiſins fructifie & rapporte.
Que fait-il ? Il recourt au Monarque des Dieux :
Il confeſſe ſon imprudence.

    Jupiter en uſa comme un Maiſtre fort doux.
Concluons que la Providence
Sçait ce qu'il nous faut, mieux que nous.

V.
LE COCHET, LE CHAT & LE SOURICEAU.

UN Souriçeau tout jeune, & qui n'avoit rien veu,
Fut preſque pris au dépourveu.
Voicy comme il conta l'avanture à ſa mere.

    J'avois franchi les Monts qui bornent cet État ;
Et trotois comme un jeune Rat
Qui cherche à ſe donner carriere.
Lors que deux animaux m'ont arreſté les yeux :
L'un doux, benin & gracieux ;
Et l'autre turbulent, & plein d'inquietude.
Il a la voix perçante & rude ;
Sur la teſte un morceau de chair ;
Une ſorte de bras dont il ſ'éleve en l'air,
Comme pour prendre ſa volée ;

La queuë en panache étalée.
Or c'eſtoit un Cochet dont notre Souriceau
Fit à ſa mere le tableau,
Comme d'un animal venu de l'Amerique.

  Il ſe batoit, dit-il, les flancs avec ſes bras,
Faiſant tel bruit & tel fracas,
Que moy, qui grace aux Dieux de courage me pique,
En ay pris la fuite de peur,
Le maudiſſant de tres-bon cœur.
Sans luy j'aurois fait connoiſſance
Avec cet animal qui m'a ſemblé ſi doux.
Il eſt velouté comme nous,
Marqueté, longue queuë, une humble contenance ;
Un modeſte regard, & pourtant l'œil luiſant :
Je le crois fort ſympatiſant
Avec Meſſieurs les Rats ; car il a des oreilles
En figure aux nôtres pareilles.
Je l'allois aborder ; quand d'un ſon plein d'éclat

  L'autre m'a fait prendre la fuite.
Mon fils, dit la Souris, ce doucet eſt un Chat,
Qui ſous ſon minois hypocrite
Contre toute ta parenté
D'un malin vouloir eſt porté.
L'autre animal tout au contraire,
Bien éloigné de nous mal faire,
Servira quelque jour peut-être à nos repas.
Quant au Chat ; c'eſt ſur nous qu'il fonde ſa cuiſine.
Garde-toy tant que tu vivras
De juger des gens ſur la mine.

VI.
Le Renard, le Singe, & les Animaux.

Les Animaux, au deceds d'un Lion,
En ſon vivant Prince de la contrée,
Pour faire un Roy s'aſſemblerent, dit-on.
De ſon étuy la couronne eſt tirée.
Dans une chartre un Dragon la gardoit.

  Il ſe trouva que ſur tous eſſayée,
A pas un d'eux elle ne convenoit.

Plusieurs avoient la teste trop menuë,
Aucuns trop grosse, aucuns même cornuë.
Le Singe aussi fit l'épreuve en riant,
Et par plaisir la Tiare essayant,
Il fit autour force grimaceries,
Tours de souplesse, & mille singeries :
Passa dedans ainsi qu'en un cerceau.
Aux Animaux cela sembla si beau,
Qu'il fut élû : chacun luy fit hommage.
Le Renard seul regretta son suffrage ;
Sans toutefois montrer son sentiment.
Quand il eut fait son petit compliment :
Il dit au Roy : Je sçay, Sire, une cache ;
Et ne crois pas qu'autre que moy la sçache.
Or tout tresor par droit de Royauté
Appartient, Sire, à vôtre Majesté.
Le nouveau Roy baaille aprés la Finance,
Lui-même y court pour n'estre pas trompé.

  C'estoit un piége : il y fut attrapé.
Le Renard dit au nom de l'assistance :
Pretendrois-tu nous gouverner encor ;
Ne sçachant pas te conduire toy-même ?
Il fut démis : & l'on tomba d'accord
Qu'à peu de gens convient le Diadême.

VII.
Le Mulet se vantant de sa Genealogie.

LE Mulet d'un Prelat se piquoit de noblesse,
Et ne parloit incessamment
Que de sa mere la Jument,
Dont il contoit mainte proüesse :
Elle avoit fait cecy, puis avoit esté là.

  Son fils prétendoit, pour cela,
Qu'on le dust mettre dans l'Histoire.
Il eust cru s'abaisser servant un Medecin.
Estant devenu vieux, on le mit au moulin.
Son pere l'Asne alors lui revint en memoire.

Quand le malheur ne feroit bon

Qu'à mettre un fot à la raifon,
Toujours feroit-ce à jufte caufe
Qu'on le dit bon à quelque chofe.

VIII.
LE VIEILLARD & L'ASNE.

Un Vieillard fur fon Afne apperçut en paffant
Un Pré plein d'herbe et fleuriffant.
Il y lâche fa befte, et le Grifon fe ruë
Au travers de l'herbe menuë,

  Se veautrant, gratant & frotant,
Gambadant, chantant & broutant,
Et faifant mainte place nette.
L'ennemi vient fur l'entrefaite.
Fuyons, dit alors le Vieillard.
Pourquoy ? répondit le paillard ;
Me fera-t-on porter double baft, double charge ?
Non pas, dit le Vieillard, qui prit d'abord le large.
Et que m'importe donc, dit l'Afne, à qui je fois ?
Sauvez-vous, & me laiffez paiftre :
Nôtre ennemi c'eft nôtre Maiftre,
Je vous le dis en bon François.

IX.
LE CERF SE VOYANT DANS L'EAU.

Dans le cryftal d'une fontaine
Un Cerf fe mirant autrefois,
Loüoit la beauté de fon bois,
Et ne pouvoit qu'avecque peine
Souffrir fes jambes de fufeaux,

  Dont il voyoit l'objet fe perdre dans les eaux.
Quelle proportion de mes pieds à ma tefte !
Difoit-il en voyant leur ombre avec douleur :
Des taillis les plus hauts mon front atteint le faifte ;
Mes pieds ne me font point d'honneur.
Tout en parlant de la forte,
Un Limier le fait partir ;
Il tâche à fe garentir ;

Dans les forests il s'emporte.
Son bois, dommageable ornement,
L'arrestant à chaque moment,
Nuit à l'Office que luy rendent
Ses pieds, de qui ses jours dépendent.
Il se dédit alors, & maudit les presens
Que le Ciel luy fait tous les ans.

    Nous faisons cas du beau, nous méprisons l'utile ;
Et le beau souvent nous détruit.
Ce Cerf blâme ses pieds qui le rendent agile :
Il estime un bois qui luy nuit.

X.
Le Lievre & la Tortuë.

    Rien ne sert de courir ; il faut partir à point.
    Le Lievre & la Tortuë en font un témoignage.
    Gageons, dit celle-cy, que vous n'atteindrez point

    Si-tost que moy ce but. Si-tost ? Estes-vous sage ?
Repartit l'animal leger.
Ma commere il vous faut purger
Avec quatre grains d'ellebore.
Sage ou non, je parie encore.
Ainsi fut fait : & de tous deux
On mit prés du but les enjeux :
Sçavoir quoy, ce n'est pas l'affaire,
Ni de quel juge l'on convint.
Notre Lievre n'avoit que quatre pas à faire ;
J'entends de ceux qu'il fait lorsque prest d'estre atteint,
Il s'éloigne des chiens, les renvoye aux Calendes,
Et leur fait arpenter les Landes.
Ayant, dis-je, du temps de reste pour brouter,

    Pour dormir, & pour écouter
D'où vient le vent ; il laisse la Tortuë
Aller son train de Senateur.
Elle part, elle s'évertuë ;
Elle se haste avec lenteur.
Luy cependant méprise une telle victoire,
Tient la gageure à peu de gloire ;
Croit qu'il y va de son honneur

De partir tard. Il broute, il fe repofe,
Il s'amufe à toute autre chofe
Qu'à la gageure. A la fin quand il vid
Que l'autre touchoit prefque au bout de la carriere ;
Il partit comme un trait ; mais les élans qu'il fit
Furent vains ; la Tortuë arriva la premiere.
Hé bien, luy cria-t-elle, avois-je pas raifon ?

    Dequoy vous fert votre vîteffe ?
Moy l'emporter ! & que feroit-ce
Si vous portiez une maifon ?

XI.
L'ANE ET SES MAISTRES.

    L'Afne d'un Jardinier fe plaignoit au deftin
De ce qu'on le faifoit lever devant l'Aurore.
Les Coqs, luy difoit-il, ont beau chanter matin ;

    Je fuis plus matineux encore.
Et pourquoy ? pour porter des herbes au marché.
Belle neceffité d'interrompre mon fomme !
Le fort de fa plainte touché
Luy donne un autre Maiftre ; & l'Animal de fomme
Paffe du Jardinier aux mains d'un Corroyeur.
La pefanteur des peaux, & leur mauvaife odeur
Eurent bien-toft choqué l'impertinente Befte.
J'ay regret, difoit-il, à mon premier Seigneur.
Encor quand il tournoit la tefte,
J'attrapois, s'il m'en fouvient bien,

    Quelque morceau de chou quy ne me coutoit rien.
Mais icy point d'aubeine ; ou fi j'en ay quelqu'une,
C'eft de coups. Il obtint changement de fortune,
Et fur l'état d'un Charbonnier
Il fut couché tout le dernier.
Autre plainte. Quoy donc, dit le Sort en colere,
Ce Baudet-cy m'occupe autant
Que cent Monarques pourroient faire.
Croit-il eftre le feul qui ne foit pas content ?
N'ay-je en l'efprit que fon affaire ?

Le Sort avoit raifon ; tous gens font ainfi faits :

Noſtre condition jamais ne nous contente :
La pire eſt toujours la preſente.
Nous fatiguons le Ciel à force de placets.
Qu'à chacun Jupiter accorde ſa requeſte,
Nous luy romprons encor la teſte.

XII.
LE SOLEIL & LES GRENOÜILLES.

Aux noces d'un Tyran tout le Peuple en lieſſe
Noyoit ſon ſoucy dans les pots.
Esope seul trouvoit que les gens eſtoient ſots

    De témoigner tant d'allégreſſe.
Le Soleil, diſoit-il, eut deſſein autrefois
De ſonger à l'Hymenée.
Auſſi-toſt on ouït d'une commune voix
Se plaindre de leur deſtinée
Les Citoyennes des Étangs.
Que ferons-nous, ſ'il lui vient des enfants ?
Dirent-elles au Sort, un ſeul Soleil à peine
Se peut ſouffrir. Une demi-douzaine
Mettra la Mer à ſec, & tous ſes habitans.
Adieu joncs & marais : notre race eſt détruite.
Bien-toſt on la verra reduite
À l'eau du Styx. Pour un pauvre Animal,

    Grenoüilles, à mon ſens, ne raiſonnoient pas mal.

XIII.
LE VILLAGEOIS ET LE SERPENT

Esope conte qu'un Manant
Charitable autant que peu ſage,
Un jour d'Hyver se promenant
A l'entour de son heritage,
Apperçut un Serpent ſur la neige étendu,

    Tranſi, gelé, perclus, immobile rendu,
N'ayant pas à vivre un quart d'heure.
Le Villageois le prend, l'emporte en ſa demeure ;

Et sans considerer quel sera le loyer
D'une action de ce merite,
Il l'étend le long du foyer,
Le réchauffe, le ressuscite.
L'Animal engourdi sent à peine le chaud,
Que l'ame luy revient avecque la colere.
Il leve un peu la teste, & puis siffle aussi-tost,
Puis fait un long repli, puis tâche à faire un saut
Contre son bienfaiteur, son sauveur & son pere.
Ingrat, dit le Manant, voilà donc mon salaire ?
Tu mourras. A ces mots, plein d'un juste courroux

   Il vous prend sa cognée, il vous tranche la Beste,
Il fait trois Serpens de deux coups,
Un tronçon, la queuë, & la teste.
L'insecte sautillant, cherche à se réunir,
Mais il ne put y parvenir.

Il est bon d'estre charitable :
Mais envers qui, c'est là le poinct.
Quant aux ingrats, il n'en est point
Qui ne meure enfin miserable.

XIV.
Le Lion malade, & le Renard.

De par le Roy des Animaux
Qui dans son antre estoit malade,
Fut fait sçavoir à ses vassaux
Que chaque espece en ambassade

  Envoyast gens le visiter :
Sous promesse de bien traiter
Les Deputez, eux & leur suite ;
Foy de Lion tres-bien écrite.
Bon passe-port contre la dent ;
Contre la griffe tout autant.
L'Edit du Prince s'execute.
De chaque espece on luy depute.
Les Renards gardant la maison,
Un d'eux en dit cette raison.

Les pas empreints fur la pouffiere,
Par ceux qui s'en vont faire au malade leur cour,
Tous, fans exception, regardent fa taniere,
Pas un ne marque de retour.
Cela nous met en méfiance.
Que fa Majefté nous difpenfe.
Grammercy de fon paffe-port.
Je le crois bon ; mais dans cet antre

    Je vois fort bien comme l'on entre,
Et ne vois pas comme on en fort.

XV.
L'Oifeleur, l'Autour & l'Aloüette.

Les injuftices des pervers
Servent fouvent d'excufe aux noftres.
Telle eft la loy de l'Univers :

    Si tu veux qu'on t'épargne, épargne auffi les autres.
Un Manant au miroir prenoit des Oifillons.
Le fantôme brillant attire une Aloüette.
Auffi-toft un Autour planant fur les fillons,
Defcend des airs, fond, & fe jette
Sur celle qui chantoit, quoy que prés du tombeau.
Elle avoit évité la perfide machine,
Lors que fe rencontrant fous la main de l'oifeau,
Elle fent fon ongle maligne.
Pendant qu'à la plumer l'Autour eft occupé,
Luy-mefme fous les rets demeure envelopé.

    Oifeleur, laiffe-moy, dit-il en fon langage ;
Je ne t'ay jamais fait de mal.
L'oifeleur repartit : Ce petit animal
T'en avoit-il foit davantage ?

XVI.
Le Cheval & l'Afne.

    EN ce monde il fe faut l'un l'autre fecourir.
      Si ton voifin vient à mourir,
      C'eft fur toy que le fardeau tombe.

Un Aſne accompagnoit un Cheval peu courtois,
Celui-ci ne portant que ſon ſimple harnois,
Et le pauvre Baudet ſi chargé qu'il ſuccombe.
Il pria le Cheval de l'aider quelque peu :
Autrement il mourroit devant qu'eſtre à la ville.
La priere, dit-il, n'en eſt pas incivile :
Moitié de ce fardeau ne vous fera que jeu.
Le Cheval refuſa, fit une petarrade :
Tant qu'il vid ſous le faix mourir ſon camarade,
Et reconnut qu'il avoit tort.
Du Baudet en cette aventure,

  On luy fit porter la voiture,
Et la peau par-deſſus encor.

XVII.
Le Chien qui lâche ſa proye pour l'ombre.

CHacun ſe trompe icy-bas.
On void courir aprés l'ombre
Tant de fous, qu'on n'en ſçait pas
La pluſpart du temps le nombre.

  Au Chien dont parle Eſope il faut les renvoyer.
Ce Chien, voyant ſa proye en l'eau repreſentée,
La quitta pour l'image, & penſa ſe noyer ;
La riviere devint tout d'un coup agitée.
A toute peine il regagna les bords,
Et n'eut ny l'ombre ny le corps.

XVIII.
Le Chartier embourbé.

LE Phaëton d'une voiture à foin
vis son Char embourbé. Le pauvre homme était loin
De tout humain secours. C'était à la campagne

  Près d'un certain canton de la basse Bretagne
Appellé Quimpercorentin.
On sait assez que le destin
Adresse là les gens quand il veut qu'on enrage.
Dieu nous préserve du voyage.
Pour venir au Chartier embourbé dans ces lieux ;

Le voilà qui déteste et jure de son mieux.
Pestant en sa fureur extrême
Tantôt contre les trous, puis contre ses chevaux,
Contre son char, contre lui-même.
Il invoque à la fin le Dieu dont les travaux
Sont si célèbres dans le monde.
Hercule, lui dit-il, aide-moi ; si ton dos
A porté la machine ronde,

    Ton bras peut me tirer d'ici.
Sa prière étant faite, il entend dans la nuit
Une voix qui lui parle ainsi :
Hercule veut qu'on se remue,
Puis il aide les gens. Regarde d'où provient
L'achoppement qui te retient.
Ôte d'autour de chaque roue
Ce malheureux mortier, cette maudite boue,
Qui jusqu'à l'essieu les enduit.
Prend ton pic, et rompt-moi ce caillou qui te nuit.
Comble-moi cette ornière. L'as-tu fait ? Oui, dit l'homme.
Or bien je vas t'aider, dit la voix ; prends ton fouet.
Je l'ai pris. Qu'est-ce ceci ? mon char marche à souhait.

    Hercule en soit loué. Lors la voix : Tu vois comme
Tes chevaux aisément se sont tiré de là.
Aide-toi, le Ciel t'aidera.

XIX
LE CHARLATAN.

LE monde n'a jamais manqué de Charlatans.
Cette ſcience de tout temps
Fut en Profeſſeurs très fertile.
Tantoſt l'un en Theatre affronte l'Acheron :

    Et l'autre affiche par la Ville
Qu'il eſt un Paſſe-Ciceron.
Un des derniers ſe vantoit d'eſtre
En Eloquence ſi grand Maiſtre,
Qu'il rendroit diſert un badaut,
Un manant, un ruſtre, un lourdaut,
Ouy, Meſſieurs, un lourdaut, un Animal, un Aſne :
Que l'on ameine un Aſne, un Aſne renforcé,
Je le rendray Maiſtre paſſé ;

Et veux qu'il porte la foutane.
Le Prince fceut la chofe, il manda le Rheteur.
J'ay, dit-il, dans mon écurie
Un fort beau Rouffin d'Arcadie :
J'en voudrois faire un Orateur.
Sire, vous pouvez tout, reprit d'abord nôtre homme.

  On luy donna certaine fomme.
Il devoit au bout de dix ans
Mettre fon Afne fur les bancs :
Sinon, il confentoit d'eftre en place publique
Guindé, la hard au col, étranglé court & net,
Ayant au dos fa Rhetorique,
Et les oreilles d'un Baudet.
Quelqu'un des Courtifans luy dit qu'à la potence
Il vouloit l'aller voir ; & que pour un pendu
Il auroit bonne grace, & beaucoup de preftance :
Surtout qu'il fe fouvinft de faire à l'affiftance
Un difcours où fon art fut au long étendu ;
Un difcours pathetique, & dont le formulaire

  Servift à certains Cicerons
Vulgairement nommez larrons.
L'autre reprit : Avant l'affaire
Le Roy, l'Afne ou moy nous mourrons.

Il avoit raifon. C'eft folie
De compter fur dix ans de vie.
Soyons bien beuvans, bien mangeans,
Nous devons à la mort de trois l'un en dix ans.

XX.
LA DISCORDE.

LA Deeffe Difcorde ayant broüillé les Dieux,
Et fait un grand procès là-haut pour une pomme ;
On la fit déloger des Cieux.
Chez l'Animal qu'on appelle Homme
On la receut à bras ouverts,
Elle & Que-fi que-non, fon frere,
Avecque Tien-&-mien fon pere.
Elle nous fit l'honneur en ce bas Univers
De préferer notre Hemifphere

A celuy des mortels qui nous font oppofez ;
Gens grossiers, peu civilifez,
Et qui fe mariant fans Preftre & fans Notaire,

  De la Difcorde n'ont que faire.
Pour la faire trouver aux lieux où le befoin
Demandoit qu'elle fuft prefente,
La Renommée avoit le foin
De l'avertir ; & l'autre diligente
Couroit vifte aux debats, & prévenoit la paix ;
Faifoit d'une étincelle un feu long à s'éteindre.
La Renommée enfin commença de fe plaindre
Que l'on ne luy trouvoit jamais
De demeure fixe & certaine.
Bien fouvent l'on perdoit à la chercher fa peine.
Il falloit donc qu'elle euft un fejour affecté,
Un fejour d'où l'on puft en toutes les familles
L'envoyer à jour arrefté.

  Comme il n'eftoit alors aucun Convent de Filles,
On y trouva difficulté.
L'Auberge enfin de l'Hymenée
Luy fut pour maifon affignée.

XXI.
La jeune Veuve.

LA perte d'un époux ne va point fans foupirs.
On fait beaucoup de bruit, & puis on fe confole.
Sur les aifles du Temps la trifteffe s'envole ;
Le temps rameine les plaifirs.
Entre la Veuve d'une année,
Et la Veuve d'une journée,
La difference eft grande. On ne croiroit jamais
Que ce fuft la mefme perfonne.
L'une fait fuïr les gens, & l'autre a mille attraits.
Aux foûpirs vrais ou faux celle-là s'abandonne :

  C'eft toujours mefme note, & pareil entretien :
On dit qu'on eft inconfolable ;
On le dit, mais il n'en eft rien ;
Comme on verra par cette Fable,
Ou plutoft par la verité.
L'Epoux d'une jeune beauté

Partoit pour l'autre monde. A ſes coſtez ſa femme
Lui crioit : Attendſ-moy, je te ſuis ; & mon ame,
Auſſi-bien que la tienne, eſt preſte à s'envoler.
Le Mary fait ſeul le voyage.
La Belle avoit un pere homme prudent & ſage :
Il laiſſa le torrent couler.
A la fin, pour la conſoler,
Ma fille, luy dit-il, c'eſt trop verſer de larmes :

     Qu'a beſoin le défunt que vous noyez vos charmes ?
Puiſqu'il eſt des vivans, ne ſongez plus aux morts.
Je ne dis pas que tout à l'heure
Une condition meilleure
Change en des nôces ces tranſports ;
Mais, aprés certain temps ſouffrez qu'on vous propoſe
Un époux beau, bien fait, jeune, & tout autre choſe
Que le défunt. Ah ! dit-elle auſſi-toſt,
Un Cloître eſt l'époux qu'il me faut.
Le pere luy laiſſa digerer ſa diſgrace.
Un mois de la ſorte ſe paſſe.
L'autre mois on l'employe à changer tous les jours
Quelque choſe à l'habit, au linge, à la coiffure.
Le deüil enfin ſert de parure,

     En attendant d'autres atours.
Toute la bande des Amours
Revient au colombier, les jeux, les ris, la danſe,
Ont auſſi leur tour à la fin.
On ſe plonge ſoir & matin
Dans la fontaine de Jouvence.
Le Pere ne craint plus ce défunt tant chery.
Mais comme il ne parloit de rien à noſtre Belle,
Où donc eſt le jeune mary
Que vous m'avez promis, dit-elle ?

ÉPILOGUE

     Bornons icy cette carriere.
Les longs Ouvrages me font peur.
Loin d'épuiſer une matiere,
On n'en doit prendre que la fleur.
Il s'en va temps que je reprenne
Un peu de forces & d'haleine
Pour fournir à d'autres projets.

Amour ce tyran de ma vie
Veut que je change de fujets ;
Il faut contenter fon envie.
Retournons à Pfiché : Damon vous m'exhortez
A peindre fes malheurs & fes felicitez.
J'y confens : peut-eftre ma veine

    En fa faveur s'échauffera.
Heureux fi ce travail eft la derniere peine
Que fon époux me caufera !

Deuxième Recueil : 1678-1679

AVERTISSEMENT.

Voicy un fecond recüeil de Fables que je préfente au public ; j'ay jugé a propos de donner à la plufpart de celles-cy un air, & un tour un peu different de celuy que j'ay donné aux premieres ; tant à caufe de la difference des fujets, que pour remplir de plus de varieté mon Ouvrage. Les traits familiers que j'ay femez avec affez d'abondance dans les deux autres parties, convenoient bien mieux aux inventions d'Efope, qu'à ces dernieres, ou j'en ufe plus fobrement, pour ne pas tomber en des repetitions : car le nombre de ces traits n'eft pas infiny. Il a donc falu que j'aye cherché d'autres enrichiffemens, & étendu davantage les circonftances de ces recits, qui d'ailleurs me fembloient le demander de la forte. Pour peu que le Lecteur y prenne garde, il le reconnoiftra luy-mefme ; ainfi je ne tiens pas qu'il foit neceffaire d'en étaler icy les raifons : non plus que dire où j'ay puifé ces derniers fujets. Seulement je diray par reconnoiffance que j'en dois la plus grande partie à Pilpay fage Indien. Son Livre a efté traduit en toutes les Langues. Les gens du païs le croyent fort ancien, & original à l'égard d'Esope ; si ce n'est Efope luy-mefme fous le nom du fage Locman. Quelques autres m'ont fourny des fujets affez heureux. Enfin j'ay tafché de mettre en ces deux dernieres Parties toute la diverfité dont j'eftois capable. Il s'eft gliffé quelques fautes dans l'impreffion ; j'en ay fait faire un Errata ; mais ce font de legers remedes pour un défaut confiderable. Si on veut avoir quelque plaifir de la lecture de cet Ouvrage, il faut que chacun faffe corriger ces fautes à la main de fon Exemplaire ; ainfi qu'elles font marquées par chaque Errata, auffi bien pour les deux premieres Parties, que pour les dernieres.

A Madame De Montespan.

L'Apologue est un don qui vient des immortels ;
Ou si c'est un present des hommes,
Quiconque nous l'a fait merite des Autels.
Nous devons tous tant que nous sommes
Ériger en divinité
Le Sage par qui fut ce bel art inventé.

    C'est proprement un charme : il rend l'ame attentive,
Ou plustost il la tient captive,
Nous attachant à des recits
Qui meinent à son gré les cœurs & les esprits.
O vous qui l'imitez, Olimpe, si ma Muse
A quelquefois pris place à la table des Dieux,
Sur ses dons aujourd'huy daignez porter les yeux,
Favorisez les jeux où mon esprit s'amuse.
Le temps qui détruit tout, respectant vostre appuy
Me laissera franchir les ans dans cet ouvrage :
Tout Auteur qui voudra vivre encore apres luy
Doit s'acquerir votre suffrage.

    C'est de vous que mes vers attendent tout leur prix :
Il n'est beauté dans nos écrits
Dont vous ne connoissiez jusques aux moindres traces ;
Eh qui connoist que vous les beautez & les graces ?
Paroles & regards, tout est charme dans vous.
Ma Muse en un sujet si doux
Voudroit s'étendre davantage ;
Mais il faut reserver à d'autres cet employ,
Et d'un plus grand maistre que moy
Vostre loüange est le partage.
Olimpe, c'est assez qu'à mon dernier ouvrage
Vostre nom serve un jour de rempart & d'abri :
Protegez desormais le livre favori
Par qui j'ose esperer une seconde vie :

    Sous vos seuls auspices ces vers
Seront jugez malgré l'envie
Dignes des yeux de l'Univers.
Je ne merite pas une faveur si grande :
La Fable en son nom la demande :
Vous sçavez quel credit ce mensonge a sur nous ;
S'il procure à mes vers le bonheur de vous plaire,

Je croiray luy devoir un temple pour falaire ;
Mais je ne veux baftir des temples que pour vous.

Livre VII

Fable I.
Les Animaux malades de la Peste.

UN mal qui répand la terreur,
Mal que le Ciel en fa fureur
Inventa pour punir les crimes de la terre,
     La Pefte (puis qu'il faut l'appeller par fon nom)
Capable d'enrichir en un jour l'Acheron,
Faifoit aux animaux la guerre.
Ils ne mouroient pas tous, mais tous eftoient frappez.
On n'en voyoit point d'occupez
À chercher le foûtien d'une mourante vie ;
Nul mets n'excitoit leur envie.
Ni Loups ni Renards n'épioient
La douce & l'innocente proye.
Les Tourterelles fe fuyoient :
Plus d'amour, partant plus de joye.
Le Lion tint confeil, & dit ; Mes chers amis,
Je crois que le Ciel a permis
Pour nos pechez cette infortune ;
Que le plus coupable de nous
Se facrifie aux traits du celefte courroux,

     Peut-eftre il obtiendra la guerifon commune.
L'hiftoire nous apprend qu'en de tels accidens
On fait de pareils dévoûmens :
Ne nous flatons donc point, voyons fans indulgence
L'état de noftre confcience.
Pour moy, fatisfaifant mes appetits gloutons
J'ay devoré force moutons ;
Que m'avoient-ils fait ? nulle offenfe :
Mefme il m'eft arrivé quelquefois de manger
Le Berger.

Je me dévoûray donc, s'il le faut ; mais je penſe
Qu'il eſt bon que chacun ſ'accuſe ainſi que moy :

    Car on doit ſouhaiter ſelon toute juſtice
Que le plus coupable periſſe.
Sire, dit le Renard, vous eſtes trop bon Roy ;
Vos ſcrupules font voir trop de delicateſſe ;
Et bien, manger moutons, canaille, ſotte eſpece,
Eſt-ce un peché ? Non non : Vous leur fiſtes Seigneur
En les croquant beaucoup d'honneur.
Et quant au Berger l'on peut dire
Qu'il eſtoit digne de tous maux,
Eſtant de ces gens-là qui ſur les animaux
Se font un chimerique empire.
Ainſi dit le Renard, & flateurs d'applaudir.
On n'oſa trop approfondir.
Du Tigre, ni de l'Ours, ni des autres puiſſances,
Les moins pardonnables offenſes.

    Tous les gens querelleurs, juſqu'aux ſimples maſtins,
Au dire de chacun eſtoient de petits ſaints.
L'Aſne vint à ſon tour & dit : J'ay ſouvenance
Qu'en un pré de Moines paſſant,
La faim, l'occaſion, l'herbe tendre, & je penſe
Quelque diable auſſi me pouſſant,
Je tondis de ce pré la largeur de ma langue.
Je n'en avois nul droit, puis qu'il faut parler net.
A ces mots on cria haro ſur le baudet.
Un Loup quelque peu clerc prouva par ſa harangue
Qu'il faloit dévoüer ce maudit animal,
Ce pelé, ce galeux, d'où venoit tout leur mal.
Sa peccadille fut jugée un cas pendable.

    Manger l'herbe d'autruy ! quel crime abominable !
Rien que la mort n'eſtoit capable
D'expier ſon forfait : on le luy fit bien voir.
Selon que vous ſerez puiſſant ou miſerable,
Les jugemens de Cour vous rendront blanc ou noir.

II.
LE MAL MARIÉ.

QUe le bon ſoit toûjours camarade du beau,
Dés demain je chercheray femme ;
Mais comme le divorce entre eux n'eſt pas nouveau,

    Et que peu de beaux corps hoſtes d'une belle ame
Aſſemblent l'un & l'autre poinct,
Ne trouvez pas mauvais que je ne cherche point.
J'ay veu beaucoup d'Hymens, aucuns d'eux ne me tentent :
Cependant des humains preſque les quatre parts
S'expoſent hardiment au plus grand des hazards,
Les quatre parts auſſi des humains ſe repentent.
J'en vais alleguer un qui s'eſtant repenti,
Ne put trouver d'autre parti,
Que de renvoyer ſon épouſe
Querelleuſe, avare, & jalouſe.
Rien ne la contentoit, rien n'eſtoit comme il faut,

    On ſe levoit trop tard, on ſe couchoit trop toſt,
Puis du blanc, puis du noir, puis encore autre choſe ;
Les valets enrageoient, l'époux eſtoit à bout ;
Monſieur ne ſonge à rien, Monſieur dépenſe tout,
Monſieur court, Monſieur ſe repoſe.
Elle en dit tant, que Monſieur à la fin
Laſſé d'entendre un tel lutin,
Vous la renvoye à la campagne
Chez ſes parens. La voila donc compagne
De certaines Philis qui gardent les dindons
Avec les gardeurs de cochons.
Au bout de quelque-temps qu'on la crut adoucie,
Le mary la reprend. Eh bien qu'avez-vous fait ?
Comment paſſiez-vous voſtre vie ?

    L'innocence des champs eſt-elle vôtre fait ?
Aſſez, dit-elle ; mais ma peine
Eſtoit de voir les gens plus pareſſeux qu'icy :
Ils n'ont des troupeaux nul ſoucy.
Je leur ſçavois bien dire, & m'attirois la haine
De tous ces gens ſi peu ſoigneux.
Eh, Madame, reprit ſon époux tout à l'heure,
Si voſtre eſprit eſt ſi hargneux
Que le monde qui ne demeure

Qu'un moment avec vous, & ne revient qu'au ſoir,
Eſt déja laſſé de vous voir,
Que feront des valets qui toute la journée
Vous verront contre eux déchaînée ?
Et que pourra faire un époux
Que vous voulez qui ſoit jour & nuit avec vous ?

  Retournez au village : adieu : fi de ma vie
Je vous rappelle, & qu'il m'en prenne envie,
Puiſſay-je chez les morts avoir pour mes pechez,
Deux femmes comme vous ſans ceſſe à mes coſtez.

III.
Le Rat qui s'eſt retiré du monde.

LEs Levantins en leur legende
Diſent qu'un certain Rat las des ſoins d'icy bas,
Dans un fromage de Hollande
Se retira loin du tracas.
La ſolitude eſtoit profonde,
  S'étendant par tout à la ronde.
Noſtre hermite nouveau ſubſiſtoit la dedans.
Il fit tant de pieds & de dents
Qu'en peu de jours il eut au fond de l'hermitage
Le vivre & le couvert ; que faut-il davantage ?
Il devint gros & gras ; Dieu prodigue ſes biens
A ceux qui font vœu d'eſtre ſiens.
Un jour au devot perſonnage
Des deputez du peuple Rat
S'en vinrent demander quelque aumône legere :
Ils alloient en terre étrangere
Chercher quelque ſecours contre le peuple chat ;
Ratopolis eſtoit bloquée :

  On les avoit contraints de partir ſans argent,
Attendu l'eſtat indigent
De la Republique attaquée.
Ils demandoient fort peu, certains que le ſecours
Seroit preſt dans quatre ou cinq jours.
Mes amis, dit le Solitaire,
Les choſes d'icy bas ne me regardent plus :

En quoy peut un pauvre Reclus
Vous aſſiſter ? que peut-il faire,
Que de prier le ciel qu'il vous aide en cecy ?
J'eſpere qu'il aura de vous quelque ſoucy.
Ayant parlé de cette ſorte,
Le nouveau Saint ferma ſa porte.
Qui deſignay-je à voſtre avis
Par ce Rat ſi peu ſecourable ?
Un Moine ? non, mais un Dervis ;

    Je ſuppoſe qu'un Moine eſt toûjours charitable.

IV.
LE HÉRON, LA FILLE.

UN jour ſur ſes longs pieds alloit je ne ſçais où,
Le Héron au long bec emmanché d'un long cou.
Il coſtoyoit une riviere.
    L'onde eſtoit tranſparente ainſi qu'aux plus beaux jours ;
Ma commere la carpe y faiſoit mille tours
Avec le brochet ſon compere.
Le Héron en euſt fait aiſément ſon profit :
Tous approchoient du bord, l'oiſeau n'avoit qu'à prendre ;
Mais il crût mieux faire d'attendre
Qu'il eût un peu plus d'appetit.
Il vivoit de regime, & mangeoit à ſes heures.
Apres quelques momens l'appetit vint ; l'oiſeau
S'approchant du bord vid ſur l'eau
Des Tanches qui ſortoient du fond de ces demeures.
Le mets ne luy plut pas ; il s'attendoit à mieux ;
Et montroit un gouſt dédaigneux
Comme le rat du bon Horace.
    Moy des Tanches ? dit-il, moy Héron que je faſſe
Une ſi pauvre chere ? & pour qui me prend-on ?
La Tanche rebutée il trouva du goujon.
Du goujon ! c'eſt bien-là le diſné d'un Héron !
J'ouvrirois pour ſi peu le bec ! aux Dieux ne plaiſe.
Il l'ouvrit pour bien moins : tout alla de façon
Qu'il ne vid plus aucun poiſſon.
La faim le prit ; il fut tout heureux & tout aiſe

De rencontrer un Limaçon.
Ne foyons pas fi difficiles :
Les plus accommodans ce font les plus habiles :
On hazarde de perdre en voulant trop gagner.

    Gardez-vous de rien dédaigner ;
Sur tout quand vous avez à peu prés voftre compte.
Bien des gens y font pris ; ce n'eft pas aux Hérons
Que je parle ; écoutez, humains, un autre conte ;
Vous verrez que chez vous j'ay puifé ces leçons.
Certaine fille un peu trop fiere
Prétendoit trouver un mary
Jeune, bien fait, & beau, d'agreable maniere,
Point froid & point jaloux ; notez ces deux points-cy.
Cette fille vouloit auffi
Qu'il euft du bien, de la naiffance,
De l'efprit, enfin tout : mais qui peut tout avoir ?

    Le deftin fe montra foigneux de la pourvoir :
Il vint des partis d'importance.
La belle les trouva trop chetifs de moitié.
Quoy moy ? quoy ces gens-là ? l'on radote, je penfe.
A moy les propofer ! helas ils font pitié.
Voyez un peu la belle efpece !
L'un n'avoit en l'efprit nulle délicateffe ;
L'autre avoit le nez fait de cette façon-là ;
C'eftoit cecy, c'eftoit cela,
C'eftoit tout ; car les précieufes
Font deffus tout les dédaigneufes.
Apres les bons partis les mediocres gens
Vinrent fe mettre fur les rangs.
Elle de fe moquer. Ah vrayment je fuis bonne
De leur ouvrir la porte : ils penfent que je fuis
Fort en peine de ma perfonne.

    Grace à Dieu je paffe les nuits
Sans chagrin, quoy qu'en folitude.
La belle fe fceut gré de tous ces fentimens.
L'âge la fit déchoir ; adieu tous les amans.
Un an fe paffe & deux avec inquietude.
Le chagrin vient en fuite : elle fent chaque jour
Déloger quelques Ris, quelques jeux, puis l'amour ;
Puis fes traits choquer & déplaire ;
Puis cent fortes de fards. Ses foins ne pûrent faire

Qu'elle échapât au temps cet infigne larron :
Les ruines d'une maifon
Se peuvent reparer ; que n'eft cet avantage
Pour les ruines du vifage !
Sa preciofité changea lors de langage.
Son miroir luy difoit, prenez vifte un mari :
Je ne fçais quel defir le luy difoit auffi ;

  Le defir peut loger chez une précieufe :
Celle-cy fit un choix qu'on n'auroit jamais crû,
Se trouvant à la fin tout aife & tout heureufe
De rencontrer un malotru.

V.
LES SOUHAITS.

IL eft au Mogol des folets
Qui font office de valets,
Tiennent la maifon propre, ont foin de l'équipage,
Et quelquefois du jardinage.
Si vous touchez à leur ouvrage,

  Vous gaftez tout. Un d'eux prés du Gange autrefois
Cultivoit le jardin d'un affez bon Bourgeois.
Il travailloit fans bruit, avoit beaucoup d'adreffe,
Aimoit le maiftre et la maiftreffe,
Et le jardin fur tout. Dieu fçait fi les zephirs
Peuple ami du Demon l'affiftoient dans fa tâche :
Le folet de fa part travaillant fans relafche
Combloit fes hoftes de plaifirs.
Pour plus de marques de fon zele,
Chez ces gens pour toûjours il fe fuft arrefté,
Nonobftant la legereté
A fes pareils fi naturelle ;
Mais fes confreres les efprits
Firent tant que le chef de cette republique,

  Par caprice ou par politique,
Le changea bien-toft de logis.
Ordre luy vient d'aller au fond de la Norvege
Prendre le foin d'une maifon
En tout temps couverte de neige ;
Et d'Indou qu'il eftoit on vous le fait lapon.
Avant que de partir l'efprit dit à fes hoftes :

On m'oblige de vous quitter :
Je ne fçais pas pour quelles fautes ;
Mais enfin il le faut, je ne puis arrefter
Qu'un temps fort court, un mois, peut-eftre une femaine.
Employez-la ; formez trois fouhaits, car je puis
Rendre trois fouhaits accomplis ;
Trois fans plus. Souhaiter, ce n'eft pas une peine
Etrange & nouvelle aux humains.

  Ceux-cy pour premier vœu demandent l'abondance ;
Et l'abondance à pleines mains,
Verfe en leurs cofres la finance,
En leurs greniers le bled, dans leurs caves les vins ;
Tout en creve. Comment ranger cette chevance ?
Quels regiftres, quels foins, quel temps il leur falut !
Tous deux font empefchez fi jamais on le fut.
Les voleurs contre eux comploterent ;
Les grands Seigneurs leur emprunterent ;
Le Prince les taxa. Voila les pauvres gens
Malheureux par trop de fortune.
Oftez nous de ces biens l'affluence importune,

  Dirent-ils l'un & l'autre ; heureux les indigens !
La pauvreté vaut mieux qu'une telle richeffe.
Retirez-vous, trefors, fuyez ; & toy Deeffe,
Mere du bon efprit, compagne du repos,
O mediocrité, reviens vifte. A ces mots
La mediocrité revient ; on luy fait place ;
Avec elle ils rentrent en grace,
Au bout de deux fouhaits eftant auffi chançeux
Qu'ils eftoient, & que font tous ceux
Qui fouhaitent toûjours, & perdent en chimeres
Le temps qu'ils feroient mieux de mettre à leurs affaires.
Le folet en rit avec eux.
Pour profiter de fa largeffe,

  Quand il voulut partir, & qu'il fut fur le poinct,
Ils demanderent la fageffe ;
C'eft un trefor qui n'embarraffe point.

VI.
LA COUR DU LION.

SA Majefté Lionne un jour voulut connoiftre,
De quelles nations le Ciel l'avait fait maiftre.
Il manda donc par deputez
      Ses vaffaux de toute nature,
Envoyant de tous les coftez
Une circulaire écriture,
Avec fon fceau. L'écrit portoit
Qu'un mois durant le Roy tiendroit
Cour pleniere, dont l'ouverture
Devoit eftre un fort grand feftin,
Suivy des tours de Fagotin.
Par ce trait de magnificence
Le Prince à fes fujets étaloit fa puiffance.
En fon Louvre il les invita.
Quel Louvre ! un vray charnier, dont l'odeur fe porta
D'abord au nez des gens. L'Ours boucha fa narine :
Il fe fuft bien paffé de faire cette mine,
Sa grimace dépleut. Le Monarque irrité
L'envoya chez Pluton faire le dégoûté.
Le Singe approuva fort cette feverité ;

      Et flatteur exceffif il loüa la colere
Et la griffe du Prince, & l'antre, & cette odeur :
Il n'eftoit ambre, il n'eftoit fleur,
Qui ne fût ail au prix. Sa fotte flaterie
Eut un mauvais fuccés, & fut encor punie.
Ce Monfeigneur du Lion là,
Fut parent de Caligula.
Le Renard eftant proche : Or ça, luy dit le Sire,
Que fens-tu ? dif-le-moy : Parle fans déguifer.
L'autre auffi-toft de s'excufer,
Alleguant un grand rume : il ne pouvoit que dire
Sans odorat ; bref il s'en tire.
Cecy vous fert d'enfeignement.
Ne foyez à la Cour, fi vous voulez y plaire,

      Ny fade adulateur, ny parleur trop fincere ;
Et tâchez quelquefois de répondre en Normant.

VII.
LES VAUTOURS ET LES PIGEONS.

MArs autrefois mit tout l'air en émûte.
Certain fujet fit naiftre la difpute

    Chez les oifeaux ; non ceux que le Printemps
Meine à fa Cour, & qui, fous la feüillée,
Par leur exemple & leurs fons éclatans
Font que Venus eft en nous réveillée ;
Ny ceux encor que la Mere d'Amour
Met à fon char : mais le peuple Vautour,
Au bec retors, à la tranchante ferre,
Pour un chien mort fe fit, dit-on, la guerre.
Il plut du fang ; je n'exagere point.
Si je voulois conter de poinct en poinct
Tout le détail, je manquerois d'haleine.
Maint chef perit, maint heros expira ;
Et fur fon roc Prométhée efpera
De voir bien-toft une fin à fa peine.
C'eftoit plaifir d'obferver leurs efforts ;
C'eftoit pitié de voir tomber les morts.
Valeur, adreffe, & rufes, & furprifes,
Tout s'employa : Les deux troupes éprifes

    D'ardent courroux n'épargnoient nuls moyens
De peupler l'air que refpirent les ombres :
Tout element remplit de citoyens
Le vafte enclos qu'ont les royaumes fombres.
Cette fureur mit la compaffion
Dans les efprits d'une autre nation
Au col changeant, au cœur tendre & fidèle.
Elle employa fa mediation
Pour accorder une telle querelle.
Ambaffadeurs par le peuple Pigeon
Furent choifis, & fi bien travaillerent,
Que les Vautours plus ne fe chamaillerent.
Ils firent treve, & la paix s'enfuivit :
Helas ! ce fut aux dépens de la race
A qui la leur auroit deu rendre grace.
La gent maudite auffi-toft pourfuivit
Tous les pigeons, en fit ample carnage,

En dépeupla les bourgades, les champs.
Peu de prudence eurent les pauvres gens,
D'accommoder un peuple ſi ſauvage.
Tenez toûjours diviſez les méchans ;
La ſeureté du reſte de la terre
Dépend de là : Semez entre eux la guerre,
Où vous n'aurez avec eux nulle paix.
Cecy ſoit dit en paſſant ; Je me tais.

VIII.
Le Coche & la Moûche.

DAns un chemin montant, ſablonneux, mal-aisé,
Et de tous les cotez au Soleil expoſé,
Six forts chevaux tiroient un Coche.

Femmes, Moine, vieillards, tout eſtoit deſcendu.
L'attelage ſuoit, ſouffloit, eſtoit rendu.
Une Mouche ſurvient, & des chevaux s'approche ;
Prétend les animer par ſon bourdonnement ;
Pique l'un, pique l'autre, & penſe à tout moment
Qu'elle fait aller la machine,
S'aſſied ſur le timon, ſur le nez du Cocher ;
Auſſi-toſt que le char chemine,
Et qu'elle voit les gens marcher,
Elle s'en attribuë uniquement la gloire ;
Va, vient, fait l'empreſſée ; il ſemble que ce ſoit
Un Sergent de bataille allant en chaque endroit
Faire avancer ſes gens, & hâter la victoire.

La Mouche en ce commun beſoin
Se plaint qu'elle agit ſeule, & qu'elle a tout le ſoin ;
Qu'aucun n'aide aux chevaux à ſe tirer d'affaire.
Le Moine diſoit ſon Bréviaire ;
Il prenoit bien ſon temps ! une femme chantoit ;
C'eſtoit bien de chanſons qu'alors il s'agiſſoit !
Dame Mouche s'en va chanter à leurs oreilles,
Et fait cent ſottiſes pareilles.
Aprés bien du travail le Coche arrive au haut.
Reſpirons maintenant, dit la Mouche auſſi-toſt :
J'ay tant fait que nos gens ſont enfin dans la plaine.

Cà, Meſſieurs les Chevaux, payez-moy de ma peine.

Ainſi certaines gens, faiſant les empreſſez,
S'introduiſent dans les affaires.
Ils font par tout les néceſſaires ;
Et, par tout importuns devroient être chaſſez.

IX.
LA LAITIERE & LE POT AU LAIT.

PErrette ſur ſa teſte ayant un Pot au lait
Bien poſé ſur un couſſinet,
Pretendoit arriver ſans encombre à la ville.
Legere & court veſtuë elle alloit à grands pas ;

  Ayant mis ce jour-là pour eſtre plus agile
Cotillon ſimple, & ſouliers plats.
Noſtre Laitiere ainſi trouſſée
Comptoit déja dans ſa penſée
Tout le prix de ſon lait, en employoit l'argent,
Achetoit un cent d'œufs, faiſoit triple couvée ;
La choſe alloit à bien par ſon ſoin diligent.
Il m'eſt, diſoit-elle, facile,
D'élever des poulets autour de ma maiſon :
Le Renard ſera bien habile,
S'il ne m'en laiſſe aſſez pour avoir un cochon.
Le porc à s'engraiſſer coûtera peu de ſon ;
Il eſtoit quand je l'eus de groſſeur raiſonnable :
J'auray le revendant de l'argent bel & bon ;
Et qui m'empêchera de mettre en noſtre eſtable,

  Veu le prix dont il eſt, une vache & ſon veau,
Que je verray ſauter au milieu du troupeau ?
Perrette là deſſus ſaute auſſi, tranſportée.
Le lait tombe ; adieu veau, vache, cochon, couvée ;
La Dame de ces biens, quittant d'un œil marry
Sa fortune ainſi répanduë,
Va s'excuſer à ſon mary
En grand danger d'eſtre batuë.
Le recit en farce en fut fait
On l'appella le Pot au lait.

Quel eſprit ne bat la campagne ?
Qui ne fait chaſteaux en Eſpagne ?
Pichrocole, Pyrrhus, la Laitiere, enfin tous,
Autant les ſages que les fous ?

Chacun fonge en veillant, il n'eft rien de plus doux :
Une flateufe erreur emporte alors nos ames :
Tout le bien du monde eft à nous,
Tous les honneurs, toutes les femmes.
Quand je fuis feul, je fais au plus brave un défy ;
Je m'écarte, je vais détrofner le Sophy ;
On m'élit Roy, mon peuple m'aime ;
Les diadêmes vont fur ma tefte pleuvant :
Quelque accident fait-il que je rentre en moy-mefme ;
Je fuis gros Jean comme devant.

X
Le Curé & le Mort.

UN mort s'en alloit triftement
S'emparer de fon dernier gifte ;
Un Curé s'en alloit gayment
Enterrer ce mort au plus vifte.
Notre défunt eftoit en carroffe porté,
Bien & deûment empaqueté,

Et veftu d'une robe, helas ! qu'on nomme biere,
Robe d'hyver, robe d'efté,
Que les morts ne dépoüillent guere.
Le Pafteur eftoit à cofté,
Et recitoit à l'ordinaire
Maintes devotes oraifons,
Et des pfeaumes, & des leçons,
Et des verfets, & des réponds :
Monfieur le Mort laiffez-nous faire,
On vous en donnera de toutes les façons ;
Il ne s'agit que du falaire.
Meffire Jean Choüart couvoit des yeux fon mort,
Comme fi l'on eût deu luy ravir ce trefor,
Et des regards fembloit luy dire :
Monfieur le mort j'auray de vous
Tant en argent, & tant en cire,

Et tant en autres menus coufts.
Il fondoit là deffus l'achat d'une feüillette
Du meilleur vin des environs ;
Certaine niepce affez propette,
Et fa chambriere Pâquette
Devoient avoir des cottillons.

Sur cette agreable penſée
Un heurt ſurvient, adieu le char.
Voila Meſſire Jean Choüart
Qui du choc de ſon mort a la teſte caſſée :
Le Paroiſſien en plomb entraîne ſon Paſteur ;
Notre Curé ſuit ſon Seigneur ;
Tous deux s'en vont de compagnie.
Proprement toute noſtre vie ;
Eſt le Curé Choüart qui ſur ſon mort comptoit,
Et la fable du Pot au lait.

XI.
L'HOMME QUI COURT APRES LA FORTUNE, & L'HOMME QUI L'ATTEND DANS ſON LIT.

QUi ne court apres la Fortune ?
Je voudrois eſtre en lieu d'où je pûſſe aiſément
Contempler la foule importune
De ceux qui cherchent vainement
  Cette fille du ſort de Royaume en Royaume,
Fideles courtiſans d'un volage fantôme.
Quand ils ſont prés du bon moment,
L'inconſtante auſſi-toſt à leurs deſirs échape :
Pauvres gens, je les plains, car on a pour les fous
Plus de pitié que de courroux.
Cet homme, diſent-ils, eſtoit planteur de choux,
Et le voila devenu Pape :
Ne le valons nous pas ? Vous valez cent fois mieux ;
Mais que vous ſert voſtre merite ?
La Fortune a-t-elle des yeux ?
Et puis la papauté vaut-elle ce qu'on quite,
Le repos, le repos, treſor ſi précieux,
Qu'on en faiſoit jadis le partage des Dieux ?

  Rarement la Fortune à ſes hoſtes le laiſſe.
Ne cherchez point cette Déeſſe,
Elle vous cherchera ; ſon ſexe en uſe ainſi.
Certain couple d'amis en un bourg étably,
Poſſedoit quelque bien : l'un ſoûpiroit ſans ceſſe
Pour la Fortune ; il dit à l'autre un jour :
Si nous quittions noſtre ſejour ?
Vous ſçavez que nul n'eſt prophete

En son païs : Cherchons nostre avanture ailleurs.
Cherchez, dit l'autre amy, pour moy je ne souhaite
Ny climats ny destins meilleurs.
Contentez-vous ; suivez vostre humeur inquiete ;
Vous reviendrez bien-tost. Je fais vœu cependant
De dormir en vous attendant.
L'ambitieux, ou si l'on veut, l'avare,

     S'en va par voye & par chemin.
Il arriva le lendemain
En un lieu que devoit la Déesse bizarre
Frequenter sur tout autre ; & ce lieu c'est la cour.
Là donc pour quelque-temps il fixe son sejour,
Se trouvant au coucher, au lever, à ces heures
Que l'on sçait estre les meilleures ;
Bref se trouvant à tout, & n'arrivant à rien.
Qu'est cecy ? ce dit-il ; Cherchons ailleurs du bien.
La Fortune pourtant habite ces demeures.
Je la vois tous les jours entrer chez celuy-cy,
Chez celuy-là ; D'où vient qu'aussi
Je ne puis heberger cette capricieuse ?
On me l'avoit bien dit, que des gens de ce lieu

     L'on n'aime pas toûjours l'humeur ambitieuse.
Adieu Messieurs de cour ; Messieurs de cour adieu.
Suivez jusques au bout une ombre qui vous flate.
La Fortune a, dit-on, des temples à Surate ;
Allons-là. Ce fut un de dire & s'embarquer.
Ames de bronze, humains, celuy-là fut sans doute
Armé de diamant, qui tenta cette route,
Et le premier osa l'abysme défier.
Celuy-cy pendant son voyage
Tourna les yeux vers son village
Plus d'une fois, essuyant les dangers
Des Pyrates, des vents, du calme & des rochers,

     Ministres de la mort. Avec beaucoup de peines,
On s'en va la chercher en des rives lointaines,
La trouvant assez tost sans quitter la maison.
L'homme arrive au Mogol ; on luy dit qu'au Japon
La Fortune pour lors distribuoit ses graces.
Il y court ; les mers estoient lasses
De le porter ; & tout le fruit
Qu'il tira de ses longs voyages,

Ce fut cette leçon que donnent les fauvages :
Demeure en ton païs par la nature inftruit.
Le Japon ne fut pas plus heureux à cet homme
Que le Mogol l'avoit efté ;
Ce qui luy fit conclurre en fomme,

  Qu'il avoit à grand tort fon village quitté.
Il renonce aux courfes ingrates,
Revient en fon païs, void de loin fes pénates,
Pleure de joye, & dit : Heureux qui vit chez foy ;
De regler fes defirs faifant tout fon employ.
Il ne fçait que par oüir dire
Ce que c'eft que la cour, la mer, & ton empire,
Fortune, qui nous fais paffer devant les yeux
Des dignitez, des biens, que jufqu'au bout du monde
On fuit fans que l'effet aux promeffes réponde.
Deformais je ne bouge, & feray cent fois mieux.

  En raifonnant de cette forte,
Et contre la Fortune ayant pris ce confeil,
Il la trouve affife à la porte
De fon amy plongé dans un profond fommeil.

XII.
LES DEUX COQS.

DEux Coqs vivoient en paix ; une Poule furvint,
Et voila la guerre allumée.
Amour, tu perdis Troye ; & c'eft de toy que vint

  Cette querelle envenimée,
Où du fang des Dieux mefme on vid le Xante teint.
Long-temps entre nos Coqs le combat fe maintint.
Le bruit s'en répandit par tout le voifinage.
La gent qui porte crefte au fpectacle accourut.
Plus d'une Heleine au beau plumage
Fut le prix du vainqueur ; le vaincu difparut.
Il alla fe cacher au fond de fa retraite,
Pleura fa gloire & fes amours,
Ses amours qu'un rival tout fier de fa défaite
Poffedoit à fes yeux. Il voyoit tous les jours
Cet objet rallumer fa haine & fon courage.

Il aiguifoit fon bec, batoit l'air & fes flancs,
Et s'exerçant contre les vents
S'armoit d'une jaloufe rage.
Il n'en eut pas befoin. Son vainqueur fur les toits
S'alla percher, & chanter fa victoire.
Un Vautour entendit fa voix :
Adieu les amours & la gloire.
Tout cet orgueil perit fous l'ongle du Vautour.
Enfin par un fatal retour
Son rival autour de la Poule
S'en revint faire le coquet :
Je laiffe à penfer quel caquet,
Car il eut des femmes en foule.
La Fortune fe plaift à faire de ces coups ;
Tout vainqueur infolent à fa perte travaille.

Défions-nous du fort, & prenons garde à nous
Apres le gain d'une bataille.

XIII.
L'INGRATITUDE & L'INJUSTICE DES HOMMES ENVERS LA FORTUNE.

UN trafiquant fur mer par bonheur s'enrichit.
Il triompha des vents pendant plus d'un voyage,
Goufre, banc, ny rocher, n'exigea de peage
D'aucun de fes balots ; le fort l'en affranchit.
Sur tous fes compagnons Atropos & Neptune
Recüeillirent leur droit, tandis que la Fortune
Prenoit foin d'amener fon marchand à bon port.
Facteurs, affociez, chacun luy fut fidele.
Il vendit fon tabac, fon fucre, fa canele.
Ce qu'il voulut, fa porcelaine encor.
Le luxe & la folie enflerent fon tréfor ;
Bref il plût dans fon efcarcelle.
On ne parloit chez luy que par doubles ducats,
Et mon homme d'avoir chiens, chevaux & caroffes.

Ses jours de jeûne eftoient des nopces.
Un fien amy voyant ces fomptueux repas,
Luy dit ; Et d'où vient donc un fi bon ordinaire ?
Et d'où me viendroit-il que de mon fçavoir faire ?
Je n'en dois rien qu'à moy, qu'à mes foins, qu'au talent
De rifquer à propos, & bien placer l'argent.

Le profit luy femblant une fort douce chofe,
Il rifqua de nouveau le gain qu'il avoit fait :
Mais rien pour cette fois ne luy vint à fouhait.
Son imprudence en fut la caufe.
Un vaiffeau mal freté périt au premier vent.

    Un autre mal pourveu des armes neceffaires
Fut enlevé par les Corfaires.
Un troifiéme au port arrivant,
Rien n'eut cours ny debit. Le luxe & la folie
N'eftoient plus tels qu'auparavant.
Enfin fes facteurs le trompant,
Et luy-mefme ayant fait grand fracas, chere lie,
Mis beaucoup en plaifirs, en baftimens beaucoup,
Il devint pauvre tout d'un coup.
Son amy le voyant en mauvais équipage,
Luy dit ; d'où vient cela ? de la fortune, helas !
Confolez-vous, dit l'autre, & s'il ne luy plaift pas
Que vous foyez heureux ; tout au moins foyez fage.

    Je ne fçais s'il crut ce confeil ;
Mais je fçais que chacun impute en cas pareil
Son bon-heur à fon induftrie,
Et fi de quelque échec noftre faute eft fuivie,
Nous difons injures au fort.
Chofe n'eft icy plus commune :
Le bien nous le faifons, le mal c'eft la fortune,
On a toûjours raifon, le deftin toûjours tort.

XIV.
LES DEVINERESSES.

C'eft fouvent du hazard que naît l'opinion ;
Et c'eft l'opinion qui fait toûjours la vogue.
Je pourrois fonder ce prologue

    Sur gens de tous eftats ; tout eft prévention,
Cabale, enteftement, point ou peu de juftice :
C'eft un torrent ; qu'y faire ? Il faut qu'il ait fon cours,
Cela fut & fera toûjours.
Une femme à Paris faifoit la Pythoniffe.
On l'alloit confulter fur chaque évenement :
Perdoit-on un chifon, avoit-on un amant,
Un mary vivant trop au gré de fon époufe,

Une mere fâcheuſe, une femme jalouſe ;
Chez la Devineuſe on couroit,
Pour ſe faire annoncer ce que l'on deſiroit.
Son fait conſiſtoit en adreſſe.
Quelques termes de l'art, beaucoup de hardieſſe,
Du hazard quelquefois, tout cela concouroit :

    Tout cela bien ſouvent faiſoit crier miracle.
Enfin, quoy qu'ignorante à vingt & trois carats,
Elle paſſoit pour un oracle.
L'oracle eſtoit logé dedans un galetas.
Là cette femme emplit ſa bourſe,
Et ſans avoir d'autre reſſource,
Gagne de quoy donner un rang à ſon mari :
Elle achete un office, une maiſon auſſi.
Voila le galetas remply
D'une nouvelle hoſteſſe, à qui toute la ville,
Femmes, filles, valets, gros Meſſieurs, tout enfin,
Alloit comme autrefois demander ſon deſtin :
Le galetas devint l'antre de la Sibille.
L'autre femelle avoit achalandé ce lieu.
Cette derniere femme eut beau faire, eut beau dire,

    Moi Devine ! on ſe moque ; Eh Meſſieurs, ſçay-je lire ?
Je n'ay jamais appris que ma croix de par-dieu.
Point de raiſon ; fallut deviner & prédire,
Mettre à part force bons ducats,
Et gagner mal-gré ſoy plus que deux Avocats.
Le meuble, & l'équipage aidoient fort à la choſe :
Quatre ſieges boiteux, un manche de balay,
Tout ſentoit ſon ſabat, & ſa metamorphoſe :
Quand cette femme auroit dit vray
Dans une chambre tapiſſée,
On ſ'en feroit moqué ; la vogue eſtoit paſſée
Au galetas ; il avoit le credit :
L'autre femme ſe morfondit.
L'enſeigne fait la chalandiſe.

J'ai veu dans le Palais une robe mal-miſe
Gagner gros : les gens l'avoient priſe
Pour maiſtre tel, qui traiſnoit après ſoy
Force écoutans ; Demandez-moy pourquoy.

XV.
LE CHAT, LA BELETTE, & LE PETIT LAPIN.

DU palais d'un jeune Lapin
Dame Belette un beau matin
S'empara ; c'eſt une ruſée.
Le Maiſtre eſtant abſent, ce luy fut choſe aiſée.
     Elle porta chez luy ſes pénates un jour
Qu'il eſtoit allé faire à l'Aurore ſa cour,
Parmy le thim & la roſée.
Après qu'il eut brouté, troté, fait tous ſes tours,
Janot Lapin retourne aux ſoûterrains ſejours.
La Belette avoit mis le nez à la feneſtre.
O Dieux hoſpitaliers, que vois-je icy paroiſtre ?
Dit l'animal chaſſé du paternel logis :
O là, Madame la Belette,
Que l'on déloge ſans trompette,
Ou je vais avertir tous les rats du païs.
La Dame au nez pointu répondit que la terre
Eſtoit au premier occupant.
C'eſtoit un beau ſujet de guerre
Qu'un logis où lui-meſme il n'entroit qu'en rampant.

     Et quand ce ſeroit un Royaume,
Je voudrois bien ſçavoir, dit-elle, quelle loy
En a pour toûjours fait l'octroy
À Iean fils ou nepueu de Pierre ou de Guillaume,
Plutoſt qu'à Paul, plutoſt qu'à moy.
Iean lapin allegua la coutume & l'uſage.
Ce ſont, dit-il, leurs loix qui m'ont de ce logis
Rendu maiſtre & ſeigneur, & qui de pere en fils,
L'ont de Pierre à Simon, puis à moy Iean tranſmis.
Le premier ocupant eſt-ce une loy plus ſage ?
Or bien ſans crier davantage,
Rapportons nous, dit-elle, à Raminagrobis.
C'eſtoit vn chat vivant comme vn dévot hermite,
Vn chat faiſant la chatemite,
Vn ſaint homme de chat, bien fourré, gros & gras,

    Arbitre expert ſur tous les cas.
Iean Lapin pour juge l'agrée.
Les voila tous deux arrivez
Devant ſa majeſté fourrée.

Grippeminaud leur dit, mes enfans approchez,
Approchez ; je fuis fourd ; les ans en font la caufe.
L'vn & l'autre approcha ne craignant nulle chofe.
Auffi-toft qu'a portée il vid les conteftans,
Grippeminaud le bon apoftre
Jettant des deux coftez la griffe en mefme temps,
Mit les plaideurs d'accord en croquant l'vn & l'autre.
Ceci reffemble fort aux debats qu'ont parfois
Les petits fouverains fe rapportans aux Rois.

XVI.
LA TEFTE ET LA QUEUË DU SERPENT.

LE Serpent a deux parties
Du genre humain ennemies,
Tefte et queuë ; et toutes deux
Ont acquis un nom fameux
Aupres des Parques cruelles ;

  Si bien qu'autrefois entre elles
Il furvint de grands debats
Pour le pas.
La tefte avoit toûjours marché devant la queuë.
La queuë au Ciel fe plaignit,
Et luy dit :
Je fais mainte & mainte lieuë,
Comme il plaift à celle-cy.
Croit-elle que toûjours j'en veüille ufer ainfi ?
Je fuis fon humble fervante.
On m'a faite Dieu mercy
Sa fœur, & non fa fuivante.
Toutes deux de mefme fang
Traitez-nous de mefme forte :
Auffi bien qu'elle je porte
Un poifon prompt & puiffant.
Enfin voila ma requefte :
C'eft à vous de commander,

  Qu'on me laiffe preceder
À mon tour ma fœur la tefte.
Je la conduiray fi bien,
Qu'on ne fe plaindra de rien.

Le Ciel eut pour ces vœux une bonté cruelle.
Souvent fa complaifance a de méchans effets.
Il devroit eftre fourd aux aveugles fouhaits.
Il ne le fut pas lors : & la guide nouvelle,
Qui ne voyoit au grand jour,
Pas plus clair que dans un four,
Donnoit tantoft contre un marbre,
Contre un paffant, contre un arbre.
Droit aux ondes du Styx elle mena fa fœur.

    Malheureux les Eftats tombez dans fon erreur.

XVII.
Un Animal dans la Lune.

PEndant qu'un Philofophe affure,
Que toûjours par leurs fens les hommes font dupez,
Un autre Philofophe jure,
Qu'ils ne nous ont jamais trompez.

    Tous les deux ont raifon ; & la Philofophie
Dit vray, quand elle dit, que les fens tromperont
Tant que fur leur rapport les hommes jugeront ;
Mais auffi fi l'on rectifie
L'image de l'objet fur fon éloignement,
Sur le milieu qui l'environne,
Sur l'organe, & fur l'inftrument,
Les fens ne tromperont perfonne.
La nature ordonna ces chofes fagement :
J'en diray quelque jour les raifons amplement.
J'apperçois le Soleil ; quelle en eft la figure ?
Icy-bas ce grand corps n'a que trois pieds de tour :
Mais fi je le voyois là-haut dans fon fejour,
Que feroit-ce à mes yeux que l'œil de la nature ?
Sa diftance me fait juger de fa grandeur ;

    Sur l'angle & les coftez ma main la détermine :
L'ignorant le croit plat, j'épaiffis fa rondeur :
Je le rends immobile, & la terre chemine.
Bref je démens mes yeux en toute fa machine.
Ce fens ne me nuit point par fon illufion.
Mon ame en toute occafion
Développe le vray caché fous l'apparence.
Je ne fuis point d'intelligence

Avecque mes regards peut-eſtre un peu trop prompts,
Ny mon oreille lente à m'apporter les ſons.
Quand l'eau courbe un baſton ma raiſon le redreſſe,
La raiſon décide en maiſtreſſe.
Mes yeux, moyennant ce ſecours,
Ne me trompent jamais en me mentant toûjours.

    Si je crois leur rapport, erreur aſſez commune,
Une teſte de femme eſt au corps de la Lune.
Y peut-elle eſtre ? Non. D'où vient donc cet objet ?
Quelques lieux inégaux font de loin cet effet.
La Lune nulle part n'a ſa ſurface unie :
Montueuſe en des lieux, en d'autres applanie,
L'ombre avec la lumiere y peut tracer ſouvent
Un Homme, un Bœuf, un Elephant.
N'aguere l'Angleterre y vid choſe pareille.
La lunette placée, un animal nouveau
Parut dans cet aſtre ſi beau ;
Et chacun de crier merveille.
Il eſtoit arrivé là haut un changement,

    Qui préſageoit ſans doute un grand évenement.
Sçavoit-on ſi la guerre entre tant de puiſſances
N'en eſtoit point l'effet ? Le Monarque accourut :
Il favoriſe en Roy ces hautes connoiſſances.
Le Monſtre dans la Lune à ſon tour luy parut.
C'eſtoit une Souris cachée entre les verres :
Dans la lunette eſtoit la ſource de ces guerres.
On en rit : Peuple heureux, quand pourront les François
Se donner comme vous entiers à ces emplois ?
Mars nous fait recueillir d'amples moiſſons de gloire :

    C'eſt à nos ennemis de craindre les combats,
A nous de les chercher, certains que la victoire
Amante de Loüis ſuivra par tout ſes pas.
Ses lauriers nous rendront celebres dans l'hiſtoire.
Meſme les filles de memoire
Ne nous ont point quitez : nous goûtons des plaiſirs :
La paix fait nos ſouhaits, & non point nos ſoûpirs.
Charles en ſçait joüir : Il ſçauroit dans la guerre
Signaler ſa valeur, & mener l'Angleterre
A ces jeux qu'en repos elle void aujourd'huy.
Cependant s'il pouvoit appaiſer la querelle,
Que d'encens ! Eſt-il rien de plus digne de luy ?

La carriere d'Auguste a-t-elle esté moins belle
Que les fameux exploits du premier des Cesars ?
O peuple trop heureux, quand la paix viendra-t-elle
Nous rendre comme vous tout entiers aux beaux arts ?

Livre VIII

Fable I.
La mort et le mourant.

LA mort ne surprend point le sage ;
Il est toûjours prest à partir,
S'estant sceu luy-mesme avertir

    Du temps où l'on se doit resoudre à ce passage.
Ce temps, helas ! embrasse tous les temps :
Qu'on le partage en jours, en heures, en momens,
Il n'en est point qu'il ne comprenne
Dans le fatal tribut ; tous sont de son domaine ;
Et le premier instant où les enfans des Rois
Ouvrent les yeux à la lumiere,
Est celuy qui vient quelquefois
Fermer pour toûjours leur paupiere.
Défendez-vous par la grandeur,
Alleguez la beauté, la vertu, la jeunesse,
La mort ravit tout sans pudeur.
Un jour le monde entier accroistra sa richesse.
Il n'est rien de moins ignoré,
Et puis qu'il faut que je le die,

    Rien où l'on soit moins preparé.
Un mourant qui contoit plus de cent ans de vie,
Se plaignoit à la mort que précipitamment
Elle le contraignoit de partir tout à l'heure,
Sans qu'il eût fait son testament,
Sans l'avertir au moins. Est-il juste qu'on meure
Au pied levé ? dit-il : attendez quelque peu.
Ma femme ne veut pas que je parte sans elle ;
Il me reste à pourvoir un arriere-neveu ;
Souffrez qu'à mon logis j'ajouste encore une aisle.
Que vous êtes pressante, ô Deesse cruelle !

Vieillard, luy dit la mort, je ne t'ay point furpris.
Tu te plains fans raifon de mon impatience.

  Eh n'as-tu pas cent ans ? trouve-moy dans Paris
Deux mortels auffi vieux, trouve-m'en dix en France.
Je devois, ce dis-tu, te donner quelque avis
Qui te difpofaft à la chofe :
J'aurois trouvé ton teftament tout fait,
Ton petit fils pourveu, ton baftiment parfait ;
Ne te donna-t-on pas des avis quand la caufe
Du marcher & du mouvement,
Quand les efprits, le fentiment,
Quand tout faillit en toy ? Plus de gouft, plus d'oüie :
Toute chofe pour toy femble eftre évanoüie :
Pour toy l'aftre du jour prend des foins fuperflus :

  Tu regretes des biens qui ne te touchent plus.
Je t'ay fait voir tes camarades,
Ou morts, ou mourans, ou malades.
Qu'eft-ce que tout cela, qu'un avertiffement ?
Allons vieillard, & fans replique ;
Il n'importe à la republique
Que tu faffes ton teftament.
La mort avoit raifon : Je voudrois qu'à cet âge
On fortift de la vie ainfi que d'un banquet,
Remerciant fon hofte, & qu'on fift fon paquet ;
Car de combien peut-on retarder le voyage ?
Tu murmures vieillard ; voy ces jeunes mourir,
Voy les marcher, voy les courir

  A des morts, il eft vray, glorieufes & belles,
Mais fures cependant, & quelquefois cruelles.
J'ay beau te le crier ; mon zele eft indifcret :
Le plus femblable aux morts meurt le plus à regret.

I.
LE SAVETIER & LE FINANCIER.

UN Savetier chantoit du matin jufqu'au soir :
C'eftoit merveilles de le voir,
Merveilles de l'oüir : il faifoit des paffages,
Plus content qu'aucun des fept fages.

        Son voisin au contraire, estant tout cousu d'or,
Chantoit peu, dormoit moins encor.
C'estoit un homme de finance.
Si sur le poinct du jour parfois il someilloit,
Le Savetier alors en chantant l'éveilloit,
Et le Financier se plaignoit,
Que les soins de la Providence
N'eussent pas au marché fait vendre le dormir,
Comme le manger & le boire.
En son hostel il fait venir
Le chanteur, & luy dit : Or ça, sire Gregoire,
Que gagnez-vous par an ? par an ? ma foy Monsieur,
Dit avec un ton de rieur
Le gaillard Savetier, ce n'est point ma maniere

        De compter de la sorte ; & je n'entasse guere
Un jour sur l'autre : il suffit qu'à la fin
J'attrape le bout de l'année :
Chaque jour amene son pain.
Et bien que gagnez-vous, dites-moy, par journée ?
Tantost plus, tantost moins : le mal est que toûjours ;
(Et sans cela nos gains seroient assez honnestes,)
Le mal est que dans l'an s'entremeslent des jours
Qu'il faut chômer ; on nous ruine en Festes.
L'une fait tort à l'autre ; & Monsieur le Curé,
De quelque nouveau Saint charge toûjours son prône.
Le Financier riant de sa naïveté,
Luy dit : Je vous veux mettre aujourd'huy sur le trône.

        Prenez ces cent écus : gardez les avec soin,
Pour vous en servir au besoin.
Le Savetier crut voir tout l'argent que la terre
Avoit depuis plus de cent ans
Produit pour l'usage des gens.
Il retourne chez luy : dans sa cave il enserre
L'argent & sa joye à la fois.
Plus de chant ; il perdit la voix
Du moment qu'il gagna ce qui cause nos peines.
Le sommeil quitta son logis,
Il eut pour hostes les soucis,
Les soupçons, les alarmes vaines.
Tout le jour il avoit l'œil au guet ; Et la nuit,
Si quelque chat faisoit du bruit,

Le chat prenoit l'argent : À la fin le pauvre homme
S'en courut chez celuy qu'il ne réveilloit plus.

  Rendez-moy, luy dit-il, mes chanſons & mon ſomme,
Et reprenez vos cent écus.

III.
Le Lion, le Loup & le Renard.

  Un Lion décrepit, gouteux, n'en pouvant plus,
Vouloit que l'on trouvât remede à la vieilleſſe :
Alleguer l'impoſſible aux Rois, c'eſt un abus.

  Celuy-cy parmy chaque eſpece
Manda des Medecins ; il en eſt de tous arts :
Medecins au Lion viennent de toutes parts ;
De tous coſtez luy vient des donneurs de receptes.
Dans les viſites qui ſont faites
Le Renard ſe diſpenſe, & ſe tient clos & coy.
Le Loup en fait ſa cour, daube au coucher du Roy
Son camarade abſent ; le Prince tout à l'heure
Veut qu'on aille enfumer Renard dans ſa demeure,
Qu'on le faſſe venir. Il vient, eſt preſenté ;
Et ſçachant que le Loup luy faiſoit cette affaire :
Je crains, Sire, dit-il, qu'un rapport peu ſincere,

  Ne m'ait à mépris imputé
D'avoir differé cet hommage ;
Mais j'eſtois en pelerinage ;
Et m'acquitois d'un vœu fait pour voſtre ſanté.
Meſme j'ay veu dans mon voyage
Gens experts & ſçavans ; leur ay dit la langueur
Dont voſtre Majeſté craint à bon droit la ſuite :
Vous ne manquez que de chaleur :
Le long âge en vous l'a détruite :
D'un Loup écorché vif appliquez-vous la peau
Toute chaude & toute fumante ;
Le ſecret ſans doute en eſt beau
Pour la nature défaillante.
Meſſire Loup vous ſervira,
S'il vous plaiſt, de robe de chambre.
Le Roy goûte cet avis-là :

On écorche, on taille, on démembre
Meſſire Loup. Le Monarque en ſoupa ;
Et de ſa peau s'envelopa ;

Meſſieurs les courtiſans, ceſſez de vous détruire :
Faites ſi vous pouvez voſtre cour ſans vous nuire.
Le mal ſe rend chez-vous au quadruple du bien.
Les daubeurs ont leur tour, d'une ou d'autre maniere :
Vous eſtes dans une carriere
Où l'on ne ſe pardonne rien.

IV.
LE POUVOIR DES FABLES.

A MONSIEUR DE BARILLON.

LA qualité d'Ambaſſadeur
Peut-elle s'abaiſſer à des contes vulgaires ?
Vous puis je offrir mes vers & leurs graces legeres ?

 S'ils oſent quelquefois prendre un air de grandeur,
Seront-ils point traitez par vous de temeraires ?
Vous avez bien d'autres affaires
A démêler que les debats
Du Lapin & de la Belette :
Liſez les, ne les liſez pas ;
Mais empeſchez qu'on ne nous mette
Toute l'Europe ſur les bras.
Que de mille endroits de la terre
Il nous vienne des ennemis,
J'y conſens ; mais que l'Angleterre
Veüille que nos deux Rois ſe laſſent d'être amis,
J'ay peine à digerer la choſe.
N'eſt-il point encor temps que Loüis ſe repoſe ?
Quel autre Hercule enfin ne ſe trouveroit las

 De combattre cette Hydre ? & faut-il qu'elle oppoſe
Une nouvelle teſte aux efforts de ſon bras ?
Si voſtre eſprit plein de ſoupleſſe,
Par eloquence, & par adreſſe,
Peut adoucir les cœurs, & détourner ce coup,
Je vous ſacrifieray cent moutons ; c'eſt beaucoup

Pour un habitant du Parnaſſe.
Cependant faites moy la grace
De prendre en don ce peu d'encens.
Prenez en gré mes vœux ardens,
Et le recit en vers, qu'icy je vous dedie.
Son ſujet vous convient ; je n'en diray pas plus :
Sur les Eloges que l'envie
Doit avoüer qui vous ſont deus,
Vous ne voulez pas qu'on appuye.

  Dans Athene autrefois peuple vain & leger,
Un Orateur voyant ſa patrie en danger,
Courut à la Tribune ; & d'un art tyrannique,
Voulant forcer les cœurs dans une republique,
Il parla fortement ſur le commun ſalut.
On ne l'écoutoit pas : l'Orateur recourut
A ces figures violentes,
Qui ſçavent exciter les ames les plus lentes.
Il fit parler les morts, tonna, dit ce qu'il put.
Le vent emporta tout ; perſonne ne s'émut.
L'animal aux teſtes frivoles
Eſtant fait à ces traits, ne daignoit l'écouter.
Tous regardoient ailleurs : il en vid s'arreſter

  A des combats d'enfans, & point à ſes paroles.
Que fit le harangueur ? Il prit un autre tour.
Céres, commença-t-il, faiſoit voyage un jour
Avec l'Anguille & l'Hirondelle :
Un fleuve les arreſte ; & l'Anguille en nageant,
Comme l'Hirondelle en volant,
Le traverſa bien-toſt. L'aſſemblée à l'inſtant
Cria tout d'une voix : Et Céres, que fit-elle ?
Ce qu'elle fit ? un prompt courroux
L'anima d'abord contre vous.
Quoy, de contes d'enfans ſon peuple s'embaraſſe !
Et du peril qui le menace
Luy ſeul entre les Grecs il neglige l'effet !

  Que ne demandez-vous ce que Philippe fait ?
A ce reproche l'aſſemblée
Par l'Apologue réveillée
Se donne entiere à l'Orateur :
Un trait de Fable en eut l'honneur.
Nous ſommes tous d'Athene en ce poinct ; & moy-meſme,

Au moment que je fais cette moralité,
Si peau d'asne m'estoit conté,
J'y prendrois un plaisir extrême,
Le monde est vieux, dit-on, je le crois, cependant
Il le faut amuser encor comme un enfant.

V.
L'Homme & la Puce.

PAr des vœux importuns nous fatiguons les Dieux :
Souvent pour des sujets mesme indignes des hommes.
Il semble que le Ciel sur tous tant que nous sommes

    Soit obligé d'avoir incessamment les yeux,
Et que le plus petit de la race mortelle,
A chaque pas qu'il fait, à chaque bagatelle,
Doive intriguer l'Olympe & tous ses citoyens,
Comme s'il s'agissoit des Grecs & des Troyens.
Un sot par une puce eut l'épaule morduë.
Dans les plis de ses draps elle alla se loger.
Hercule, ce dit-il, tu devois bien purger
La terre de cette Hydre au Printemps revenuë.
Que fais-tu Jupiter, que du haut de la nuë
Tu n'en perdes la race afin de me venger ?
Pour tuer une puce il vouloit obliger

    Ces Dieux à luy prester leur foudre & leur massuë.

VI.
Les Femmes & le Secret.

RIen ne pese tant qu'un secret :
Le porter loin est difficile aux Dames :
Et je sçais mesme sur ce fait

    Bon nombre d'hommes qui sont femmes.
Pour éprouver la sienne un mari s'écria
La nuit estant prés d'elle : ô dieux ! qu'est-ce cela ?
Je n'en puis plus ; on me déchire ;
Quoy j'accouche d'un œuf ! d'un œuf ? oüy, le voila
Frais & nouveau pondu : gardez bien de le dire :
On m'appelleroit poule. Enfin n'en parlez pas.

La femme neuve ſur ce cas,
Ainſi que ſur mainte autre affaire,
Crut la choſe, & promit ſes grands dieux de ſe taire.
Mais ce ferment s'évanoüit
Avec les ombres de la nuit.
L'épouſe indiſcrete & peu fine,

   Sort du lit quand le jour fut à peine levé :
Et de courir chez ſa voiſine.
Ma commere, dit-elle, un cas eſt arrivé :
N'en dites rien ſur tout, car vous me feriez battre.
Mon mary vient de pondre un œuf gros comme quatre.
Au nom de Dieu gardez vous bien
D'aller publier ce myſtere.
Vous moquez-vous ? dit l'autre : Ah, vous ne ſçavez guere
Quelle je ſuis. Allez, ne craignez rien.
La femme du pondeur s'en retourne chez elle.
L'autre grille déja de conter la nouvelle :
Elle va la répandre en plus de dix endroits.
Au lieu d'un œuf elle en dit trois.
Ce n'eſt pas encor tout, car une autre commere
En dit quatre, & raconte à l'oreille le fait,

   Precaution peu neceſſaire,
Car ce n'eſtoit plus un ſecret.
Comme le nombre d'œufs, grace à la renommée,
De bouche en bouche alloit croiſſant,
Avant la fin de la journée
Ils ſe montoient à plus d'un cent.

VII.
LE CHIEN QUI PORTE À ſON COU LE DIſNÉ DE ſON MAIſTRE.

   Nous n'avons pas les yeux à l'épreuve des belles,
Ny les mains à celle de l'or :
Peu de gens gardent un treſor

   Avec des ſoins aſſez fidelles.
Certain Chien qui portoit la pitance au logis,
S'eſtoit fait un collier du diſné de ſon maître.
Il eſtoit temperant plus qu'il n'eût voulu l'eſtre,
Quand il voyoit un mets exquis :
Mais enfin il l'eſtoit & tous tant que nous ſommes

Nous nous laiſſons tenter à l'approche des biens.
Choſe eſtrange ! on apprend la temperance aux chiens,
Et l'on ne peut l'apprendre aux hommes.
Ce Chien-cy donc eſtant de la ſorte atourné,
Un maſtin paſſe, & veut luy prendre le diſné.

  Il n'en eut pas toute la joye
Qu'il eſperoit d'abord : Le Chien mit bas la proye,
Pour la défendre mieux, n'en eſtant plus chargé.
Grand combat : D'autres Chiens arrivent.
Ils eſtoient de ceux-là qui vivent
Sur le public, en craignant peu les coups.
Noſtre Chien ſe voyant trop foible contre eux tous,
Et que la chair couroit un danger manifeſte,
Voulut avoir ſa part ; Et luy ſage : il leur dit :
Point de courroux, Meſſieurs, mon lopin me ſuffit :
Faites voſtre profit du reſte.
A ces mots le premier il vous happe un morceau.

  Et chacun de tirer, le maſtin, la canaille ;
A qui mieux mieux ; ils firent tous ripaille ;
Chacun d'eux eut part du gaſteau.
Je crois voir en cecy l'image d'une Ville,
Où l'on met les deniers à la mercy des gens.
Echevins, Prevoſt des Marchands,
Tout fait ſa main : le plus habile
Donne aux autres l'exemple ; Et c'eſt un paſſe-temps
De leur voir nettoyer un monceau de piſtoles.
Si quelque ſcrupuleux par des raiſons frivoles
Veut défendre l'argent, & dit le moindre mot ;

  On luy fait voir qu'il eſt un ſot.
Il n'a pas de peine à ſe rendre :
C'eſt bien-toſt le premier à prendre.

VIII.
Le Rieur & les Poiſſons.

  On cherche les Rieurs ; & moy je les évite.
Cet art veut ſur tout autre un ſuprême merite.
Dieu ne crea que pour les ſots,

  Les méchans diſeurs de bons mots.
J'en vais peut-eſtre en une Fable

Introduire un ; peut-eſtre auſſi
Que quelqu'un trouvera que j'auray reuſſi.
Un rieur eſtoit à la table
   D'un Financier ; & n'avoit en ſon coin
Que de petits poiſſons ; tous les gros eſtoient loin.
Il prend donc les menus, puis leur parle à l'oreille,
Et puis il feint à la pareille,
D'écouter leur réponſe. On demeura ſurpris :
Cela ſuſpendit les eſprits.
Le Rieur alors d'un ton ſage
Dit qu'il craignoit qu'un ſien amy
Pour les grandes Indes party,
N'euſt depuis un an fait naufrage.

    Il s'en informoit donc à ce menu fretin ;
Mais tous luy répondoient qu'ils n'étoient pas d'un âge
A ſçavoir au vray ſon deſtin ;
Les gros en ſçauroient davantage.
N'en puis-je donc, Meſſieurs, un gros interroger ?
De dire ſi la compagnie
Prit gouſt à ſa plaiſanterie,
J'en doute ; mais enfin, il les ſceut engager
A luy ſervir d'un monſtre aſſez vieux pour luy dire
Tous les noms des chercheurs de mondes inconnus
Qui n'en eſtoient pas revenus,
Et que depuis cent ans ſous l'abyſme avoient veus
Les anciens du vaſte empire.

IX
LE RAT & L'HUITRE.

UN Rat hoſte d'un champ, Rat de peu de cervelle,
Des Lares paternels un jour ſe trouva ſou.
Il laiſſe-là le champ, le grain, & la javelle,
    Va courir le païs, abandonne ſon trou.
Si-toſt qu'il fut hors de la caſe,
Que le monde, dit-il, eſt grand & ſpacieux !
Voilà les Apennins, & voicy le Caucaſe :
La moindre Taupinée étoit mont à ſes yeux.
Au bout de quelques jours le voyageur arrive
En un certain canton où Thetis ſur la rive
Avoit laiſſé mainte Huitre ; & noſtre Rat d'abord
Crût voir en les voyant des vaiſſeaux de haut bord.

Certes, dit-il, mon pere eſtoit un pauvre ſire :
Il n'oſoit voyager, craintif au dernier point :
Pour moy, j'ay déja veu le maritime empire :

  J'ay paſſé les deſerts, mais nous n'y bûmes point.
D'un certain magiſter le Rat tenoit ces choſes,
Et les diſoit à travers champs ;
N'eſtant pas de ces Rats qui les livres rongeans
Se font ſçavans juſques aux dents.
Parmy tant d'Huitres toutes cloſes,
Une s'eſtoit ouverte, & bâillant au Soleil,
Par un doux Zephir rejoüie,
Humoit l'air, reſpiroit, eſtoit épanoüie,
Blanche, graſſe, & d'un gouſt à la voir nompareil.
D'auſſi loin que le Rat voit cette Huitre qui bâille,
Qu'apperçois-je ? dit-il, c'eſt quelque victuaille ;

  Et ſi je ne me trompe à la couleur du mets,
Je dois faire aujourd'huy bonne chere, ou jamais.
Là-deſſus maiſtre Rat plein de belle eſperance,
Approche de l'écaille, allonge un peu le cou,
Se ſent pris comme aux lacs ; car l'Huitre tout d'un coup
Se referme, & voilà ce que fait l'ignorance.

Cette Fable contient plus d'un enſeignement.
Nous y voyons premierement ;
Que ceux qui n'ont du monde aucune experience
Sont aux moindres objets frappez d'étonnement :

  Et puis nous y pouvons apprendre,
Que tel eſt pris qui croyoit prendre.

X.
L'Ours & l'Amateur des Jardins.

  Certain Ours montagnard, Ours à demi leché,
Confiné par le ſort dans un bois ſolitaire,
Nouveau Bellerophon vivoit ſeul & caché ;
Il fuſt devenu fou : la raiſon d'ordinaire

  N'habite pas toûjours chez les gens ſequeſtrez :
Il eſt bon de parler, & meilleur de ſe taire,
Mais tous deux ſont mauvais alors qu'ils ſont outrez.

Nul animal n'avoit affaire
Dans les lieux que l'Ours habitoit ;
Si bien que tout Ours qu'il eſtoit
Il vint à s'ennuyer de cette triſte vie.
Pendant qu'il ſe livroit à la mélancholie,
Non loin de là certain vieillard
S'ennuyoit auſſi de ſa part.
Il aimoit les jardins, eſtoit Preſtre de Flore,
Il eſtoit de Pomone encore :
Ces deux emplois ſont beaux ; Mais je voudrois parmy
Quelque doux & diſcret amy.
Les jardins parlent peu ; ſi ce n'eſt dans mon livre ;

    De façon que laſſé de vivre
Avec des gens muets noſtre homme un beau matin
Va chercher compagnie, & ſe met en campagne.
L'Ours porté d'un meſme deſſein
Venoit de quitter ſa montagne :
Tous deux par un cas ſurprenant
Se rencontrent en un tournant.
L'homme eut peur : mais comment eſquiver ; & que faire ?
Se tirer en Gaſcon d'une ſemblable affaire
Eſt le mieux : Il ſceut donc diſſimuler ſa peur.
L'Ours tres-mauvais complimenteur
Luy dit ; Vien-t'en me voir. L'autre reprit, Seigneur,
Vous voyez mon logis ; ſi vous me vouliez faire

    Tant d'honneur que d'y prendre un champeſtre repas,
J'ay des fruits, j'ay du lait : Ce n'eſt peut-eſtre pas
De Noſſeigneurs les Ours le manger ordinaire ;
Mais j'offre ce que j'ay. L'Ours l'accepte ; & d'aller.
Les voila bons amis avant que d'arriver.
Arrivez, les voila, ſe trouvant bien enſemble ;
Et bien qu'on ſoit à ce qu'il ſemble
Beaucoup mieux ſeul qu'avec des ſots,
Comme l'Ours en un jour ne diſoit pas deux mots
L'homme pouvoit ſans bruit vaquer à ſon ouvrage.
L'Ours alloit à la chaſſe, apportoit du gibier,

    Faiſoit ſon principal meſtier
D'eſtre bon émoucheur, écartoit du viſage
De ſon amy dormant, ce paraſite aiſlé,
Que nous avons mouche appellé.
Un jour que le vieillard dormoit d'un profond ſomme,

Sur le bout de son nez une allant se placer
Mit l'Ours au desespoir, il eut beau la chasser.
Je t'attraperay bien, dit-il. Et voicy comme.
Aussi-tost fait que dit ; le fidèle émoucheur
Vous empoigne un pavé, le lance avec roideur,
Casse la teste à l'homme en écrasant la mouche,
Et non moins bon archer que mauvais raisonneur :

 Roide mort étendu sur la place il le couche.
Rien n'est si dangereux qu'un ignorant amy ;
Mieux vaudroit un sage ennemy.

XI.
LES DEUX AMIS.

 Deux vrais amis vivoient au Monomotapa :
L'un ne possedoit rien qui n'appartinst à l'autre :
Les amis de ce païs-là
Valent bien dit-on ceux du nostre.

 Une nuit que chacun s'occupoit au sommeil,
Et mettoit à profit l'absence du Soleil,
Un de nos deux amis sort du lit en alarme :
Il court chez son intime, éveille les valets :
Morphée avoit touché le feüil de ce palais.
L'amy couché s'estonne, il prend sa bourse, il s'arme ;
Vient trouver l'autre, & dit ; Il vous arrive peu
De courir quand on dort ; vous me paroissiez homme
A mieux user du temps destiné pour le somme :
N'auriez-vous point perdu tout vostre argent au jeu ?
En voicy : s'il vous est venu quelque querelle,

 J'ay mon épée, allons : Vous ennuyez-vous point
De coucher toûjours seul ? une esclave assez belle
Estoit à mes costez, voulez-vous qu'on l'appelle ?
Non, dit l'amy, ce n'est ny l'un ny l'autre point :
Je vous rend grace de ce zele.
Vous m'estes en dormant un peu triste apparu ;
J'ay craint qu'il ne fust vray, je suis viste accouru.
Ce maudit songe en est la cause.
Qui d'eux aimoit le mieux, que t'en semble, Lecteur ?
Cette difficulté vaut bien qu'on la propose.
Qu'un amy veritable est une douce chose.
Il cherche vos besoins au fond de vostre cœur ;

Il vous épargne la pudeur
De les luy découvrir vous-mefme.
Un songe, un rien, tout luy fait peur
Quand il s'agit de ce qu'il aime.

XII.
Le Cochon, la Chevre & le Mouton.

UNe Chevre, un Mouton, avec un Cochon gras,
Montez fur mefme char s'en alloient à la foire :
Leur divertiffement ne les y portoit pas ;

    On s'en alloit les vendre, à ce que dit l'hiftoire :
Le Charton n'avoit pas deffein
De les mener voir Tabarin.
Dom pourceau crioit en chemin,
Comme s'il avoit eu cent Bouchers à fes trouffes.
C'eftoit une clameur à rendre les gens fourds :
Les autres animaux, creatures plus douces,
Bonnes gens, s'eftonnoient qu'il criaft au fecours ;
Ils ne voyoient nul mal à craindre.
Le Charton dit au Porc, qu'as-tu tant à te plaindre ?
Tu nous êtourdis tous, que ne te tiens-tu coy ?
Ces deux perfonnes-cy plus honneftes que toy,

    Devroient t'apprendre à vivre, ou du moins à te taire.
Regarde ce Mouton ; A-t-il dit un feul mot ?
Il eft fage. Il eft un fot,
Repartit le Cochon : s'il fçavoit fon affaire,
Il crieroit comme moy du haut de fon gozier,
Et cette autre perfonne honnefte
Crieroit tout du haut de fa tefte.
Ils penfent qu'on les veut feulement décharger,
La Chevre de fon lait, le Mouton de fa laine.
Je ne fçay pas s'ils ont raison ;
Mais quant à moy qui ne fuis bon
Qu'à manger, ma mort eft certaine.
Adieu mon toit & ma maison.
Dom Pourceau raifonnoit en fubtil perfonnage :

    Mais que luy fervoit-il ? quand le mal eft certain,
La plainte ny la peur ne changent le deftin ;
Et le moins prévoiant eft toûjours le plus fage.

XIII.
TIRCIS & AMARANTE.

Pour Mademoiſelle de Sillery.

 J'avois Éſope quitté
Pour eſtre tout à Bocace :
Mais une divinité
Veut revoir ſur le Parnaſſe

 Des Fables de ma façon ;
Or d'aller luy dire, Non,
Sans quelque valable excuſe,
Ce n'eſt pas comme on en uſe
Avec des Divinitez,
Sur tout quand ce ſont de celles
Que la qualité de belles
Fait Reines des volontez.
Car afin que l'on le ſçache
C'eſt Sillery qui s'attache
À vouloir que de nouveau
Sire Loup, Sire Corbeau
Chez moy ſe parlent en rime.
Qui dit Sillery, dit tout ;
Peu de gens en leur eſtime
Luy refuſent le haut bout ;
Comment le pourroit-on faire ?
Pour venir à noſtre affaire,
Mes contes à ſon avis
Sont obſcurs ; Les beaux eſprits

 N'entendent pas toute choſe :
Faiſons donc quelques recits
Qu'elle déchifre ſans gloſe.
Amenons des Bergers & puis nous rimerons
Ce que diſent entre eux les Loups & les Moutons.
Tircis diſoit un jour à la jeune Amaranthe ;
Ah ! ſi vous connoiſſiez comme moy certain mal
Qui nous plaiſt & qui nous enchante !
Il n'eſt bien ſous le Ciel qui vous paruſt égal :
Souffrez qu'on vous le communique ;
Croyez-moy ; n'ayez point de peur ;
Voudrois-je vous tromper, vous pour qui je me pique

Des plus doux fentimens que puiffe avoir un cœur ?
Amaranthe auffi-toft replique ;
Comment l'appellez-vous ce mal ? quel eft fon nom ?
L'amour. Ce mot eft beau : Dites-moy quelques marques
À quoy-je le pourray connoiftre : que fent-on ?
Des peines prés de qui le plaifir des Monarques
Eft ennuyeux & fade : on s'oublie, on fe plaift
Toute feule en une foreft.
Se mire-t-on prés un rivage ?
Ce n'eft pas foy qu'on void, on ne void qu'une image
Qui fans ceffe revient & qui fuit en tous lieux :
Pour tout le refte on eft fans yeux.

    Il eft un Berger de village
Dont l'abord, dont la voix, dont le nom fait rougir :
On foûpire à fon fouvenir :
On ne fçait pas pourquoy ; cependant on foûpire ;
On a peur de le voir encor qu'on le defire.
Amaranthe dit à l'inftant
Oh ! oh ! c'eft là ce mal que vous me prêchez tant ?
Il ne m'eft pas nouveau : je penfe le connoître.
Tircis à fon but croyoit eftre,
Quand la belle ajoûta, Voilà tout juftement
Ce que je sens pour Clidamant.
L'autre penfa mourir de dépit & de honte.
Il eft force gens comme luy

    Qui pretendent n'agir que pour leur propre compte,
Et qui font le marché d'autruy.

XIV.
Les Obfeques de la Lionne.

LA femme du Lion mourut :
Auffi-toft chacun accourut
Pour s'aquiter envers le Prince
De certains complimens de confolation,
Qui font furcroît d'affliction.

    Il fit avertir fa Province,
Que les obfeques fe feroient
Un tel jour, en tel lieu ; fes Prevofts y feroient
Pour regler la ceremonie,
Et pour placer la compagnie.

Jugez fi chacun s'y trouva.
Le Prince aux cris s'abandonna,
Et tout fon antre en réfonna.
Les Lions n'ont point d'autre temple.
On entendit à fon exemple
Rugir en leurs patois Meffieurs les Courtifans.
Je definis la cour un païs où les gens
Triftes, gais, prefts à tout, à tout indifferens,
Sont ce qu'il plaift au Prince, ou s'ils ne peuvent l'eftre,
Tafchent au moins de le parêtre,

 Peuple caméleon, peuple finge du maître ;
On diroit qu'un efprit anime mille corps ;
C'eft bien là que les gens font de fimples refforts.
Pour revenir à noftre affaire
Le Cerf ne pleura point, comment euft-il pû faire ?
Cette mort le vengeoit ; la Reine avoit jadis
Étranglé fa femme & fon fils.
Bref il ne pleura point. Un flatteur l'alla dire,
Et foûtint qu'il l'avoit veu rire.
La colere du Roy, comme dit Salomon,
Eft terrible, & fur tout celle du Roy Lion :
Mais ce Cerf n'avoit pas accouftumé de lire.

 Le Monarque luy dit, Chetif hofte des bois
Tu ris, tu ne fuis pas ces gemiffantes voix.
Nous n'appliquerons point fur tes membres profanes
Nos facrez ongles ; venez Loups,
Vengez la Reine, immolez tous
Ce traiftre à fes auguftes manes.
Le Cerf reprit alors : Sire, le temps de pleurs
Eft paffé ; la douleur eft icy fuperfluë.
Voftre digne moitié couchée entre des fleurs,
Tout prés d'icy m'eft apparuë ;
Et je l'ay d'abord reconnuë.
Amy, m'a-t-elle dit, garde que ce convoy,

 Quand je vais chez les Dieux, ne t'oblige à des larmes.
Aux champs Élifiens j'ay goûté mille charmes,
Converfant avec ceux qui font faints comme moy.
Laiffe agir quelque-temps le defefpoir du Roy.
J'y prends plaifir. À peine on eut oüi la chofe,
Qu'on fe mit à crier, Miracle, apotheofe.
Le Cerf eut un prefent, bien loin d'eftre puny.

Amufez les Rois par des fonges,
Flatez-les, payez-les d'agreables menfonges,

    Quelque indignation dont leur cœur foit remply,
Ils goberont l'appaft, vous ferez leur amy.

XV.
Le Rat & l'Éléphant.

SE croire un perfonnage, eft fort commun en France.
On y fait l'homme d'importance,

    Et l'on n'eft fouvent qu'un Bourgeois :
C'eft proprement le mal François.
La fotte vanité nous eft particuliere.
Les Efpagnols font vains, mais d'une autre maniere.
Leur orgueil me femble en un mot
Beaucoup plus fou, mais pas fi fot.
Donnons quelque image du noftre
Qui fans doute en vaut bien un autre.
Un Rat des plus petits voyoit un Éléphant
Des plus gros, & railloit le marcher un peu lent
De la befte de haut parage,
Qui marchoit à gros équipage.
Sur l'animal à triple étage
Une Sultane de renom,
Son Chien, fon Chat, & fa Guenon,

    Son Perroquet, fa vieille, & toute fa maifon,
S'en alloit en pelerinage.
Le Rat s'eftonnoit que les gens
Fuffent touchez de voir cette pefante maffe :
Comme fi d'occuper ou plus ou moins de place,
Nous rendoit, difoit-il, plus ou moins importans.
Mais qu'admirez-vous tant en luy vous autres hommes ?
Seroit-ce ce grand corps, qui fait peur aux enfans ?
Nous ne nous prifons pas, tout petits que nous fommes,
D'un grain moins que les Éléphans.
Il en auroit dit davantage ;
Mais le Chat fortant de fa cage,

    Luy fit voir en moins d'un inftant
Qu'un Rat n'eft pas un Éléphant.

XVI.
L'Horoscope.

ON rencontre fa deftinée
Souvent par des chemins qu'on prend pour l'éviter.
Un pere eut pour toute lignée

    Un fils qu'il aima trop, jufques à confulter
Sur le fort de fa geniture,
Les difeurs de bonne aventure.
Un de ces gens luy dit, que des Lions fur tout
Il éloignaft l'enfant jufques à certain âge ;
Jufqu'à vingt ans, point davantage.
Le pere pour venir à bout
D'une précaution fur qui rouloit la vie
De celuy qu'il aimoit, défendit que jamais
On luy laiffaft paffer le feüil de fon Palais.
Il pouvoit fans fortir contenter fon envie,
Avec fes compagnons tout le jour badiner,
Sauter, courir, fe promener.
Quand il fut en l'âge où la chaffe
Plaift le plus aux jeunes efprits,
Cet exercice avec mépris

    Luy fut dépeint : mais quoy qu'on faffe,
Propos, confeil, enfeignement,
Rien ne change un temperament.
Le jeune homme inquiet, ardent, plein de courage,
À peine fe fentit des boüillons d'un tel âge,
Qu'il foûpira pour ce plaifir.
Plus l'obftacle eftoit grand, plus fort fut le defir.
Il fçavoit le fujet des fatales défenfes ;
Et comme ce logis plein de magnificences,
Abondoit par tout en tableaux,
Et que la laine & les pinceaux
Traçoient de tous coftez chaffes & païfages,
En cet endroit des animaux,
En cet autre des perfonnages,

    Le jeune homme s'émeut voyant peint un Lion.
Ah ! monftre, cria-t-il, c'eft toy qui me fais vivre
Dans l'ombre & dans les fers. À ces mots il fe livre
Aux tranfports violens de l'indignation,
Porte le poing fur l'innocente befte.

Sous la tapisserie un clou se rencontra.
Ce clou le blesse ; il penetra
Jusqu'aux ressorts de l'ame ; & cette chere teste
Pour qui l'art d'Esculape en vain fit ce qu'il put,
Deut sa perte à ces soins qu'on prit pour son salut.
Mesme precaution nuisit au Poëte Æschile.
Quelque Devin le menaça, dit-on,
De la cheute d'une maison.
Aussi-tost il quita la ville,

 Mit son lit en plein champ, loin des toits, sous les Cieux.
Un Aigle qui portoit en l'air une Tortuë,
Passa par là, vid l'homme, & sur sa teste nuë,
Qui parut un morceau de rocher à ses yeux,
Estant de cheveux dépourveuë,
Laissa tomber sa proye, afin de la casser :
Le pauvre Æschile ainsi sceut ses jours avancer.
De ces exemples il resulte,
Que cet art, s'il est vray, fait tomber dans les maux,
Que craint celuy qui le consulte ;
Mais je l'en justifie, & maintiens qu'il est faux.
Je ne crois point que la nature
Se soit lié les mains, & nous les lie encor,
Jusqu'au point de marquer dans les Cieux nostre sort.

 Il dépend d'une conjoncture
De lieux, de personnes, de temps ;
Non des conjonctions de tous ces charlatans.
Ce Berger & ce Roy sont sous mesme Planete ;
L'un d'eux porte le sceptre & l'autre la houlete :
Jupiter le vouloit ainsi.
Qu'est-ce que Jupiter ? un corps sans connoissance.
D'où vient donc que son influence
Agit differemment sur ces deux hommes-cy ?
Puis comment penetrer jusques à nostre monde ?
Comment percer des airs la campagne profonde ?
Percer Mars, le Soleil, & des vuides sans fin ?

 Un atome la peut détourner en chemin :
Où l'iront retrouver les faiseurs d'Horoscope ?
L'état où nous voyons l'Europe,
Merite que du moins quelqu'un d'eux l'ait préveu ;
Que ne l'a-t-il donc dit ? Mais nul d'eux ne l'a sceu.
L'immense éloignement, le poinct, & sa vîtesse,

Celle aussi de nos passions,
Permettent-ils à leur foiblesse
De suivre pas à pas toutes nos actions ?
Nostre sort en dépend : sa course entresuivie,
Ne va non plus que nous jamais d'un mesme pas ;
Et ces gens veulent au compas,
Tracer les cours de nostre vie !
Il ne se faut point arrester

  Aux deux faits ambigus que je viens de conter.
Ce fils par trop chery, ny le bon homme Æschile
N'y font rien. Tout aveugle & menteur qu'est cet art,
Il peut frapper au but une fois entre mille ;
Ce sont des effets du hazard.

XVII.
L'ANE ET LE CHIEN.

IL se faut entr'ayder, c'est la loy de nature :
L'Asne un jour pourtant s'en moqua :
Et ne sçais comme il y manqua ;

  Car il est bonne creature.
Il alloit par pays accompagné du Chien,
Gravement, sans songer à rien,
Tous deux suivis d'un commun maître.
Ce maistre s'endormit : l'Asne se mit à paître :
Il estoit alors dans un pré,
Dont l'herbe estoit fort à son gré.
Point de chardons pourtant ; il s'en passa pour l'heure :
Il ne faut pas toûjours estre si délicat ;
Et faute de servir ce plat
Rarement un festin demeure.
Nostre Baudet s'en sceut enfin
Passer pour cette fois. Le Chien mourant de faim
Luy dit : Cher compagnon, baisse-toy, je te prie ;
Je prendray mon disné dans le panier au pain.

  Point de réponse, mot ; le Roussin d'Arcadie
Craignit qu'en perdant un moment,
Il ne perdist un coup de dent.
Il fit long-temps la sourde oreille :
Enfin il répondit : Amy, je te conseille
D'attendre que ton maistre ait fini son sommeil ;

Car il te donnera sans faute à son réveil
Ta portion accoûtumée.
Il ne sçauroit tarder beaucoup.
Sur ces entrefaites un Loup
Sort du bois, & s'en vient ; autre beste affamée.
L'Asne appelle aussi-tost le Chien à son secours.
Le Chien ne bouge, & dit : amy, je te conseille
De fuir en attendant que ton maistre s'éveille ;

    Il ne sçauroit tarder ; détale viste, & cours.
Que si ce Loup t'atteint, casse-luy la machoire.
On t'a ferré de neuf ; & si tu me veux croire,
Tu l'étendras tout plat. Pendant ce beau discours
Seigneur Loup étrangla le Baudet sans remede.
Je conclus qu'il faut qu'on s'entrayde.

XVIII.
LE BASSA & LE MARCHAND.

UN Marchand Grec en certaine contrée
Faisoit trafic. Un Bassa l'appuyoit ;
Dequoy le Grec en Bassa le payoit,

    Non en Marchand ; tant c'est chere denrée
Qu'un protecteur. Celuy-cy coûtoit tant,
Que nostre Grec s'alloit partout plaignant.
Trois autres Turcs d'un rang moindre en puissance
Luy vont offrir leur support en commun.
Eux trois vouloient moins de reconnoissance
Qu'à ce Marchand il n'en coutoit pour un.
Le Grec écoute : avec eux il s'engage ;
Et le Bassa du tout est averty :
Mesme on luy dit qu'il joûra s'il est sage,
À ces gens-là quelque méchant party,
Les prévenant, les chargeant d'un message
Pour Mahomet, droit en son paradis,
Et sans tarder : Sinon ces gens unis
Le préviendront, bien certains qu'à la ronde,

    Il a des gens tout prests pour le venger.
Quelque poison l'envoyra proteger,
Les trafiquans qui sont en l'autre monde.

Sur cet avis le Turc ſe comporta
Comme Alexandre ; & plein de confiance
Chez le Marchand tout droit il s'en alla ;
Se mit à table : on vid tant d'aſſurance
En ſes diſcours & dans tout ſon maintien,
Qu'on ne crut point qu'il ſe doutaſt de rien.
Amy, dit-il, je ſçais que tu me quites :
Meſme l'on veut que j'en craigne les ſuites ;
Mais je te crois un trop homme de bien :
Tu n'as point l'air d'un donneur de breuvage.
Je n'en dis pas là deſſus davantage.
Quant à ces gens qui penſent t'appuyer,
Écoute-moy. Sans tant de Dialogue,
Et de raiſons qui pourroient t'ennuyer,

  Je ne te veux conter qu'un Apologue.

Il eſtoit un Berger, ſon Chien, & ſon troupeau.
Quelqu'un luy demanda ce qu'il prétendoit faire
D'un Dogue de qui l'ordinaire
Eſtoit un pain entier. Il faloit bien & beau
Donner cet animal au Seigneur du village.
Luy Berger pour plus de ménage
Auroit deux ou trois maſtineaux,
Qui luy dépenſant moins veilleroient aux troupeaux,
Bien mieux que cette beſte ſeule.
Il mangeoit plus que trois : mais on ne diſoit pas
Qu'il avoit auſſi triple gueule
Quand les Loups livroient des combats.

  Le Berger s'en défait : Il prend trois chiens de taille
A luy dépenſer moins, mais à fuir la bataille.
Le troupeau s'en ſentit, & tu te ſentiras
Du choix de ſemblable canaille.
Si tu fais bien, tu reviendras à moy.
Le Grec le crut. Cecy montre aux Provinces
Que tout compté mieux vaut en bonne foy
S'abandonner à quelque puiſſant Roy,
Que s'appuyer de pluſieurs petits Princes.

XIX
L'AVANTAGE DE LA SCIENCE.

ENtre deux Bourgeois d'une Ville
S'émeut jadis un differend.
L'un eſtoit pauvre, mais habile ;
L'autre riche, mais ignorant.

    Celuy-cy ſur ſon concurrent
Vouloit emporter l'avantage :
Prétendoit que tout homme ſage
Eſtoit tenu de l'honorer.
C'eſtoit tout homme ſot ; car pourquoy reverer
Des biens dépourveus de merite ?
La raiſon m'en ſemble petite.
Mon amy, diſoit-il ſouvent
Au ſçavant,
Vous vous croyez conſiderable ;
Mais dites-moy, tenez-vous table ?
Que ſert à vos pareils de lire inceſſamment ?
Ils ſont toûjours logez à la troiſiéme chambre,
Veſtus au mois de Juin comme au mois de Decembre,
Ayant pour tout Laquais leur ombre ſeulement.
La Republique a bien affaire

    De gens qui ne dépenſent rien :
Je ne ſçais d'homme neceſſaire
Que celuy dont le luxe épand beaucoup de bien.
Nous en uſons, Dieu ſçait : notre plaiſir occupe
L'Artiſan, le vendeur, celuy qui fait la jupe,
Et celle qui la porte, & vous qui dédiez
À Meſſieurs les gens de Finance
De méchants livres bien payez.
Ces mots remplis d'impertinence
Eurent le ſort qu'ils méritoient.
L'homme lettré ſe teut, il avoit trop à dire.
La guerre le vengea, bien mieux qu'une ſatyre.
Mars détruiſit le lieu que nos gens habitoient.
L'un & l'autre quitta ſa Ville.
L'ignorant reſta ſans azile ;

    Il receut par tout des mépris :
L'autre receut par tout quelque faveur nouvelle.

Cela décida leur querelle.
Laiffez dire les fots ; le fçavoir a fon prix.

XX.
JUPITER ET LES TONNERRES.

JUpiter voyant nos fautes,
Dit un jour du haut des airs :
Rempliffons de nouveaux hoftes
Les cantons de l'Univers

  Habitez par cette race
Qui m'importune & me laffe.
Va-t'en, Mercure, aux Enfers :
Ameine-moi la furie
La plus cruelle des trois.
Race que j'ay trop cherie,
Tu periras cette fois.
Jupiter ne tarda guere
À moderer fon tranfport.
Ô vous Rois qu'il voulut faire
Arbitres de noftre fort,
Laiffez entre la colere
Et l'orage qui la fuit
L'intervalle d'une nuit.
Le Dieu dont l'aifle eft legere,
Et la langue a des douceurs,
Alla voir les noires Sœurs.
À Tifyphone & Mégere
Il préfera, ce dit-on,

  L'impitoyable Alecton.
Ce choix la rendit fi fiere,
Qu'elle jura par Pluton
Que toute l'engeance humaine
Seroit bien-toft du domaine
Des Deïtez de la bas.
Jupiter n'approuva pas
Le ferment de l'Eumenide.
Il la renvoye, & pourtant
Il lance un foudre à l'inftant
Sur certain peuple perfide.
Le tonnerre ayant pour guide
Le pere mefme de ceux

Qu'il menaçoit de ſes feux,
Se contenta de leur crainte ;
Il n'embraza que l'enceinte
D'un deſert inhabité.
Tout pere frape à coſté.
Qu'arriva-t-il ? noſtre engeance
Prit pied ſur cette indulgence.

  Tout l'Olympe s'en plaignit :
Et l'aſſembleur de nuages
Jura le Stix, & promit
De former d'autres orages ;
Ils feroient ſeurs. On ſoûrit :
On luy dit qu'il eſtoit pere,
Et qu'il laiſſaſt pour le mieux
À quelqu'un des autres Dieux
D'autres tonnerres à faire.
Vulcan entreprit l'affaire.
Ce Dieu remplit ſes fourneaux
De deux ſortes de carreaux.
L'un jamais ne ſe fourvoye,
Et c'eſt celuy que toûjours
L'Olympe en corps nous envoye.
L'autre s'écarte en ſon cours ;
Ce n'eſt qu'aux monts qu'il en coute :
Bien ſouvent meſme il ſe perd,
Et ce dernier en ſa route
Nous vient du ſeul Jupiter.

XXI.
LE FAUCON & LE CHAPON.

UNe traitreſſe voix bien ſouvent vous appelle ;
Ne vous preſſez donc nullement :
Ce n'eſtoit pas un ſot, non, non, & croyez-m'en
  Que le Chien de Jean de Nivelle.
Un citoyen du Mans Chapon de ſon métier
Eſtoit ſommé de comparaiſtre
Pardevant les lares du maiſtre,
Au pied d'un tribunal que nous nommons foyer.
Tous les gens luy crioient pour déguiſer la choſe,
Petit, petit, petit : mais loin de s'y fier,
Le Normand & demi laiſſoit les gens crier :

Serviteur, difoit-il, votre appaft eft groffier ;
On ne m'y tient pas ; & pour caufe.
Cependant un Faucon fur fa perche voyoit
Notre Manceau qui s'enfuyoit.
Les Chapons ont en nous fort peu de confiance,
Soit inftinct, foit experience.
Celuy-cy qui ne fut qu'avec peine attrapé,

   Devoit le lendemain eftre d'un grand foupé,
Fort à l'aife, en un plat, honneur dont la volaille
Se feroit paffée aifément.
L'Oifeau chaffeur luy dit : Ton peu d'entendement
Me rend tout eftonné. Vous n'eftes que racaille,
Gens groffiers, fans efprit, à qui l'on n'apprend rien.
Pour moy, je fçais chaffer, & revenir au maiftre.
Le vois-tu pas à la feneftre ?
Il t'attend, es-tu fourd ? Je n'entends que trop bien,
Repartit le Chapon : Mais que me veut-il dire,
Et ce beau Cuifinier armé d'un grand couteau ?

   Reviendrois-tu pour cet appeau :
Laiffe-moy fuir, ceffe de rire
De l'indocilité qui me fait envoler,
Lors que d'un ton fi doux on s'en vient m'appeller.
Si tu voyois mettre à la broche
Tous les jours autant de Faucons
Que j'y vois mettre de Chapons,
Tu ne me ferois pas un femblable reproche.

XXII.
Le Chat & le Rat.

QUatre animaux divers, le Chat grippe-fromage,
Trifte-oifeau le Hibou, Rongemaille le Rat,
Dame Belette au long corfage,

   Toutes gens d'efprit fcelerat,
Hantoient le tronc pourry d'un pin vieux & fauvage.
Tant y furent qu'un foir à l'entour de ce pin
L'homme tendit fes rets. Le Chat de grand matin
Sort pour aller chercher fa proye.
Les derniers traits de l'ombre empefchent qu'il ne voye
Le filet ; il y tombe, en danger de mourir :

Et mon Chat de crier, & le Rat d'accourir,
L'un plein de defefpoir, & l'autre plein de joye.
Il voyoit dans les las fon mortel ennemy.
Le pauvre Chat dit : Cher amy,
Les marques de ta bienveillance
Sont communes en mon endroit :
Vien m'aider à fortir du piege ou l'ignorance

  M'a fait tomber : C'eft à bon droit
Que feul entre les tiens par amour finguliere
Je t'ay toujours choyé, t'aimant comme mes yeux.
Je n'en ay point regret, & j'en rends grace aux Dieux.
J'allois leur faire ma priere ;
Comme tout devot Chat en ufe les matins.
Ce rezeau me retient ; ma vie eft en tes mains :
Viens diffoudre ces nœuds. Et quelle recompenfe
En auray-je ? reprit le Rat.
Je jure eternelle alliance
Avec toy, repartit le Chat.
Difpofe de ma griffe, & fois en affurance :
Envers & contre tous je te protegeray,
Et la Belette mangeray
Avec l'époux de la Chouëtte.

  Ils t'en veulent tous deux. Le Rat dit : Idiot !
Moy ton liberateur ? je ne fuis pas fi fot.
Puis il s'en va vers fa retraite.
La Belette eftoit prés du trou.
Le Rat grimpe plus haut ; il y void le Hibou :
Dangers de toutes parts ; le plus preffant l'emporte.
Ronge-maille retourne au Chat, & fait en forte
Qu'il détache un chaifnon, puis un autre, & puis tant
Qu'il dégage enfin l'hypocrite.
L'homme paroift en cet inftant.
Les nouveaux alliez prennent tous deux la fuite.
À quelque-temps delà, noftre Chat vid de loin

  Son Rat qui fe tenoit à l'erte & fur fes gardes.
Ah ! mon frere, dit-il, vien m'embraffer ; ton foin
Me fait injure ; Tu regardes
Comme ennemy ton allié.
Penfes-tu que j'aye oublié
Qu'apres Dieu je te dois la vie ?
Et moy, reprit le Rat, penfes-tu que j'oublie

Ton naturel ? aucun traité
Peut-il forcer un Chat à la reconnoiſſance ?
S'aſſure-t-on ſur l'alliance
Qu'a faite la neceſſité ?

XXIII.
Le Torrent & la Riviere.

AVec grand bruit & grand fracas
Un Torrent tomboit des montagnes :
Tout fuyoit devant luy ; l'horreur ſuivoit ſes pas ;
Il faiſoit trembler les campagnes.
Nul voyageur n'oſoit paſſer

    Une barriere ſi puiſſante :
Un ſeul vid des voleurs, & ſe ſentant preſſer,
Il mit entre eux & luy cette onde menaçante.
Ce n'eſtoit que menace, & bruit, ſans profondeur ;
Noſtre homme enfin n'eut que la peur.
Ce ſuccés luy donnant courage,
Et les meſmes voleurs le pourſuivant toûjours,
Il rencontra ſur ſon paſſage
Une Riviere dont le cours
Image d'un ſommeil doux, paiſible & tranquille
Luy fit croire d'abord ce trajet fort facile.
Point de bords eſcarpez, un ſable pur & net.
Il entre, & ſon cheval le met
À couvert des voleurs, mais non de l'onde noire :

    Tous deux au Styx allerent boire ;
Tous deux, à nâger malheureux
Allerent traverſer au ſejour tenebreux,
Bien d'autres fleuves que les nôtres.
Les gens ſans bruit ſont dangereux ;
Il n'en eſt pas ainſi des autres.

XXIV.
L'Éducation.

LAridon & Ceſar, freres dont l'origine
Venoit de chiens fameux, beaux, bienfaits & hardis,
À deux maiſtres divers échûs au temps jadis,

Hantoient, l'un les forefts, & l'autre la cuifine.
Ils avoient eu d'abord chacun un autre nom :
Mais la diverfe nourriture
Fortifiant en l'un cette heureufe nature,
En l'autre l'alterant, un certain marmiton
Nomma celuy-cy Laridon :
Son frere ayant couru mainte haute avanture,
Mis maint Cerf aux abois, maint Sanglier abatu,
Fut le premier Cefar que la gent chienne ait eu.
On eut foin d'empefcher qu'une indigne maiftreffe
Ne fift en fes enfans dégenerer fon fang :
Laridon negligé témoignoit fa tendreffe
À l'objet le premier paffant.
Il peupla tout de fon engeance :

Tourne-broches par luy rendus communs en France
Y font un corps à part, gens fuyans les hazards,
Peuple antipode des Cefars.
On ne fuit pas toujours fes ayeux ny fon pere :
Le peu de foin, le temps, tout fait qu'on dégenere :
Faute de cultiver la nature & fes dons,
Ô combien de Cefars deviendront Laridons !

XXV.
Les deux Chiens & l'Aſne mort.

LEs vertus devroient eftre fœurs,
Ainfi que les vices font freres :
Dés que l'un de ceux-cy s'empare de nos cœurs,

Tous viennent à la file, il ne s'en manque gueres ;
J'entends de ceux qui n'eftant pas contraires
Peuvent loger fous mefme toit.
À l'égard des vertus, rarement on les void
Toutes en un fujet eminemment placées
Se tenir par la main fans eftre difperfées.
L'un eft vaillant, mais prompt ; l'autre eft prudent, mais froid.
Parmy les animaux le Chien fe pique d'être
Soigneux & fidele à fon maiftre ;
Mais il eft fot, il eft gourmand :
Témoin ces deux mâtins qui dans l'éloignement

Virent un Aſne mort qui flotoit ſur les ondes.
Le vent de plus en plus l'éloignoit de nos Chiens.

 Amy, dit l'un, tes yeux ſont meilleurs que les miens.
Porte un peu tes regards ſur ces plaines profondes.
J'y crois voir quelque choſe : Eſt-ce un Bœuf, un Cheval ?
Hé qu'importe quel animal ?
Dit l'un de ces maſtins ; voila toujours curée.
Le point eſt de l'avoir ; car le trajet eſt grand ;
Et de plus il nous faut nager contre le vent.
Beuvons toute cette eau ; notre gorge alterée
En viendra bien à bout : ce corps demeurera
Bien-toſt à ſec, & ce ſera
Proviſion pour la ſemaine.

 Voila mes Chiens à boire ; ils perdirent l'haleine,
Et puis la vie ; ils firent tant
Qu'on les vid crever à l'inſtant.
L'homme eſt ainſi baſti : Quand un ſujet l'enflâme
L'impoſſibilité diſparoiſt à ſon ame.
Combien fait-il de vœux, combien perd-il de pas ?
S'outrant pour acquerir des biens ou de la gloire ?
Si j'arrondiſſois mes eſtats !
Si je pouvois remplir mes coffres de ducats !
Si j'apprenois l'hebreu, les ſciences, l'hiſtoire !
Tout cela, c'eſt la mer à boire ;
Mais rien à l'homme ne ſuffit :
Pour fournir aux projets que forme un ſeul eſprit

 Il faudroit quatre corps ; encor loin d'y ſuffire
À my chemin je crois que tous demeureroient :
Quatre Mathuſalems bout à bout ne pourroient
Mettre à fin ce qu'un ſeul deſire.

XXVI.
DEMOCRITE & LES ABDERITAINS.

QUe j'ay toujours hay les penſers du vulgaire !
Qu'il me ſemble profane, injuſte, & temeraire ;
Mettant de faux milieux entre la choſe & luy,

 Et meſurant par ſoy ce qu'il void en autruy !
Le maiſtre d'Épicure en fit l'apprentiſſage.
Son pays le crut fou : Petits eſprits ! mais quoy ?

Aucun n'eſt prophete chez ſoy.
Ces gens eſtoient les fous, Democrite le ſage.
L'erreur alla ſi loin, qu'Abdere deputa
Vers Hipocrate, & l'invita,
Par lettres & par ambaſſade,
À venir reſtablir la raiſon du malade.
Noſtre concitoyen, diſoient-ils en pleurant,
Perd l'eſprit : la lecture a gaſté Democrite.
Nous l'eſtimerions plus s'il eſtoit ignorant.
Aucun nombre, dit-il, les mondes ne limite :
Peut-eſtre meſme ils ſont remplis
De Democrites infinis.

     Non content de ce ſonge il y joint les atômes,
Enfans d'un cerveau creux, inviſibles fantômes ;
Et meſurant les Cieux ſans bouger d'icy bas
Il connoiſt l'Univers & ne ſe connoiſt pas.
Un temps fut qu'il ſçavoit accorder les debats ;
Maintenant il parle à luy-meſme.
Venez divin mortel ; ſa folie eſt extrême.
Hipocrate n'eut pas trop de foy pour ces gens :
Cependant il partit : Et voyez, je vous prie,
Quelles rencontres dans la vie
Le ſort cauſe ; Hipocrate arriva dans le temps
Que celuy qu'on diſoit n'avoir raiſon ny ſens
Cherchoit dans l'homme & dans la beſte

     Quel ſiege a la raiſon, ſoit le cœur, ſoit la teſte.
Sous un ombrage épais, aſſis prés d'un ruiſſeau,
Les labirintes d'un cerveau
L'occupoient. Il avoit à ſes pieds maint volume,
Et ne vid preſque pas ſon amy s'avancer,
Attaché ſelon ſa coûtume.
Leur compliment fut court, ainſi qu'on peut penſer.
Le ſage eſt ménager du temps & des paroles.
Ayant donc mis à part les entretiens frivoles,
Et beaucoup raiſonné ſur l'homme & ſur l'eſprit,
Ils tomberent ſur la morale.
Il n'eſt pas beſoin que j'étale
Tout ce que l'un & l'autre dit.

     Le recit precedent ſuffit
Pour montrer que le peuple eſt juge recuſable.
En quel ſens eſt donc veritable

Ce que j'ay leu dans certain lieu,
Que sa voix est la voix de Dieu ?

XXVII.
Le Loup & le Chasseur.

FUreur d'accumuler, monstre de qui les yeux
Regardent comme un poinct tous les bienfaits des Dieux,
Te combatray-je en vain sans cesse en cet ouvrage ?

    Quel temps demandes-tu pour suivre mes leçons ?
L'homme sourd à ma voix, comme à celle du sage,
Ne dira-t-il jamais, C'est assez, joüissons ?
Haste-toy, mon amy ; Tu n'as pas tant à vivre.
Je te rebats ce mot ; car il vaut tout un livre.
Joüis : Je le feray. Mais quand donc ? dés demain.
Eh mon amy, la mort te peut prendre en chemin.
Joüis dés aujourd'huy : redoute un sort semblable
À celuy du Chasseur & du Loup de ma fable.
Le premier de son arc avoit mis bas un Daim.
Un Fan de Biche passe, & le voila soudain

    Compagnon du défunt ; Tous deux gisent sur l'herbe.
La proye estoit honneste ; un Dain avec un Fan,
Tout modeste Chasseur en eust esté content :
Cependant un Sanglier, monstre enorme & superbe,
Tente encor nostre archer friand de tels morceaux.
Autre habitant du Styx : la Parque & ses ciseaux
Avec peine y mordoient ; la Déesse infernale
Reprit à plusieurs fois l'heure au monstre fatale.
De la force du coup pourtant il s'abattit.
C'estoit assez de biens ; mais quoy, rien ne remplit

    Les vastes appetits d'un faiseur de conquestes.
Dans le temps que le Porc revient à soy, l'archer
Voit le lõg d'un sillon une perdrix marcher,
Surcroist chetif aux autres testes.
De son arc toutesfois il bande les ressorts.
Le sanglier rappellant les restes de sa vie,
Vient à luy, le découst, meurt vangé sur son corps :
Et la perdrix le remercie.
Cette part du recit s'adresse au convoiteux,
L'avare aura pour luy le reste de l'exemple.
Un Loup vid en passant ce spectacle piteux.

Ô fortune, dit-il, je te promets un temple.
Quatre corps étendus ! que de biens ! mais pourtant
Il faut les mesnager, ces rencontres sont rares.
(Ainsi s'excusent les avares,)

     J'en auray, dit le Loup, pour un mois, pour autant.
Un, deux, trois, quatre corps, ce sont quatre sepmaines,
Si je sçais compter, toutes pleines.
Commençons dans deux jours ; & mangeons cependant
La corde de cet arc ; il faut que l'õ l'ait faite
De vray boyau ; l'odeur me le témoigne assez.
En disant ces mots il se jette
Sur l'arc qui se détend, & fait de la sagette
Un nouveau mort, mon Loup a les boyaux percez.
Je reviens à mon texte : il faut que l'on joüisse ;
Témoin ces deux gloutons punis d'un sort commun ;
La convoitise perdit l'un ;
L'autre périt par l'avarice.

Livre IX

Le Dépositaire infidele.

Grace aux Filles de memoire,
J'ay chanté des animaux :
Peut-estre d'autres Heros
M'auroient acquis moins de gloire.

    Le Loup en langue des Dieux
Parle au Chien dans mes ouvrages.
Les Bestes à qui mieux mieux
Y font divers personnages ;
Les uns fous, les autres sages ;
De telle sorte pourtant
Que les fous vont l'emportant ;
La mesure en est plus pleine.
Je mets aussi sur la Scene
Des Trompeurs, des Scelerats,
Des Tyrans, & des Ingrats,
Mainte imprudente pecore,
Force Sots, force Flateurs ;

Je pourrois y joindre encore
Des legions de menteurs.
Tout homme ment, dit le Sage.
S'il n'y mettoit feulement
Que les gens du bas eftage,
On pourroit aucunement
Souffrir ce défaut aux hommes ;

  Mais que tous tant que nous fommes
Nous mentions, grand & petit,
Si quelque autre l'avoit dit,
Je foûtiendrois le contraire.
Et mefme qui mentiroit
Comme Éfope, & comme Homere,
Un vray menteur ne feroit.
Le doux charme de maint fonge
Par leur bel art inventé,
Sous les habits du menfonge
Nous offre la verité.
L'un & l'autre a fait un livre
Que je tiens digne de vivre
Sans fin, & plus s'il fe peut :
Comme eux ne ment pas qui veut.
Mais mentir comme fceut faire
Un certain Dépofitaire
Payé par fon propre mot,
Eft d'un méchant, & d'un fot.
Voicy le fait. Un trafiquant de Perfe,

  Chez fon voifin, s'en allant en commerce,
Mit en dépoft un cent de fer un jour.
Mon fer, dit-il, quand il fut de retour.
Votre fer ? Il n'eft plus : J'ay regret de vous dire,
Qu'un Rat l'a mangé tout entier.
J'en ay grondé mes gens : mais qu'y faire ? un Grenier
A toûjours quelque trou. Le trafiquant admire
Un tel prodige, & feint de le croire pourtant.
Au bout de quelques jours il détourne l'enfant
Du perfide voifin ; puis à fouper convie
Le pere qui s'excufe, & luy dit en pleurant ;
Difpenfez-moy, je vous fupplie :
Tous plaifirs pour moy font perdus.

      J'aimois un fils plus que ma vie ;
Je n'ay que luy ; que dis-je ? helas ! je ne l'ay plus.
On me l'a dérobé. Plaignez mon infortune.
Le Marchand repartit : Hier au soir sur la brune
Un Chat-huant s'en vint voſtre fils enlever.
Vers un vieux baſtiment je le luy vis porter.
Le pere dit : Comment voulez-vous que je croye
Qu'un Hibou pût jamais emporter cette proye ?
Mon fils en un beſoin euſt pris le Chat-huant.
Je ne vous diray point, reprit l'autre, comment,
Mais enfin je l'ay veu, veu de mes yeux, vous dis-je,
Et ne vois rien qui vous oblige

      D'en douter un moment apres ce que je dis.
Faut-il que vous trouviez eſtrange
Que les Chat huans d'un pays
Où le quintal de fer par un ſeul Rat ſe mange,
Enlevent un garçon peſant un demy cent ?
L'autre vid où tẽdoit cette feinte aventure.
Il rendit le fer au Marchand,
Qui luy rendit ſa géniture.
Meſme diſpute avint entre deux voyageurs.
L'un d'eux eſtoit de ces conteurs
Qui n'ont jamais rien veu qu'avec un microſcope.
Tout eſt Geant chez eux : Écoutez-les, l'Europe
Comme l'Afrique aura des monſtres à foiſon.
Celuy-cy ſe croyoit l'hyperbole permiſe.
J'ay veu, dit-il, un chou plus grand qu'une maiſon.

      Et moy, dit l'autre, un pot auſſi grand qu'une Égliſe.
Le premier ſe mocquant, l'autre reprit : tout doux ;
On le fit pour cuire vos choux.
L'homme au pot fut plaiſant ; l'homme au fer fut habile.
Quand l'abſurde eſt outré, l'on luy fait trop d'honneur
De vouloir par raiſon combattre ſon erreur ;
Encherir eſt plus court, ſans s'échauffer la bile.

II.
Les deux Pigeons.

DEux Pigeons s'aimoient d'amour tendre :
L'un d'eux s'ennuyant au logis
Fut affez fou pour entreprendre
Un voyage en loingtain pays.

  L'autre luy dit : Qu'allez-vous faire ?
Voulez-vous quitter voftre frere ?
L'abfence eft le plus grand des maux :
Non pas pour vous, cruel : Au moins que les travaux,
Les dangers, les foins du voyage,
Changent un peu voftre courage.
Encor fi la faifon s'avançoit davantage !
Attendez les zephirs : Qui vous preffe ? Un Corbeau
Tout à l'heure annonçoit malheur à quelque oifeau.
Je ne fongeray plus que rencontre funefte,
Que Faucons, que rezeaux. Helas, diray-je, il pleut :
Mon frere a-t-il tout ce qu'il veut,
Bon foupé, bon gifte, & le refte ?
Ce difcours ébranla le cœur
De noftre imprudent voyageur :
Mais le defir de voir & l'humeur inquiete

  L'emporterent enfin. Il dit : Ne pleurez point :
Trois jours au plus rendront mon ame fatisfaite :
Je reviendray dans peu conter de poinct en poinct
Mes aventures à mon frere.
Je le defennuiray : quiconque ne void guere
N'a guere à dire auffi. Mon voyage dépeint
Vous fera d'un plaifir extrême.
Je diray : J'eftois-là ; telle chofe m'avint,
Vous y croirez eftre vous-mefme.
À ces mots en pleurant ils fe dirent adieu.
Le voyageur s'éloigne ; & voila qu'un nuage
L'oblige de chercher retraite en quelque lieu.
Un feul arbre s'offrit, tel encor que l'orage
Mal-traita le Pigeon en dépit du feüillage.

  L'air devenu ferein il part tout morfondu,
Seche du mieux qu'il peut fon corps chargé de pluye,
Dans un champ à l'écart void du bled répandu,
Voit un Pigeon aupres, cela luy donne envie :

Il y vole, il eſt pris : ce bled couvroit d'un las
Les menteurs & traiſtres appas.
Le las eſtoit uſé ; ſi bien que de ſon aiſle,
De ſes pieds, de ſon bec, l'oiſeau le rompt enfin :
Quelque plume y perit ; & le pis du deſtin
Fut qu'un certain Vautour à la ſerre cruelle
Vid noſtre malheureux qui traiſnant la fiſcelle,
Et les morceaux du las qui l'avoit attrapé
Sembloit un forçat échapé.

  Le Vautour s'en alloit le lier, quand des nuës
Fond à ſon tour un Aigle aux aiſles étenduës.
Le Pigeon profita du conflit des voleurs,
S'envola, s'abatit aupres d'une mazure,
Crut pour ce coup que ſes malheurs
Finiroient par cette aventure :
Mais un fripon d'enfant, cet âge eſt ſans pitié,
Prit ſa fronde, & du coup tua plus d'amoitié
La volatile malheureuſe,
Qui maudiſſant ſa curioſité,
Traiſnant l'aiſle, & tirant le pié,
Demi-morte, & demi-boiteuſe,
Droit au logis s'en retourna :
Que bien que mal elle arriva,
Sans autre aventure faſcheuſe.

  Voila nos gens rejoints ; & je laiſſe à juger
De combien de plaiſirs ils payerent leurs peines.
Amans, heureux amans, voulez-vous voyager ?
Que ce ſoit aux rives prochaines,
Soyez-vous l'un a l'autre un monde toûjours beau,
Toûjours divers, toûjours nouveau ;
Tenez-vous lieu de tout, comptez pour rien le reſte ;
J'ay quelquefois aimé ; je n'aurois pas alors,
Contre le Louvre & ſes treſors,
Contre le firmament & ſa voute celeſte,
Changé les bois, changé les lieux,
Honorez par les pas, éclairez par les yeux
De l'aimable & jeune bergere,
Pour qui ſous le fils de Cythere
Je ſervis engagé par mes premiers ſermens.

  Helas ! quand reviendront de ſemblables momens ?
Faut-il que tant d'objets ſi doux & ſi charmans

Me laiſſent vivre au gré de mon ame inquiete ?
Ah ſi mon cœur oſoit encor ſe renflâmer !
Ne ſentiray-je plus de charme qui m'arreſte ?
Ay-je paſſé le temps d'aimer ?

III.
LE SINGE & LE LEOPARD.

LE Singe avec le Leopard
Gagnoient de l'argent à la foire :
Ils affichoient chacun à part.
L'un d'eux diſoit : Meſſieurs, mon merite & ma gloire

    Sont connus en bon lieu ; le Roy m'a voulu voir ;
Et ſi je meurs il veut avoir
Un manchon de ma peau ; tant elle eſt bigarrée,
Pleine de taches, marquetée,
Et vergetée, & mouchetée.
La bigarrure plaiſt ; partant chacun le vid.
Mais ce fut bien-toſt fait, bien-toſt chacun ſortit.
Le Singe de ſa part diſoit : Venez de grace,
Venez Meſſieurs ; Je fais cent tours de paſſe-paſſe.
Cette diverſité dont on vous parle tant,
Mon voiſin Leopard l'a ſur ſoy ſeulement ;
Moy je l'ay dans l'eſprit : voſtre ſerviteur Gille,
Couſin & gendre de Bertrand,

    Singe du Pape en ſon vivant ;
Tout fraîchement en cette ville
Arrive en trois baſteaux exprés pour vous parler ;
Car il parle, on l'entend, il ſçait danſer, baler,
Faire des tours de toute ſorte,
Paſſer en des cerceaux ; & le tout pour ſix blancs :
Non Meſſieurs, pour un ſou ; ſi vous n'êtes contens,
Nous rendrons à chacun ſon argent à la porte.
Le Singe avoit raiſon ; ce n'eſt pas ſur l'habit
Que la diverſité me plaiſt, c'eſt dans l'eſprit :
L'une fournit toûjours des choſes agreables ;

    L'autre en moins d'un moment laſſe les regardans.
O que de grands Seigneurs au Leopard ſemblables,
Bigarrez en dehors, ne ſont rien en dedans !

IV.
Le Glan & la Citroüille.

Dieu fait bien ce qu'il fait. Sans en chercher la preuve
En tout cet Univers, & l'aller parcourant,
Dans les Citroüilles je la treuve.

  Un villageois confiderant,
Combien ce fruit eft gros, & fa tige menuë,
À quoy fongeoit, dit-il, l'Auteur de tout cela ?
Il a bien mal placé cette Citroüille-là :
Hé parbleu, je l'aurois penduë
À l'un des chênes que voilà.
C'euft efté juftement l'affaire ;
Tel fruit, tel arbre, pour bien faire.
C'eft dommage, Garo, que tu n'es point entré
Au confeil de celuy que prêche ton Curé ;
Tout en euft été mieux ; car pourquoy par exemple
Le Glan, qui n'eft pas gros comme mon petit doigt,
Ne pend-il pas en cet endroit ?
Dieu s'eft mépris : plus je contemple
Ces fruits ainfi placez, plus il femble à Garo

  Que l'on a fait un quiproquo.
Cette reflexion embarraffant nôtre homme ;
On ne dort point, dit-il, quand on a tant d'efprit.
Sous un chêne auffi-toft il va prendre fon fomme.
Un glan tombe ; le nez du dormeur en patit.
Il s'éveille ; & portant la main fur fon vifage,
Il trouve encor le Glan pris au poil du menton.
Son nez meurtri le force à changer de langage ;
Oh, oh, dit-il, je faigne ! & que feroit-ce donc
S'il fut tombé de l'arbre une maffe plus lourde,
Et que ce Glan euft efté gourde ?
Dieu ne l'a pas voulu : fans doute il eut raifon ;
J'en vois bien à prefent la caufe.

  En loüant Dieu de toute chofe
Garo retourne à la maifon.

V.
L'Écolier, le Pedant, & le Maistre d'un Jardin

Certain enfant qui fentoit fon College,
Doublement fot, & doublement fripon,

    Par le jeune âge, & par le privilege
Qu'ont les Pedants de gafter la raifon,
Chez un voifin dérobait, ce dit-on,
Et fleurs & fruits. Ce voifin en Automne
Des plus beaux dons que nous offre Pomone
Avoit la fleur, les autres le rebut.
Chaque faifon apportoit fon tribut :
Car au Printemps il joüiffoit encore
Des plus beaux dons que nous prefente Flore.
Un jour dans fon jardin il vid noftre Écolier,
Qui grimpant fans égard fur un arbre fruitier,
Gaftoit jufqu'aux boutons ; douce & frefle efperance,

    Avant-coureurs des biens que promet l'abondance.
Mefme il ébranchoit l'arbre, & fit tant à la fin
Que le poffeffeur du jardin
Envoya faire plainte au maiftre de la Claffe.
Celuy-cy vint fuivy d'un cortege d'enfans.
Voila le verger plein de gens
Pires que le premier. Le Pedant de fa grace,
Accrut le mal en amenant
Cette jeuneffe mal inftruite :
Le tout, à ce qu'il dit, pour faire un chaftiment
Qui pûft fervir d'exemple ; & dont toute fa fuite
Se fouvinft à jamais comme d'une leçon.
Là-deffus il cita Virgile & Ciceron,
Avec force traits de fcience.
Son difcours dura tant que la maudite engeance

    Eut le temps de gâter en cent lieux le jardin.
Je hais les pieces d'eloquence
Hors de leur place, & qui n'ont point de fin ;
Et ne fçais befte au monde pire
Que l'Ecolier, fi ce n'eft le Pedant.
Le meilleur de ces deux pour voifin, à vray dire,
Ne me plairoit aucunement.

VI.
Le Statuaire & la Statuë de Jupiter.

Un bloc de marbre eſtoit ſi beau
Qu'un Statuaire en fit l'emplette.
  Qu'en fera, dit-il, mon cizeau ?
Sera-t'il Dieu, table, ou cuvette ?

Il fera Dieu : meſme je veux
Qu'il ait en ſa main un tonnerre.
Tremblez humains ; Faites des vœux ;
Voila le maiſtre de la terre.

L'artiſan exprima ſi bien
Le caractere de l'Idole,
Qu'on trouva qu'il ne manquoit rien
À Jupiter que la parole.

Meſme l'on dit que l'ouvrier
Eut à peine achevé l'image,
Qu'on le vid frémir le premier,
Et redouter ſon propre ouvrage.

À la foibleſſe du Sculpteur
Le Poëte autrefois n'en dut guere,
  Des Dieux dont il fut l'inventeur
Craignant la haine & la colere.

Il eſtoit enfant en cecy :
Les enfans n'ont l'ame occupée
Que du continuel ſoucy
Qu'on ne fâche point leur poupée.

Le cœur ſuit aiſément l'eſprit :
De cette ſource eſt deſcenduë
L'erreur payenne qui ſe vid
Chez tant de peuples répanduë.

Ils embraſſoient violemment
Les intereſts de leur chimere.

Pigmalion devint amant
De la Venus dont il fut pere.

Chacun tourne en realitez
Autant qu'il peut ſes propres ſonges :

    L'homme eſt de glace aux veritez,
Il eſt de feu pour les menſonges.

VII.
La Souris metamorphoſée en fille.

Une Souris tomba du bec d'un Chat-huant :
Je ne l'euſſe pas ramaſſée ;
Mais un Bramin le fit ; je le crois aiſément ;
Chaque pays a ſa penſée.

    La Souris eſtoit fort froiſſée :
De cette ſorte de prochain
Nous nous ſoucions peu : mais le peuple Bramin
Le traite en frere ; ils ont en teſte
Que notre ame au ſortir d'un Roy
Entre dans un ciron, ou dans telle autre beſte
Qu'il plaiſt au ſort ; C'eſt là l'un des points de leur loy.
Pythagore chez eux a puiſé ce myſtere.
Sur un tel fondement le Bramin crut bien faire
De prier un Sorcier qu'il logeaſt la Souris
Dans un corps qu'elle euſt eu pour hoſte au temps jadis.
Le Sorcier en fit une fille
De l'âge de quinze ans, & telle, & ſi gentille,
Que le fils de Priam pour elle auroit tenté

    Plus encor qu'il ne fit pour la grecque beauté.
Le Bramin fut ſurpris de choſe ſi nouvelle.
Il dit à cet objet ſi doux :
Vous n'avez qu'à choiſir ; car chacun eſt jaloux
De l'honneur d'eſtre votre époux.
En ce cas je donne, dit-elle,
Ma voix au plus puiſſant de tous.
Soleil, s'écria lors le Bramin à genoux ;
C'eſt toy qui feras noſtre gendre.
Non, dit-il, ce nuage épais
Eſt plus puiſſant que moy, puis qu'il cache mes traits ;
Je vous conſeille de le prendre.

Et bien, dit le Bramin au nuage volant,
Es-tu né pour ma fille ? helas non ; car le vent

    Me chaſſe à ſon plaiſir de contrée en contrée ;
Je n'entreprendray point ſur les droits de Borée.
Le Bramin fâché s'écria :
Ô vent, donc, puis que vent y a,
Vien dans les bras de noſtre belle.
Il accouroit : un mont en chemin l'arreſta.
L'étœuf paſſant à celuy-là,
Il le renvoye, & dit : J'aurois une querelle
Avec le Rat, & l'offenſer
Ce ſeroit eſtre fou, luy qui peut me percer.
Au mot de Rat la Damoiſelle
Ouvrit l'oreille ; il fut l'époux :
Un Rat ! un Rat ; c'eſt de ces coups
Qu'amour fait, témoin telle & telle :
Mais cecy ſoit dit entre-nous.
On tient toûjours du lieu dont on vient : Cette Fable

    Prouve aſſez bien ce poinct : mais à la voir de prés,
Quelque peu de ſophiſme entre parmy ſes traits :
Car quel époux n'eſt point au Soleil préferable
En s'y prenant ainſi ? diray-je qu'un geant
Eſt moins fort qu'une puce ? Elle le mord pourtant.
Le Rat devoit auſſi renvoyer pour bien faire
La belle au chat, le chat au chien,
Le chien au Loup. Par le moyen
De cet argument circulaire
Pilpay juſqu'au Soleil euſt enfin remonté ;
Le Soleil euſt joüy de la jeune beauté.
Revenons s'il ſe peut à la metempſicoſe :
Le Sorcier du Bramin fit ſans doute une choſe

    Qui loin de la prouver fait voir ſa fauſſeté.
Je prends droit là deſſus contre le Bramin meſme ;
Car il faut ſelon ſon ſiſtême,
Que l'homme, la ſouris, le ver, enfin chacun
Aille puiſer ſon ame en un treſor commun :
Toutes ſont donc de meſme trempe ;
Mais agiſſant diverſement
Selon l'organe ſeulement
L'une s'éleve, & l'autre rempe.
D'où vient donc que ce corps ſi bien organiſé

Ne pût obliger fon hoftelle
De s'unir au Soleil, un Rat eut fa tendreffe ?
Tout débatu, tout bien pefé,
Les ames des Souris & les ames des belles
Sont tres-differentes entre elles,

  Il en faut revenir toujours à fon deftin,
C'eft à dire à la loy par le Ciel établie.
Parlez au diable, employez la magie,
Vous ne détournerez nul eftre de fa fin.

VIII.
Le Fou qui vend la Sageſſe.

Jamais auprés des fous ne te mets à portée.
Je ne te puis donner un plus fage confeil.
Il n'eft enfeignement pareil

  À celuy-là de fuir une tefte éventée.
On en void fouvent dans les cours.
Le Prince y prend plaifir ; car ils donnent toûjours
Quelque trait aux fripons, aux fots, aux ridicules.
Un fol alloit criant par tous les carrefours
Qu'il vendoit la Sageffe ; & les mortels credules
De courir à l'achapt, chacun fut diligent.
On effuyoit force grimaces ;
Puis on avoit pour fon argent
Avec un bon foufflet un fil long de deux braffes.
La pluspart s'en fâchoient ; mais que leur fervoit-il ?
C'eftoient les plus moquez ; le mieux eftoit de rire,
Ou de s'en aller, fans rien dire

  Avec fon foufflet & fon fil.
De chercher du fens à la chofe,
On fe fuft fait fifler ainfi qu'un ignorant.
La raifon eft-elle garant
De ce que fait un fou ? Le hazard eft la caufe
De tout ce qui fe paffe en un cerveau bleffé.
Du fil & du foufflet pourtant embarraffé
Un des dupes un jour alla trouver un fage,
Qui fans hefiter davantage
Luy dit ; Ce font icy jerogliphes tout purs.
Les gens bien confeillez, & qui voudront bien faire,

Entre eux & les gens fous mettront pour l'ordinaire
La longueur de ce fil ; sinon je les tiens surs

    De quelque semblable caresse.
Vous n'estes point trompé ; ce fou vend la sagesse.

IX.
L'Huitre, & les Plaideurs.

Un jour deux Pelerins sur le sable rencontrent
Une Huitre que le flot y venoit d'apporter :
Ils l'avalent des yeux, du doigt ils se la montrent ;

    À l'égard de la dent il falut contester.
L'un se bailloit déja pour amasser la proye ;
L'autre le pousse, & dit : Il est bon de sçavoir
Qui de nous en aura la joye.
Celui qui le premier a pû l'appercevoir
En sera le gobeur ; l'autre le verra faire.
Si par-là l'on juge l'affaire,
Reprit son compagnon, j'ay l'œil bon, Dieu mercy.
Je ne l'ay pas mauvais aussi,
Dit l'autre, & je l'ay veuë avant vous, sur ma vie.
Et bien, vous l'avez veuë, & moy je l'ay sentie.
Pendant tout ce bel incident,
Perrin Dandin arrive : ils le prennent pour juge.
Perrin fort gravement ouvre l'Huitre, & la gruge,

    Nos deux Messieurs le regardant.
Ce repas fait, il dit d'un ton de President :
Tenez, la Cour vous donne à chacun une écaille
Sans dépens, & qu'en paix chacun chez soy s'en aille.
Mettez ce qu'il en coûte à plaider aujourd'huy ;
Comptez ce qu'il en reste à beaucoup de familles ;
Vous verrez que Perrin tire l'argent à luy,
Et ne laisse aux plaideurs que le sac & les quilles.

X.
Le Loup, & le Chien maigre

Autrefois Carpillon fretin,
Eut beau prêcher, il eut beau dire ;
On le mit dans la poëfle à frire.
Je fis voir que lâcher ce qu'on a dans la main

     Sous efpoir de groffe avanture,
Eft imprudence toute pure.
Le Pêcheur eut raifon ; Carpillon n'eut pas tort.
Chacun dit ce qu'il peut pour défendre fa vie.
Maintenant il faut que j'appuye
Ce que j'avançay lors, de quelque trait encor.
Certain Loup auffi fot que le pêcheur fut fage,
Trouvant un Chien hors du village,
S'en alloit l'emporter ; le Chien reprefenta
Sa maigreur. Jà ne plaife à voftre feigneurie,
De me prendre en cet eftat-là,
Attendez, mon maiftre marie
Sa fille unique ; Et vous jugez
Qu'eftant de nopce il faut mal-gré moy que j'engraiffe.

     Le Loup le croit, le Loup le laiffe ;
Le Loup quelques jours écoulez
Revient voir fi fon Chien n'eft point meilleur à prendre.
Mais le drôle eftoit au logis.
Il dit au Loup par un treillis :
Amy, je vais fortir ; Et, fi tu veux attendre,
Le portier du logis & moy
Nous ferons tout à l'heure à toy.
Ce portier du logis eftoit un Chien énorme,
Expediant les Loups en forme.
Celui-cy s'en douta. Serviteur au portier,
Dit-il, & de courir. Il eftoit fort agile ;
Mais il n'eftoit pas habile :
Ce Loup ne fçavoit pas encor bien fon métier.

XI
Rien de trop

Je ne vois point de creature
Se comporter modérement.
Il eft certain temperament
Que le maiftre de la nature
Veut que l'on garde en tout. Le fait-on ? Nullement.

    Soit en bien, foit en mal, cela n'arrive guere.
Le blé riche prefent de la blonde Cerés
Trop touffu bien fouvent épuife les guerets :
En fuperfluitez s'épandant d'ordinaire,
Et pouffant trop abondamment,
Il ofte à fon fruit l'aliment.
L'arbre n'en fait pas moins ; tant le luxe fçait plaire.
Pour corriger le blé Dieu permit aux moutons
De retrancher l'excés des prodigues moiffons.
Tout au travers ils fe jetterent,
Gafterent tout, & tout brouterent ;

        Tant que le Ciel permit aux Loups
      D'en croquer quelques-uns ; ils les croquerent tous.
      S'ils ne le firent pas, du moins ils y tâcherent.

    Puis le Ciel permit aux humains
De punir ces derniers : les humains abuferent
À leur tour des ordres divins.
De tous les animaux l'homme a le plus de pente
À fe porter dedans l'excés.
Il faudroit faire le procés
Aux petits comme aux grands : Il n'eft ame vivante
Qui ne peche en cecy. Rien de trop, eft un point
Dont on parle fans ceffe, & qu'on n'obferve point.

XII.

Le Cierge.

C'eſt du ſejour des Dieux que les Abeilles viennent.
Les premieres, dit-on, s'en allerent loger
Au mont Hymette², & ſe gorger

    Des treſors qu'en ce lieu les zephirs entretiennent.
Quand on eut des palais de ces filles du Ciel
Enlevé l'ambroiſie en leurs chambres encloſe :
Ou, pour dire en François la choſe,
Apres que les ruches ſans miel
N'eurent plus que la Cire, on fit mainte bougie :
Maint Cierge auſſi fut façonné.
Un d'eux voyant la terre en brique au feu durcie
Vaincre l'effort des ans, il eut la meſme envie ;
Et, nouvel Empedocle³ aux flâmes condamné
Par ſa propre & pure folie,
Il ſe lança dedans. Ce fut mal raiſonné ;
Ce Cierge ne ſçavoit grain de Philoſophie.

    Tout en tout eſt divers : oſtez-vous de l'eſprit
Qu'aucun eſtre ait eſté compoſé ſur le voſtre.
L'Empedocle de Cire au braſier ſe fondit :
Il n'eſtoit pas plus fou que l'autre.

XIII.

Jupiter & le Passager.

Ôcombien le peril enrichiroit les Dieux,
Si nous nous ſouvenions des vœux qu'il nous fait faire !
Mais le peril paſſé l'on ne ſe ſouvient guere
De ce qu'on a promis aux Cieux ;

    On compte ſeulement ce qu'on doit à la terre.
Jupiter, dit l'impie, eſt un bon creancier :
Il ne ſe ſert jamais d'Huiſſier.
Eh qu'eſt-ce donc que le tonnerre ?

---

² Hymette eſtoit une montagne celebree par les Poètes, ſituée dans l'Attique, & où les Grecs recüeilloient d'excellent miel.
³ Empedocle eſtoit un Philoſophe ancien, qui ne pouvant comprendre les merveilles du Mont Etna, ſe jetta dedans par une vanité ridicule, & trouvant l'action belle, de peur d'en perdre le fruit, & que la poſterité ne l'ignorât, laiſſa ſes pantoufles au pied du Mont.

Comment appellez-vous ces avertiſſemens ?
Un Paſſager pendant l'orage
Avoit voüé cent Bœufs au vainqueur des Titans.
Il n'en avoit pas un : voüer cent Elephans
N'auroit pas coûté davantage.
Il brûla quelques os quand il fut au rivage.
Au nez de Jupiter la fumée en monta.
Sire Jupin, dit-il, pren mon vœu ; le voila :
C'eſt un parfum de Bœuf que ta grandeur reſpire.
La fumée eſt ta part ; je ne te dois plus rien.
Jupiter fit ſemblant de rire :
Mais apres quelques jours le Dieu l'attrapa bien,

  Envoyant un ſonge luy dire,
Qu'un tel treſor eſtoit en tel lieu : L'homme au vœu
Courut au treſor comme au feu.
Il trouva des voleurs, & n'ayant dans ſa bourſe
Qu'un écu pour toute reſſource,
Il leur promit cent talens d'or,
Bien comptez & d'un tel treſor.
On l'avoit enterré dedans telle Bourgade.
L'endroit parut ſuſpect aux voleurs ; de façon
Qu'à noſtre prometteur l'un dit : Mon camarade
Tu te moques de nous, meurs, & va chez Pluton
Porter tes cent talens en don.

XIV.
Le Chat & le Renard.

 Le Chat & le Renard comme beaux petits ſaints,
S'en alloient en pelerinage.
C'eſtoient deux vrais Tartufs, deux archipatelins,

 Deux francs Pate-pelus qui des frais du voyage,
Croquant mainte volaille, eſcroquant maint fromage,
S'indemniſoient à qui mieux mieux.
Le chemin étant long, & partant ennuyeux,
Pour l'accourcir ils diſputerent.
La diſpute eſt d'un grand ſecours ;
Sans elle on dormiroit toûjours.
Nos Pelerins s'égoſillerent.
Ayant bien diſputé l'on parla du prochain.
Le Renard au Chat dit enfin :
Tu pretends eſtre fort habile :

En sçais-tu tant que moy ? J'ay cent ruses au sac.
Non, dit l'autre ; je n'ay qu'un tour dans mon bissac,
Mais je soûtiens qu'il en vaut mille.
Eux de recommencer la dispute à l'envy.
Sur le que si, que non tous deux estât ainsi,

    Une meute appaisa la noise.
Le Chat dit au Renard : Foüille en ton sac amy :
Cherche en ta cervelle matoise
Un stratagême seur : Pour moy, voicy le mien.
À ces mots sur un arbre il grimpa bel & bien.
L'autre fit cent tours inutiles,
Entra dans cent terriers, mit cent fois en defaut
Tous les confreres de Brifaut.
Par tout il tenta des aziles ;
Et ce fut par tout sans succés ;
La fumée y pourveut ainsi que les bassets.
Au sortir d'un Terrier deux chiens aux pieds agiles
L'étranglerent du premier bond.
Le trop d'expediens peut gaster une affaire ;

    On perd du temps au choix, on tente, on veut tout faire.
N'en ayons qu'un, mais qu'il soit bon.

XV.

LE MARY, LA FEMME, & LE VOLEUR.

Un Mary fort amoureux,
 Fort amoureux de sa femme,
Bien qu'il fût joüissant se croioit malheureux.
Jamais œillade de la Dame,
Propos flateur & gracieux,

    Mot d'amitié, ny doux soûrire,
Deïfiant le pauvre Sire,
N'avoient fait soupçonner qu'il fust vrayment chery ;
Je le crois, c'estoit un mary.
Il ne tint point à l'hymenée
Que content de sa destinée
Il n'en remerciast les Dieux ;
Mais quoy ? Si l'amour n'assaisonne
Les plaisirs que l'hymen nous donne,
Je ne vois pas qu'on en soit mîeux.
Nostre épouse estant donc de la sorte bâtie,

Et n'ayant careſſé ſon mary de ſa vie,
Il en faiſoit ſa plainte une nuit. Un voleur
Interrompit la doleance.
La pauvre femme eut ſi grand'peur,
Qu'elle chercha quelque aſſurance
Entre les bras de ſon époux.
Amy Voleur, dit-il, ſans toy ce bien ſi doux
Me ſeroit inconnu ; Pren donc en recõpenſe

  Tout ce qui peut chez nous eſtre à ta bienſeance ;
Pren le logis auſſi. Les voleurs ne ſont pas
Gens honteux ny fort delicats :
Celuy-cy fit ſa main. J'infere de ce conte
Que la plus forte paſſion
C'eſt la peur ; elle fait vaincre l'averſion ;
Et l'amour quelquefois ; quelquefois il la dompte :
J'en ay pour preuve cet amant,
Qui brûla ſa maiſon pour embraſſer ſa Dame,
L'emportant à travers la flame :
J'aime aſſez cet emportement :
Le conte m'en a plû toûjours infiniment :
Il eſt bien d'une ame Eſpagnole,
Et plus grande encore que folle.

XVI.
Le Treſor, & les deux Hommes.

Un homme n'ayant plus ny credit, ny reſource,
Et logeant le Diable en ſa bourſe,
C'eſt à dire, n'y logeant rien,
S'imagina qu'il feroit bien

  De ſe pendre, & finir luy-meſme ſa miſere ;
Puiſ qu'auſſi bien ſans luy la faim le viendroit faire,
Genre de mort qui ne duit pas
À gens peu curieux de gouſter le trépas.
Dans cette intention une vielle mazure
Fut la ſcene où devoit ſe paſſer l'aventure.
Il y porte une corde ; & veut avec un clou
Au haut d'un certain mur attacher le licou.
La muraille vieille & peu forte,
S'ébranle aux premiers coups, tombe avec un treſor.
Notre déſeſperé le ramaſſe, & l'emporte ;

Laiſſe là le licou ; s'en retourne avec l'or ;
Sans compter : ronde ou non, la ſomme plût au ſire.
Tandis que le galant à grands pas ſe retire,
L'homme au treſor arrive & trouve ſon argent
Abſent.

   Quoy, dit-il, ſans mourir je perdray cette ſomme ?
Je ne me pendray pas ? & vrayment ſi feray,
Ou de corde je manqueray.
Le lacs eſtoit tout preſt, il n'y manquoit qu'un homme,
Celuy-cy ſe l'attache, & ſe pend bien & beau.
Ce qui le conſola peut-eſtre,
Fut qu'un autre eût pour luy fait les frais du cordeau,
Auſſi-bien que l'argent le licou trouva maître.

L'avare rarement finit ſes jours ſans pleurs :
Il a le moins de part au treſor qu'il enſerre,
Theſauriſant pour les voleurs,
Pour ſes parens, ou pour la terre.
Mais que dire du troc que la fortune fit ?
Ce ſont-là de ſes traits ; elle s'en divertit.

   Plus le tour eſt bizarre, & plus elle eſt contente.
Cette Deeſſe inconſtante
Se mit alors en l'eſprit
De voir un homme ſe pendre ;
Et celuy qui ſe pendit
S'y devoit le moins attendre.

XVII.

LE SINGE, & LE CHAT.

Bertrand avec Raton, l'un Singe, & l'autre Chat,
Commenſaux d'un logis, avoient un commun Maiſtre.
D'animaux mal-faiſans c'eſtoit un tres-bon plat ;

  Ils n'y craignoient tous deux aucun, quel qu'il puſt eſtre.
Trouvoit-on quelque choſe au logis de gaſté ?
L'on ne s'en prenoit point aux gens du voiſinage.
Bertrand déroboit tout ; Raton de ſon coſté
Eſtoit moins attentif aux ſouris qu'au fromage.
Un jour au coin du feu nos deux maiſtres fripons
Regardoient roſtir des marons ;
Les eſcroquer étoit une très bône affaire :
Nos galands y voyoient double profit à faire,

Leur bien premierement, & puis le mal d'autruy.
Bertrand dit à Raton : Frere, il faut aujourd'huy

    Que tu fasses un coup de maistre.
Tire-moy ces marons ; Si Dieu m'avoit fait naistre
Propre à tirer marons du feu,
Certes marons verroient beau-jeu.
Aussi-tost fait, que dit : Raton avec sa pate
D'une maniere delicate
Écarte un peu la cendre, & retire les doigts ;
Puis les reporte à plusieurs fois ;
Tire un maron, puis deux, & puis trois en excroque,
Et cependant Bertrand les croque.
Une servante vient : adieu mes gens : Raton
N'estoit pas content, ce dit-on.
Aussi ne le font pas la pluspart de ces Princes
Qui flatez d'un pareil employ
Vont s'échauder en des Provinces,
Pour le profit de quelque Roy.

XVIII.

Le Milan & le Rossignol.

Apres que le Milan, manifeste voleur,
Eût répandu l'alarme en tout le voisinage,
Et fait crier sur luy les enfans du village,
Un Rossignol tomba dans ses mains, par malheur.

    Le heraut du Printemps luy demãde la vie :
Aussi bien que mãger en qui n'a que le son ?
Écoûtez plûtost ma chanson ;
Je vous raconteray Terée & son envie.
Qui, Terée ? est-ce un mets propre pour les Milans ?
Non pas, c'étoit un Roy dõt les feux violens
Me firent ressentir leur ardeur criminelle :
Je m'en vais vous en dire une chãson si belle
Qu'elle vous ravira : mon chant plaist à chacun.
Le Milan alors luy replique :
Vraiment, nous voicy bien, lors que je suis à jeun,
Tu me viens parler de musique.
J'en parle bien aux Rois. Quand un Roy te prendra,
Tu peux luy conter ces merveilles :

Pour un Milan, il s'en rira :
Ventre affamé n'a point d'oreilles.

XIX.
Le Berger & ſon Troupeau.

QUoy ? toûjours il me manquera
Quelqu'un de ce peuple imbecille !
Toûjours le Loup m'en gobera !
J'auray beau les compter : ils eſtoient plus de mille,
    Et m'ont laiſſé ravir noſtre pauvre Robin ;
Robin mouton qui par la ville
Me ſuivoit pour un peu de pain,
Et qui m'auroit ſuivy juſques au bout du monde.
Helas ! de ma muſette il entendoit le ſon :
Il me ſentoit venir de cent pas à la ronde.
Ah le pauvre Robin mouton !
Quand Guillot eut finy cette oraiſon funebre
Et rendu de Robin la memoire celebre,
Il harangua tout le troupeau,
Les chefs, la multitude, & juſqu'au moindre agneau,
Les conjurant de tenir ferme :
Cela ſeul ſuffiroit pour écarter les Loups.
Foy de peuple d'honneur ils luy promirent tous,
De ne bouger non plus qu'un terme.

    Nous voulons, dirent-ils, étouffer le glouton,
Qui nous a pris Robin mouton.
Chacun en répond ſur ſa teſte.
Guillot les crut & leur fit feſte.
Cependant devant qu'il fuſt nuit,
Il arriva nouvel encombre,
Un Loup parut, tout le troupeau s'enfuit.
Ce n'eſtoit pas un Loup, ce n'en eſtoit que l'ombre.
Haranguez de méchans ſoldats,
Ils promettront de faire rage ;
Mais au moindre danger adieu tout leur courage :
Voſtre exemple & vos cris ne les retiendront pas.

DISCOURS
à Madame de la Sabliere.

IRis, je vous loüerois ; il n'eſt que trop aiſé ;
Mais vous avez cent fois nôtre encens refuſé ;
En cela peu ſemblable au reſte des mortelles
Qui veulent tous les jours des loüanges nouvelles.
Pas une ne s'endort à ce bruit ſi flateur.
Je ne les blâme point, je ſouffre cette humeur ;
Elle eſt commune aux Dieux, aux Monarques, aux belles.
Ce breuvage vanté par le peuple rimeur,

     Le Nectar que l'on ſert au maiſtre du Tonnerre,
Et dont nous enyvrons tous les Dieux de la terre,
C'eſt la loüange, Iris ; Vous ne la gouſtez point ;
D'autres propos chez vous recompenſent ce point ;
Propos, agreables commerces,
Où le hazard fournit cent matieres diverſes :
Jusque-là qu'en voſtre entretien
La bagatelle à part : le monde n'en croit rien.
Laiſſons le monde, & ſa croyance :
La bagatelle, la ſcience,
Les chimeres, le rien, tout est bon : Je ſoûtiens
Qu'il faut de tout aux entretiens :

     C'eſt un parterre, ou Flore épand ſes biens ;
Sur differentes fleurs l'Abeille s'y repoſe,
Et fait du miel de toute choſe.
Ce fondement poſé ne trouvez pas mauvais,
Qu'en ces Fables auſſi j'entremêle des traits
De certaine Philoſophie
Subtile, engageante, & hardie.
On l'appelle nouvelle. En avez-vous ou non
Oüy parler ? Ils diſent donc
Que la beſte eſt une machine ;
Qu'en elle tout ſe fait ſans choix & par reſſorts :
Nul ſentiment, point d'ame, en elle tout eſt corps.
Telle eſt la monſtre qui chemine,

     À pas toûjours égaux, aveugle & ſans deſſein.
Ouvrez-la, liſez dans ſon ſein ;
Mainte roüe y tient lieu de tout l'eſprit du monde.
La premiere y meut la ſeconde,
Une troiſiéme ſuit, elle ſonne à la fin.
Au dire de ces gens, la beſte eſt toute telle :

L'objet la frape en un endroit ;
Ce lieu frapé s'en va tout droit
Selon nous au voisin en porter la nouvelle ;
Le fens de proche en proche auffi-toft la reçoit.
L'impreffion fe fait, mais comment fe fait-elle ?
Selon eux par neceffité,
Sans paffion, fans volonté :
L'animal fe fent agité
De mouvemens que le vulgaire appelle

 Trifteffe, joye, amour, plaifir, douleur cruelle,
Ou quelque autre de ces eftats ;
Mais ce n'eft point cela ; ne vous y trompez pas.
Qu'eft-ce donc ? une monftre ; & nous ? c'eft autre chofe.
Voicy de la façon que Defcartes l'expofe ;
Defcartes ce mortel dont on euft fait un Dieu
Chez les Payens, & qui tient le milieu
Entre l'homme & l'efprit, comme entre l'huiftre & l'homme
Le tient tel de nos gens, franche befte de fomme.
Voicy, dis-je, comment raifonne cet Auteur.
Sur tous les animaux enfans du Createur,

 J'ay le don de penfer, & je fçais que je penfe.
Or vous fçavez Iris de certaine fcience,
Que quand la befte penferoit,
La Befte ne refléchiroit
Sur l'objet ny fur fa penfée.
Defcartes va plus loin, & foûtient nettement,
Qu'elle ne penfe nullement.
Vous n'eftes point embaraffée
De le croire, ny moy. Cependant quand aux bois
Le bruit des cors, celuy des voix,
N'a donné nul relâche à la fuyante proye,
Qu'en vain elle a mis fes efforts
À confondre, & broüiller la voye.
L'animal chargé d'ans, vieux Cerf, & de dix cors,
En fuppofe un plus jeune, & l'oblige par force,

 À prefenter aux chiens une nouvelle amorce.
Que de raifonnemens pour conferver fes jours !
Le retour fur fes pas, les malices, les tours,
Et le change, & cent ftratagêmes
Dignes des plus grands chefs, dignes d'un meilleur fort !
On le déchire après fa mort ;

Ce font tous fes honneurs fuprêmes.

Quand la Perdrix
Void fes petits
En danger, & n'ayant qu'une plume nouvelle,
Qui ne peut fûir encor par les airs le trépas ;
Elle fait la bleffée, & va traifnant de l'aifle,
Attirant le Chaffeur, & le Chien fur fes pas,
Détourne le danger, fauve ainfi fa famille,

  Et puis, quand le Chaffeur croit que fon Chien la pille ;
Elle luy dit adieu, prend fa volée, & rit
De l'homme, qui confus des yeux en vain la fuit.

Non loin du Nort il eft un monde,
Où l'on fçait que les habitans,
Vivent ainfi qu'aux premiers temps
Dans une ignorance profonde :
Je parle des humains ; car quant aux animaux,
Ils y conftruifent des travaux,
Qui des torrens groffis arreftent le ravage,
Et font communiquer l'un & l'autre rivage.
L'edifice refifte, & dure en fon entier ;
Apres un lit de bois, eft un lit de mortier :
Chaque Caftor agit ; commune en eft la tâche ;

  Le vieux y fait marcher le jeune fans relâche.
Maint maiftre d'œuvre y court, & tient haut le bafton.
La republique de Platon,
Ne feroit rien que l'apprentie
De cette famille amphibie.
Ils fçavent en hyver élever leurs maifons,
Paffent les eftangs fur des ponts,
Fruit de leur art, fçavant ouvrage ;
Et nos pareils ont beau le voir,
Jufqu'à prefent tout leur fçavoir,
Eft de paffer l'onde à la nage.

Que ces Caftors ne foient qu'un corps vuide d'efprit,
Jamais on ne pourra m'obliger à le croire :
Mais voicy beaucoup plus : écoutez ce recit,
Que je tiens d'un Roy plein de gloire.

  Le défenseur du Nort vous sera mon garand :
Je vais citer un Prince aimé de la victoire :
Son nom seul est un mur à l'empire Ottoman ;
C'est le Roy Polonois, jamais un Roy ne ment.
Il dit donc que sur sa frontiere
Des animaux entr'eux ont guerre de tout temps :
Le sang qui se transmet des peres aux enfans,
En renouvelle la matiere.
Ces animaux, dit-il, sont germains du Renard.
Jamais la guerre avec tant d'art
Ne s'est faite parmy les hommes,
Non pas mesme au siecle où nous sommes.
Corps de garde avancé, vedettes, espions,

  Embuscades, partis, & mille inventions
D'une pernicieuse, & maudite science,
Fille du Stix, & mere des heros,
Exercent de ces animaux
Le bon sens, & l'experience.
Pour chanter leurs combats, l'Acheron nous devroit
Rendre Homere. Ah s'il le rendoit,
Et qu'il rendît aussi le rival d'Epicure !
Que diroit ce dernier sur ces exemples-cy ?
Ce que j'ay déja dit, qu'aux bestes la nature
Peut par les seuls ressorts operer tout cecy ;
Que la memoire est corporelle,
Et que pour en venir aux exemples divers,
Que j'ay mis en jour dans ces vers,
L'animal n'a besoin que d'elle.
L'objet lors qu'il revient, va dans son magazin
Chercher par le mesme chemin

  L'image auparavant tracée,
Qui sur les mesmes pas revient pareillement,
Sans le secours de la pensée,
Causer un mesme évenement.
Nous agissons tout autrement.
La volonté nous détermine,
Non l'objet, ny l'instinct. Je parle, je chemine ;
Je sens en moy certain agent ;
Tout obeït dans ma machine
À ce principe intelligent.
Il est distinct du corps, se conçoit nettement,
Se conçoit mieux que le corps mesme :

De tous nos mouvemens c'eſt l'arbitre ſuprême.
Mais comment le corps l'entend-il ?
C'eſt-là le point : je vois l'outil
Obeïr à la main : mais la main qui la guide ?

  Eh ! qui guide les Cieux, & leur courſe rapide ?
Quelque Ange eſt attaché peut-eſtre à ces grands corps.
Un eſprit vit en nous, & meut tous nos reſſorts :
L'impreſſion ſe fait ; Le moyen, je l'ignore.
On ne l'apprend qu'au ſein de la Divinité ;
Et, s'il faut en parler avec sincérité,
Deſcartes l'ignoroit encore.
Nous & luy là-deſſus nous ſommes tous égaux.
Ce que je ſçais Iris, c'eſt qu'en ces animaux
Dont je viens de citer l'exemple,
Cet eſprit n'agit pas, l'homme ſeul eſt ſon temple.
Auſſi faut-il donner à l'animal un poinct,
Que la plante apres tout n'a point.

  Cependant la plante reſpire :
Mais que répondra-t-on à ce que je vais dire ?

LES DEUX RATS, LE RENARD, & L'ŒUF.

DEux Rats cherchoient leur vie, ils trouverent un Œuf.
Le diſné ſuffiſoit à gens de cette eſpece ;

  Il n'eſtoit pas beſoin qu'ils trouvaſſent un Bœuf.
Pleins d'appetit, & d'allegreſſe,
Ils alloient de leur œuf manger chacun ſa part ;
Quand un Quidam parut. C'eſtoit maiſtre Renard ;
Rencontre incommode & faſcheuſe.
Car comment ſauver l'œuf ? Le bien empaqueter,
Puis des pieds de devant enſemble le porter,
Ou le rouler, ou le traiſner,
C'eſtoit choſe impoſſible autant que hazardeuſe.
Neceſſité l'ingenieuſe
Leur fournit une invention.
Comme ils pouvoient gagner leur habitation,
L'écornifleur eſtant à demy quart de lieuë ;

L'un fe mit fur le dos, prit l'œuf entre fes bras,
Puis malgré quelques heurts, & quelques mauvais pas,
L'autre le traifna par la queuë.
Qu'on m'aille foûtenir apres un tel recit,
Que les beftes n'ont point d'efprit.
Pour moy, fi j'en eftois le maiftre,
Je leur en donnerois auffi bien qu'aux enfans.
Ceux-cy penfent-ils pas dés leurs plus jeunes ans ?
Quelqu'un peut donc penfer ne fe pouvant connoiftre.
Par un exemple tout égal,
J'attribuërois à l'animal,
Non point une raifon felon noftre maniere :
Mais beaucoup plus auffi qu'un aveugle reffort :
Je fubtiliferois un morceau de matiere,

  Que l'on ne pourroit plus concevoir fans effort,
Quinteffence d'atome, extrait de la lumiere,
Je ne fçais quoy plus vif, & plus mobile encor
Que le feu : car enfin, fi le bois fait la flâme,
La flâme en s'épurant peut-elle pas de l'ame
Nous donner quelque idée, & fort-il pas de l'or
Des entrailles du plomb ? Je rendrois mon ouvrage
Capable de fentir, juger, rien davantage,
Et juger imparfaitement,
Sans qu'un Singe jamais fift le moindre argument.
À l'égard de nous autres hommes,
Je ferois noftre lot infiniment plus fort :

  Nous aurions un double trefor ;
L'un cette ame pareille en tout-tant que nous fommes,
Sages, fous, enfans, idiots,
Hoftes de l'univers fous le nom d'animaux ;
L'autre encore vne autre ame, entre nous & les Anges
Commune en un certain degré ;
Et ce trefor à part crée
Suivroit parmy les airs les celeftes phalanges,
Entreroit dans un poinct fans en être preffé,
Ne finiroit jamais quoy qu'ayant commencé,
Choses réelles quoy qu'eftranges.
Tant que l'enfance dureroit,
Cette fille du Ciel en nous ne paroiftroit
Qu'une tendre & foible lumiere ;
L'organe eftant plus fort, la raifon perceroit

Les tenebres de la matiere,
Qui toûjours enveloperoit
L'autre ame imparfaite & groſſiere.

Livre X

Fable I.
L'Homme & la Couleuvre.

UN homme vid une Couleuvre.
Ah ! méchante, dit-il, je m'en vais faire une œuvre
Agreable à tout l'univers.
    À ces mots l'animal pervers
(C'eſt le ſerpent que je veux dire,
Et non l'homme, on pourroit aiſément s'y tromper.)
À ces mots le ſerpent ſe laiſſant attraper
Eſt pris, mis en un ſac, & ce qui fut le pire,
On reſolut ſa mort, fuſt-il coupable ou non.
Afin de le payer toutefois de raiſon,
L'autre luy fit cette harangue
Symbole des ingrats, eſtre bon aux méchans,
C'eſt eſtre ſot, meurs donc : ta colere & tes dents
Ne me nuiront jamais. Le Serpent en ſa langue,
Reprit du mieux qu'il put : S'il faloit condamner
Tous les ingrats qui ſont au monde,
  À qui pourroit-on pardonner ?
    Toy-meſme tu te fais ton procés. Je me fonde
Sur tes propres leçons ; jette les yeux ſur toy.
Mes jours ſont en tes mains, tranche-les : ta juſtice
C'eſt ton utilité, ton plaiſir, ton caprice ;
Selon ces loix, condamne-moy :
Mais trouve bon qu'avec franchiſe
En mourant au moins je te diſe,
Que le ſymbole des ingrats
Ce n'eſt point le ſerpent, c'eſt l'homme. Ces paroles
Firent arreſter l'autre ; il recula d'un pas.
Enfin il repartit. Tes raiſons ſont frivoles :
Je pourrois décider ; car ce droit m'appartient :
Mais rapportons nous en. Soit fait, dit le reptile.
Une vache eſtoit là, l'on l'appelle, elle vient,

Le cas eſt propoſé, c'eſtoit choſe facile.
Faloit-il pour cela, dit-elle, m'appeller ?
La Couleuvre a raiſon, pourquoy diſſimuler ?
Je nourris celuy-cy depuis longues années ;
Il n'a ſans mes bienfaits paſſé nulles journées ;
Tout n'eſt que pour luy ſeul ; mon lait & mes enfans,
Le font à la maiſon revenir les mains pleines ;
Meſme j'ay rétably ſa ſanté que les ans
Avoient alterée, & mes peines
Ont pour but ſon plaiſir ainſi que ſon beſoin.
Enfin me voila vieille ; il me laiſſe en un coin
Sans herbe ; s'il vouloit encor me laiſſer paiſtre !

　　　Mais je ſuis attachée ; & ſi j'euſſe eu pour maiſtre
Un ſerpent, euſt-il ſceu jamais pouſſer ſi loin
L'ingratitude ? Adieu. J'ay dit ce que je penſe.
L'homme tout étonné d'une telle ſentence
Dit au ſerpent : Faut-il croire ce qu'elle dit ?
C'eſt une radoteuſe, elle a perdu l'eſprit.
Croyons ce Bœuf. Croyons, dit la rempante beſte.
Ainſi dit, ainſi fait. Le Bœuf vient à pas lents.
Quand il eut ruminé tout le cas en ſa teſte,
Il dit que du labeur des ans
Pour nous ſeuls il portoit les foins les plus peſans,
Parcourant ſans ceſſer ce long cercle de peines

　　　Qui revenant ſur ſoy ramenoit dans nos plaines
Ce que Cerés nous donne, & vend aux animaux.
Que cette ſuite de travaux
Pour récompenſe avoit de tous tant que nous ſommes,
Force coups, peu de gré ; puis quand il eſtoit vieux,
On croyoit l'honorer chaque fois que les hommes
Achetoient de ſon ſang l'indulgence des Dieux.
Ainſi parla le Bœuf. L'homme dit : Faiſons taire
Cet ennuyeux déclamateur.
Il cherche de grands mots, & vient icy ſe faire,
Au lieu d'arbitre, accuſateur.

　　　Je le recuſe auſſi. L'arbre eſtant pris pour juge,
Ce fut bien pis encor. Il ſervoit de refuge
Contre le chaud, la pluye, & la fureur des vents :
Pour nous ſeuls il ornoit les jardins & les champs.
L'ombrage n'eſtoit pas le ſeul bien qu'il ſceuſt faire ;
Il courboit ſous les fruits ; cependant pour ſalaire

Un ruſtre l'abattoit, c'eſtoit là ſon loyer ;
Quoy que pendant tout l'an liberal il nous donne
Ou des fleurs au Printemps ; ou du fruit en Automne ;
L'ombre, l'Eſté ; l'Hyver, les plaiſirs du foyer.
Que ne l'émondoit-on ſans prendre la cognée ?

    De ſon temperament il euſt encor vécu.
L'homme trouvant mauvais que l'on l'euſt convaincu,
Voulut à toute force avoir cauſe gagnée.
Je ſuis bien bon, dit-il, d'écouter ces gens-là.
Du ſac & du ſerpent auſſi-toſt il donna
Contre les murs, tant qu'il tua la beſte.
On en uſe ainſi chez les grands.
La raiſon les offenſe : ils ſe mettent en teſte
Que tout eſt né pour eux, quadrupedes, & gens,
Et ſerpens.
Si quelqu'un deſſerre les dents,
C'eſt un ſot. J'en conviens. Mais que faut-il donc faire ?
Parler de loin ; ou bien ſe taire.

II.
LA TORTUË & LES DEUX CANARDS.

UNe Tortuë eſtoit, à la teſte legere,
Qui laſſe de ſon trou voulut voir le pays.
Volontiers on fait cas d'une terre étrangere :

    Volontiers gens boiteux haïſſent le logis.
Deux Canards à qui la Commere
Communiqua ce beau deſſein,
Luy dirent qu'ils avoient dequoy la ſatisfaire :
Voyez-vous ce large chemin ?
Nous vous voiturerons par l'air en Amerique.
Vous verrez mainte Republique,
Maint Royaume, maint peuple ; & vous profiterez
Des differentes mœurs que vous remarquerez.
Ulyſſe en fit autant. On ne s'attendoit guere
De voir Ulyſſe en cette affaire.
La Tortuë écouta la propoſition.
Marché fait, les oiſeaux forgent une machine
Pour tranſporter la pelerine.

    Dans la gueule en travers on luy paſſe un baſton.
Serrez bien, dirent-ils ; gardez de laſcher priſe :

Puis chaque Canard prend ce baston par un bout.
La Tortuë enlevée on s'étonne par tout
De voir aller en cette guise
L'animal lent & sa maison,
Justement au milieu de l'un & l'autre Oison.
Miracle, crioit-on ; Venez voir dans les nuës
Passer la Reine des Tortuës.
La Reine : Vrayment ouy ; Je la suis en effet ;
Ne vous en moquez point. Elle eût beaucoup mieux fait
De passer son chemin sans dire aucune chose ;

    Car laschant le baston en desserrant les dens,
Elle tombe, elle creve aux pieds des regardans.
Son indiscretion de sa perte fut cause.
Imprudence, babil, & sotte vanité,
Et vaine curiosité
Ont ensemble estroit parentage ;
Ce sont enfans tous d'un lignage.

III.
Les Poissons & le Cormoran.

IL n'estoit point d'étang dans tout le voisinage
Qu'un Cormoran n'eust mis à contribution.
Viviers & reservoirs luy payoient pension :

    Sa cuisine alloit bien ; mais lors que le long âge
Eut glacé le pauvre animal,
La mesme cuisine alla mal.
Tout Cormoran se sert de pourvoyeur luy-mesme.
Le nostre un peu trop vieux pour voir au fond des eaus,
N'ayant ny filets ny rezeaus,
Souffroit une disette extreme.
Que fit-il ? Le besoin, docteur en stratagême,
Lui fournit celuy-cy. Sur le bord d'un Estang
Cormoran vid une Écrevisse.
Ma commere, dit-il, allez tout à l'instant
Porter un avis important
À ce peuple ; Il faut qu'il perisse :
Le maistre de ce lieu dans huit jours peschera :

    L'Écrevisse en haste s'en va
Conter le cas : grande est l'émute.
On court, on s'assemble, on depute

À l'oiſeau, Seigneur Cormoran,
D'où vous vient cet avis ? quel eſt votre garand ?
Eſtes-vous ſeur de cette affaire ?
N'y ſçavez-vous remede ? & qu'eſt-il bon de faire ?
Changer de lieu, dit-il. Comment le ferons-nous ?
N'en ſoyez point en ſoin : je vous porteray tous
L'un apres l'autre en ma retraite.
Nul que Dieu ſeul & moy n'en connoiſt les chemins,
Il n'eſt demeure plus ſecrete.
Un Vivier que nature y creuſa de ſes mains,
Inconnu des traitres humains,

  Sauvera votre republique.
On le crut. Le peuple aquatique
L'un apres l'autre fut porté
Sous ce rocher peu frequenté.
Là Cormoran le bon apoſtre
Les ayant mis en un endroit
Tranſparent, peu creux, fort étroit,
Vous les prenoit ſans peine, un jour l'un, un jour l'autre.
Il leur apprit à leurs dêpens,
Que l'on ne doit jamais avoir de confiance
En ceux qui ſont mangeurs de gens.
Ils y perdirent peu ; puis que l'humaine engeance
En auroit auſſi bien croqué ſa bonne part ;
Qu'importe qui vous mange ? homme ou loup ; toute panſe
Me paroiſt une à cet égard ;

  Un jour pluſtoſt, un jour plus tard,
Ce n'eſt pas grande difference.

IV.

L'ENFOÜIſſEUR & ſON COMPERE.

UN Pinſemaille avoit tant amaſſé,
Qu'il ne ſçavoit où loger ſa finance.
L'avarice compagne & ſœur de l'ignorance,

  Le rendoit fort embaraſsé
Dans le choix d'un dépoſitaire ;
Car il en vouloit un : Et voicy ſa raiſon.
L'objet tente ; il faudra que ce monceau s'altere,
Si je le laiſſe à la maiſon :
Moy-meſme de mon bien je feray le larron.
Le larron, quoy jolly, c'eſt ſe voler ſoy-meſme !

Mon amy, j'ay pitié de ton erreur extrême ;
Appren de moy cette leçon :
Le bien n'eſt bien qu'en tant que l'on s'en peut défaire.
Sans cela c'eſt un mal. Veux-tu le reſerver
Pour un âge & des temps qui n'en ont plus que faire ?
La peine d'acquerir, le ſoin de conſerver,
Oſtent le prix à l'or qu'on croit ſi neceſſaire.

    Pour ſe décharger d'un tel ſoin
Noſtre homme euſt pû trouver des gens ſurs au beſoin ;
Il aima mieux la terre, & prenant ſon compere,
Celuy-cy l'aide ; Ils vont enfoüir le treſor.
Au bout de quelque temps l'homme va voir ſon or.
Il ne retrouva que le giſte.
Soupçonnant à bon droit le compere, il va viſte
Luy dire : Appreſtez-vous ; car il me reſte encor
Quelques deniers ; je veux les joindre à l'autre maſſe.
Le Compere auſſi-toſt va remettre en ſa place
L'argent volé, prétendant bien
Tout reprendre à la fois ſans qu'il y manquaſt rien.

    Mais pour ce coup l'autre fut ſage :
Il retint tout chez luy, réſolu de joüir,
Plus n'entaſſer, plus n'enfoüir.
Et le pauvre voleur ne trouvant plus ſon gage,
Penſa tomber de ſa hauteur.
Il n'eſt pas mal-aiſé de tromper un trompeur.

V.
LE LOUP & LES BERGERS.

UN Loup remply d'humanité
(S'il en eſt de tels dãs le monde)
Fit un jour ſur ſa cruauté,
Quoy qu'il ne l'exerçaſt que par neceſſité,
Une reflexion profonde.

    Je ſuis hay, dit-il, & de qui ? de chacun.
Le Loup eſt l'ennemy commun :
Chiens, Chaſſeurs, Villageois s'aſſemblent pour ſa perte :
Jupiter eſt la haut étourdi de leurs cris :
C'eſt par là que de Loups l'Angleterre eſt deſerte :
On y mit noſtre teſte à prix.
Il n'eſt hobereau qui ne faſſe
Contre nous tels bans publier :

Il n'eſt marmot oſant crier
Que du Loup auſsi-toſt ſa mere ne menace.
Le tout pour un Aſne rogneux,
Pour un Mouton pourry, pour quelque Chien hargneux
Dont j'auray paſsé mon envie.
Et bien ne mangeons plus de choſe ayant eu vie :

  Paiſsons l'herbe, broutons, mourons de faim pluſtoſt :
Eſt-ce une choſe ſi cruelle ?
Vaut-il mieux s'attirer la haine univerſelle ?
Diſant ces mots il vid des Bergers pour leur roſt
Mangeans un agneau cuit en broche.
Oh, oh, dit-il, je me reproche
Le ſang de cette gent ; Voila ſes gardiens
S'en repaiſsans, eux & leurs chiens ;
Et moy, Loup, j'en feray ſcrupule ?
Non, par tous les Dieux non ; Je ferois ridicule.
Thibaut l'agnelet paſſera,
Sans qu'à la broche je le mette ;
Et non ſeulement luy, mais la mere qu'il tette,
Et le pere qui l'engendra.
Ce Loup avoit raiſon : Eſt-il dit qu'on nous voye

  Faire feſtin de toute proye,
Manger les animaux, & nous les reduirons
Aux mets de l'âge d'or autant que nous pourrons ?
Ils n'auront ny croc ny marmite ?
Bergers, bergers, le loup n'a tort
Que quand il n'eſt pas le plus fort :
Voulez-vous qu'il vive en hermite ?

VI.
L'ARAIGNÉE & L'HIRONDELLE.

Ô Jupiter, qui ſceus de ton cerveau,
Par un ſecret d'accouchement nouveau,
Tirer Pallas, jadis mon ennemie,

  Entends ma plainte une fois en ta vie.
Progné me vient enlever les morceaux :
Caracolant, friſant l'air & les eaus,
Elle me prend mes mouches à ma porte :
Miennes je puis les dire ; & mon rezeau
En feroit plein ſans ce maudit oyſeau ;

Je l'ai tiſſu de matiere aſſez forte.
Ainſi d'un diſcours inſolent,
Se plaignoit l'Araignée autrefois tapiſſiere,
Et qui lors eſtant filandiere,
Pretendoit enlacer tout infecte volant.
La ſœur de Philomele, attentive à ſa proye,
Malgré le beſtion happoit mouches dans l'air,
Pour ſes petits, pour elle, impitoyable joye,
Que ſes enfants gloutons, d'un bec toûjours ouvert,

  D'un ton demy formé, bégayante couvée,
Demandoient par des cris encor mal entendus.
La pauvre Aragne n'ayant plus
Que la teſte & les pieds, artiſans ſuperflus,
Se vid elle-meſme enlevée.
L'hirondelle en paſſant emporta toile, & tout,
Et l'animal pendant au bout.
Jupin pour chaque état mit deux tables au monde.
L'adroit, le vigilant, & le fort ſont aſſis
À la premiere : & les petits
Mangent leur reſte à la ſeconde.

VII.
LA PERDRIX & LES COCS.

PArmy de certains Cocs incivils, peu galans,
Toûjours en noiſe & turbulens,
Une Perdrix eſtoit nourrie.

  Son ſexe & l'hoſpitalité,
De la part de ces Cocs peuple à l'amour porté :
Lui faiſaient eſperer beaucoup d'honneſteté :
Ils feroient les honneurs de la meſnagerie.
Ce peuple cependant fort ſouvent en furie,
Pour la Dame étrangere ayant peu de reſpec,
Lui donnoit fort ſouvent d'horribles coups de bec.
D'abord elle en fut affligée ;
Mais ſi-toſt qu'elle eut vû cette troupe enragée
S'entrebattre elle-meſme, & ſe percer les flancs,
Elle ſe conſola. Ce ſont leurs mœurs, dit-elle,

  Ne les accuſons point ; plaignons plûtoſt ces gens.
Jupiter ſur un ſeul modele
N'a pas formé tous les eſprits :

Il eſt des naturels de Cocs & de Perdrix.
S'il dépendoit de moy, je paſſerois ma vie
En plus honneſte compagnie.
Le maiſtre de ces lieux en ordonne autrement.
Il nous prend avec des tonnelles,
Nous loge avec des Cocs, & nous coupe les ailes :
C'eſt de l'homme qu'il faut ſe plaindre ſeulement.

VIII.
LE CHIEN À QUI ON A COUPÉ LES OREILLES.

QU'ay-je fait pour me voir ainſi
Mutilé par mon propre maiſtre ?
Le bel eſtat où me voicy !
Devant les autres Chiens oſeray-je parêtre ?

  Ô Rois des animaux, ou plûtoſt leurs tyrans,
Qui vous feroit choſes pareilles ?
Ainſi crioit Mouflar jeune dogue ; & les gens
Peu touchez de ſes cris douloureux & perçans,
Venoient de luy couper ſans pitié les oreilles.
Mouflar y croyoit perdre : il vit avec le temps
Qu'il y gagnoit beaucoup ; car eſtant de nature
À piller ſes pareils, mainte meſaventure
L'auroit fait retourner chez luy
Avec cette partie en cent lieux alterée ;
Chien hargneux a toûjours l'oreille déchirée.
Le moins qu'on peut laiſſer de priſe aux dents d'autruy

  C'eſt le mieux. Quand on n'a qu'un endroit à défendre,
On le munit de peur d'eſclandre :
Témoin maiſtre Mouflar armé d'un gorgerin ;
Du reſte ayant d'oreille autant que ſur ma main,
Un loup n'euſt ſceu par où le prendre.

IX.
LE BERGER & LE ROY.

DEux demons à leur gré partagent noſtre vie,
Et de ſon patrimoine ont chaſſé la raiſon.
Je ne vois point de cœur qui ne leur ſacrifie.

Si vous me demandez leur état & leur nom,
J'appelle l'un, Amour ; & l'autre, Ambition.
Cette derniere étend le plus loin fon empire ;
Car mefme elle entre dans l'amour.
Je le ferois bien voir : mais mon but eft de dire
Comme un Roy fit venir un Berger à fa Cour.
Le conte eft du bon temps, non du fiecle où nous fommes.
Ce Roy vid un troupeau qui couvroit tous les champs,
Bien broutant, en bon corps, rapportant tous les ans,
Grace aux foins du Berger, de trés-notables fommes.

 Le Berger plut au Roy par ces foins diligens.
Tu merites, dit-il, d'eftre Pafteur de gens ;
Laiffe-là tes moutons, vien conduire des hommes.
Je te fais Juge Souverain.
Voilà noftre Berger la balance à la main.
Quoy qu'il n'euft guere veu d'autres gens qu'un Hermite,
Son troupeau, fes mâtins, le loup, & puis c'eft tout,
Il avoit du bon fens ; le refte vient en fuite.
Bref il en vint fort bien about.
L'Hermite fon voifin accourut pour luy dire :
Veillay-je, & n'eft-ce point un fonge que je vois ?

 Vous favory ! vous grand ! défiez-vous des Rois :
Leur faveur eft gliffante, on s'y trompe ; & le pire,
C'eft qu'il en coûte cher ; de pareilles erreurs
Ne produifent jamais que d'illuftres malheurs.
Vous ne connoiffez pas l'attrait qui vous engage.
Je vous parle en amy. Craignez tout. L'autre rit,
Et noftre Hermite pourfuivit :
Voyez combien déja la cour vous rend peu fage.
Je crois voir cet aveugle, à qui dans un voyage
Un ferpent engourdi de froid
Vint s'offrir fous la main ; il le prit pour un foüet.

 Le fien s'eftoit perdu tombant de fa ceinture.
Il rendoit grace au Ciel de l'heureufe avanture,
Quand un paffant cria : Que tenez-vous ? ô Dieux !
Jettez cet animal traiftre & pernicieux,
Ce ferpent. C'eft un foüet. C'eft un ferpent, vous dis-je :
À me tant tourmenter quel intereft m'oblige ?
Pretendez-vous garder ce trefor ? Pourquoy non ?
Mon foüet eftoit ufé ; j'en retrouve un fort bon ;
Vous n'en parlez que par envie.

L'aveugle enfin ne le crut pas,
Il en perdit bien-toſt la vie :
L'animal dégourdy piqua ſon homme au bras.

  Quant à vous, j'oſe vous prédire
Qu'il vous arrivera quelque choſe de pire.
Eh, que me ſçauroit-il arriver que la mort ?
Mille dégouſts viendront, dit le Prophete Hermite.
Il en vint en effet ; l'Hermite n'eut pas tort.
Mainte peſte de Cour, fit tant par maint reſſort,
Que la candeur du Juge, ainſi que ſon merite,
Furent ſuſpects au Prince. On cabale, on ſuſcite
Accuſateurs & gens grevez par ſes arreſts.
De nos biens, dirent-ils, il s'eſt fait un Palais.
Le Prince voulut voir ces richeſſes immenſes,
Il ne trouva par tout que médiocrité,

  Loüanges du deſert & de la pauvreté ;
C'eſtoient là ſes magnificences.
Son fait, dit-on, conſiſte en des pierres de prix.
Un grand coffre en eſt plein, fermé de dix ſerrures.
Luy-meſme ouvrit ce coffre, & rendit bien ſurpris
Tous les machineurs d'impoſtures.
Le coffre eſtant ouvert, on y vid des lambeaux,
L'habit d'un gardeur de troupeaux,
Petit chapeau, jupon, panetiere, houlette,
Et je penſe auſſi ſa muſette.
Doux treſors, ce dit-il, chers gages qui jamais
N'attiraſtes ſur vous l'envie & le menſonge,
Je vous reprens : ſortons de ces riches Palais

  Comme l'on ſortiroit d'un ſonge.
Sire, pardonnez-moy cette exclamation.
J'avois préveu ma cheute en montant ſur le faiſte.
Je m'y ſuis trop complu ; mais qui n'a dans la teſte
Un petit grain d'ambition ?

X.
Les Poiſſons & le Berger qui joüe de la flûte.

TYrcis qui pour la ſeule Annette
Faiſoit reſonner les accords
D'une voix & d'une muſette,

Capables de toucher les morts,
Chantoit un jour le long des bords

  D'une onde arrosant des prairies,
Dont Zephire habitoit les campagnes fleuries.
Annette cependant à la ligne peschoit ;
Mais nul poisson ne s'approchoit.
La Bergere perdoit ses peines.
Le Berger qui par ses chansons
Eust attiré des inhumaines,
Crut, & crut mal, attirer des poissons.
Il leur chanta cecy. Citoyens de cette onde,
Laissez vostre Nayade en sa grote profonde.
Venez voir un objet mille fois plus charmant.
Ne craignez point d'entrer aux prisons de la Belle :
Ce n'est qu'à nous qu'elle est cruelle :
Vous serez traitez doucement,
On n'en veut point à vostre vie :

  Un vivier vous attend plus clair que fin cristal.
Et quand à quelques-uns l'appast seroit fatal,
Mourir des mains d'Annette est un sort que j'envie.
Ce discours éloquent ne fit pas grand effet :
L'auditoire estoit sourd aussi bien que muet.
Tyrcis eut beau prescher : ses paroles miellées
S'en estant aux vents envolées,
Il tendit un long rets. Voila les poissons pris,
Voila les poissons mis aux pieds de la Bergere.
Ô vous Pasteurs d'humains & non pas de brebis :
Rois qui croyez gagner par raisons les esprits
D'une multitude étrangere,

  Ce n'est jamais par-là que l'on en vient à bout :
Il y faut une autre maniere.
Servez-vous de vos rets, la puissance fait tout.

XI.
LES DEUX PERROQUETS, LE ROY & SON FILS.

DEux Perroquets, l'un pere & l'autre fils,
Du rost d'un Roy faisoient leur ordinaire.
Deux demi-dieux, l'un fils & l'autre pere,

De ces oyſeaux faiſoient leurs favoris.
L'âge lioit une amitié ſincere
Entre ces gens : les deux peres s'aimoient ;
Les deux enfans, malgré leur cœur frivole,
L'un avec l'autre auſſi s'accoûtumoient,
Nourris enſemble, & compagnons d'école.
C'eſtoit beaucoup d'honneur au jeune Perroquet ;
Car l'enfant eſtoit Prince & ſon pere Monarque.
Par le temperament que luy donna la parque,
Il aimoit les oyſeaux. Un Moineau fort coquet,
Et le plus amoureux de toute la Province,
Faiſoit auſſi ſa part des delices du Prince.

    Ces deux rivaux un jour enſemble ſe joüans,
Comme il arrive aux jeunes gens,
Le jeu devint une querelle.
Le Paſſereau peu circonſpec,
S'attira de tels coups de bec,
Que demy mort & traiſnant l'aiſle,
On crut qu'il n'en pourroit guerir
Le Prince indigné fit mourir
Son Perroquet. Le bruit en vint au pere.
L'infortuné vieillard crie & ſe deſeſpere.
Le tout en vain ; ſes cris ſont ſuperflus :
L'oyſeau parleur eſt déjà dans la barque :
Pour dire mieux, l'oiſeau ne parlant plus
Fait qu'en fureur ſur le fils du Monarque
Son pere s'en va fondre, & luy creve les yeux.
Il ſe ſauve auſſi-toſt, & choiſit pour azile

    Le haut d'un Pin. Là dans le ſein des Dieux
Il gouſte ſa vengeance en lieu ſeur & tranquille.
Le Roy luy-meſme y court, & dit pour l'attirer ;
Amy, reviens chez moy : que nous ſert de pleurer ?
Haine, vengeance & deuil, laiſſons tout à la porte.
Je ſuis contraint de déclarer,
Encor que ma douleur ſoit forte,
Que le tort vient de nous : mon fils fut l'agreſſeur :
Mon fils ! non ; C'eſt le ſort qui du coup eſt l'autheur.
La Parque avoit écrit de tout temps en ſon livre
Que l'un de nos enfans devoit ceſſer de vivre,

    L'autre de voir, par ce malheur.
Conſolons-nous tous deux, & reviens dans ta cage.

Le Perroquet dit : Sire Roy,
Crois-tu qu'aprés un tel outrage
Je me doive fier à toy ?
Tu m'allegues le fort ; prétens-tu par ta foy
Me leurrer de l'appaſt d'un profane langage ?
Mais que la providence ou bien que le deſtin
Regle les affaires du monde,
Il eſt écrit là-haut qu'au faiſte de ce pin
Ou dans quelque Foreſt profonde
J'acheveray mes jours loin du fatal objet
Qui doit t'eſtre un juſte ſujet
De haine & de fureur. Je ſçay que la vengeance

    Eſt un morceau de Roy, car vous vivez en Dieux.
Tu veux oublier cette offenſe :
Je le crois : cependant, il me faut pour le mieux
Éviter ta main & tes yeux.
Sire Roy mon amy, va-t'en, tu perds ta peine,
Ne me parle point de retour :
L'abſence eſt auſſi bien un remede à la haine
Qu'un appareil contre l'amour.

XII.
La Lionne & l'Ourſe.

MEre Lionne avoit perdu ſon fan.
Un Chaſſeur l'avoit pris. La pauvre infortunée
Pouſſoit un tel rugiſſement

    Que toute la Foreſt eſtoit importunée.
La nuit ny ſon obſcurité,
Son ſilence & ſes autres charmes,
De la Reine des bois n'arreſtoit les vacarmes
Nul animal n'eſtoit du ſommeil viſité.
L'Ourſe enfin luy dit : Ma commere,
Un mot ſans plus ; tous les enfans
Qui ſont paſſez entre vos dents,
N'avoient-ils ny pere ny mere ?
Ils en avoient. S'il eſt ainſi,
Et qu'aucun de leur mort n'ait nos teſtes rompuës,
Si tant de meres ſe ſont teuës,
Que ne vous taiſez-vous auſſi ?
Moy me taire ? moy malheureuſe !

Ah j'ay perdu mon fils ! Il me faudra traiſner
Une vieilleſſe douloureuſe.

  Dites-moy, qui vous force à vous y condamner ?
Helas ! c'eſt le deſtin qui me hait. Ces parolles
Ont eſté de tout temps en la bouche de tous.
Miſerables humains, cecy s'adreſſe à vous :
Je n'entens reſonner que des plaintes frivoles.
Quiconque en pareil cas ſe croit hai des Cieux,
Qu'il conſidere Hecube, il rendra grace aux Dieux.

XIII.
LES DEUX AVANTURIERS & LE TALISMAN.

AUcun chemin de fleurs ne conduit à la gloire.
Je n'en veux pour témoin, qu'Hercule & ſes travaux.
Ce Dieu n'a guère de rivaux :

  J'en vois peu dans la Fable, encor moins dans l'Hiſtoire.
En voicy pourtant un que de vieux Taliſmans
Firent chercher fortune au pays des Romans.
Il voyageoit de compagnie.
Son camarade & luy trouverent un poteau
Ayant au haut cet écriteau :
Seigneur Avanturier, s'il te prend quelque envie
De voir ce que n'a veu nul Chevalier errant,
Tu n'as qu'à paſſer ce torrent,
Puis prenant dans tes bras un Elephant de pierre,
Que tu verras couché par terre,
Le porter d'une haleine au ſommet de ce mont

  Qui menace les Cieux de ſon ſuperbe front.
L'un des deux Chevaliers ſeigna du nez. Si l'onde
Eſt rapide autant que profonde,
Dit-il, & ſuppoſé qu'on la puiſſe paſſer,
Pourquoy de l'Elephant s'aller embaraſſer ?
Quelle ridicule entrepriſe !
Le ſage l'aura fait par tel art & de guiſe,
Qu'on le pourra porter peut-eſtre quatre pas :
Mais juſqu'au haut du mont, d'une haleine ? il n'eſt pas
Au pouvoir d'un mortel, à moins que la figure
Ne ſoit d'un Elephant nain, pigmée, avorton,
Propre à mettre au bout d'un baſton :

Auquel cas, où l'honneur d'une telle avanture ?
On nous veut attraper dedans cette écriture :
Ce fera quelque enigme à tromper un enfant.
C'est pourquoy je vous laisse avec voftre Elephant.
Le raifonneur party, l'avantureux fe lance,
Les yeux clos à travers cette eau.
Ny profondeur ny violence
Ne pûrent l'arrefter, & felon l'écriteau
Il vid fon Elephant couché fur l'autre rive.
Il le prend, il l'emporte, au haut du mont arrive,
Rencontre une efplanade, & puis une cité.
Un cry par l'Elephant eft auffi-toft jetté.
Le peuple auffi-toft fort en armes.

Tout autre Avanturier au bruit de ces alarmes
Auroit fuy. Celuy-cy loin de tourner le dos
Veut vendre au moins fa vie, & mourir en Heros.
Il fut tout étonné d'oüir cette cohorte
Le proclamer Monarque au lieu de fon Roy mort.
Il ne fe fit prier que de la bonne forte,
Encor que le fardeau fuft, dit-il, un peu fort.
Sixte en difoit autant quand on le fit faint Pere.
(Seroit-ce bien une misere
Que d'eftre Pape ou d'eftre Roy ?)
On reconnut bien-toft fon peu de bonne foy.
Fortune aveugle fuit aveugle hardieffe.
Le fage quelquefois fait bien d'executer,

    Avant que de donner le temps à la fageffe
    D'envifager le fait, & fans la confulter.

XIV.

Discours A Monsieur
le Duc de la Rochefoucault.

IE me fuis fouvent dit, voyant de quelle forte
L'homme agit & qu'il fe comporte

En mille occafions comme les animaux :
Le Roy de ces gens-là n'a pas moins de defaux
Que fes fujets, & la nature
A mis dans chaque creature
Quelque grain d'une maffe où puifent les efprits :
J'entens les efprits corps, & paitris de matiere.

Je vais prouver ce que je dis.
À l'heure de l'affust, soit lors que la lumiere
Précipite ses traits dans l'humide sejour ;
Soit lors que le Soleil rentre dans sa carriere,
Et que n'estant plus nuit, il n'est pas encor jour,
Au bord de quelque bois sur un arbre je grimpe ;
Et nouveau Jupiter du haut de cet olimpe,

  Je foudroye à discretion
Un lapin qui n'y pensoit guere.
Je vois fuir aussi-tost toute la nation
Des lapins qui sur la Bruyere,
L'œil éveillé, l'oreille au guet,
S'égayoient & de thim parfumoient leur banquet.
Le bruit du coup fait que la bande
S'en va chercher sa seureté
Dans la soûterraine cité :
Mais le danger s'oublie, & cette peur si grande
S'évanoüit bien-tost. Je revois les lapins
Plus gais qu'auparavant revenir sous mes mains.
Ne reconnoist-on pas en cela les humains ?
Disperfez par quelque orage
À peine ils touchent le port,
Qu'ils vont hazarder encor
Même vent, même naufrage.

  Vrais lapins on les revoit
Sous les mains de la fortune.
Joignons à cet exemple une chose commune.
Quand des chiens étrangers passent par quelque endroit,
Qui n'est pas de leur détroit,
Je laisse à penser quelle feste.
Les chiens du lieu n'ayans en teste
Qu'un interest de gueule, à cris, à coups de dents
Vous accompagnent ces paysans
Jusqu'aux confins du territoire.
Un interest de biens, de grandeur, & de gloire,
Aux Gouverneurs d'Estats, à certains courtisans,
À gens de tous métiers en fait tout autant faire.

  On nous void tous pour l'ordinaire
Piller le survenant, nous jetter sur sa peau.
La coquette & l'auteur font de ce caractere ;
Malheur à l'écrivain nouveau.

Le moins de gens qu'on peut à l'entour du gasteau,
C'est le droit du jeu, c'est l'affaire.
Cent exemples pourroient appuyer mon discours ;
Mais les ouvrages les plus courts
Sont toujours les meilleurs. En cela j'ay pour guides
Tous les maistres de l'art, & tiens qu'il faut laisser
Dans les plus beaux sujets quelque chose à penser :
Ainsi ce discours doit cesser.

    Vous qui m'avez donné ce qu'il a de solide,
Et dont la modestie égale la grandeur,
Qui ne pustes jamais écouter sans pudeur
La loüange la plus permise,
La plus juste & la mieux acquise,
Vous enfin dont à peine ay-je encore obtenu
Que vostre nom receust icy quelques hommages,
Du temps & des censeurs défendant mes ouvrages,
Comme un nom qui des ans & des peuples connu,
Fait honneur à la France en grands noms plus feconde
Qu'aucun climat de l'Univers,
Permettez-moy du moins d'apprendre à tout le monde

    Que vous m'avez donné le sujet de ces Vers.

XV.
Le Marchand, le Gentilhomme, le Pâtre & le Fils de Roy.

QUatre chercheurs de nouveaux mondes,
Presque nus échapez à la fureur des ondes,

    Un Trafiquant, un Noble, un Pâtre, un Fils de Roy,
Réduits au sort de Bellizaire,
Demandoient aux pasans de quoy
Pouvoir soulager leur misere.
De raconter quel sort les avoit assemblez,
Quoy que sous divers points tous quatre ils fussent nez,
C'est un récit de longue haleine.
Ils s'assirent enfin au bord d'une fontaine.
Là le conseil se tint entre les pauvres gens.
Le prince s'étendit sur le malheur des grands.
Le Pâtre fut d'avis qu'éloignant la pensée
De leur avanture passée,

Chacun fift de fon mieux, & s'appliquaft au foin
De pourvoir au commun befoin.
La plainte, ajoûta-t'il, guerit-elle fon homme ?
Travaillons ; c'eft dequoy nous mener jufqu'à Rome.
Un Pâtre ainfi parler ! ainfi parler ; croit-on
Que le Ciel n'ait donné qu'aux teftes couronnées
De l'efprit & de la raifon,
Et que de tout Berger comme de tout mouton,
Les connoiffances foient bornées ?
L'avis de celuy-cy fut d'abord trouvé bon
Par les trois échoûez aux bords de l'Amerique.
L'un (c'eftoit le Marchand) fçavoit l'Arithmetique ;

À tant par mois, dit-il, j'en donneray leçon.
J'enfeigneray la politique,
Reprit le Fils de Roy. Le Noble pourfuivit :
Moy je fçais le blafon ; j'en veux tenir école :
Comme fi devers l'Inde, on euft eu dans l'efprit
La fotte vanité de ce jargon frivole.
Le Pâtre dit : Amis, vous parlez bien ; mais quoy,
Le mois a trente jours, jufqu'à cette écheance
Jeufnerons-nous par voftre foy ?
Vous me donnez une efperance
Belle, mais éloignée ; & cependant j'ay faim.
Qui pourvoira de nous au dîner de demain ?
Ou plûtoft fur quelle affurance

Fondez-vous, dites-moy, le foûper d'aujourd'huy ?
Avant tout autre c'eft celuy
Dont il s'agit : votre fcience
Eft courte là-deffus ; ma main y fupplêra.
À ces mots le Pâtre s'en va
Dans un bois : il y fit des fagots dont la vente,
Pendant cette journée & pendant la fuivante,
Empefcha qu'un long jeufne à la fin ne fift tant
Qu'ils allaffent là-bas exercer leur talent.
Je conclus de cette avanture,
Qu'il ne faut pas tant d'art pour conferver fes jours ;
Et grace aux dons de la nature,
La main eft le plus feur & le plus prompt fecours.

Livre XI

Fable I.
Le Lion.

SUltan Leopard autresfois
Eut, ce dit-on, par mainte aubeine,
Force bœufs dans ſes prez, force Cerfs dans ſes bois,
    Force moutons parmi la plaine.
Il naquit un Lion dans la foreſt prochaine.
Apres les complimens & d'une & d'autre part,
Comme entre grands il ſe pratique,
Le Sultan fit venir ſon Viſir le Renard,
Vieux routier & bon politique.
Tu crains, ce luy dit-il, Lionceau mon voiſin :
Son pere eſt mort, que peut-il faire ?
Plains plûtoſt le pauvre orphelin.
Il a chez luy plus d'une affaire ;
Et devra beaucoup au deſtin
S'il garde ce qu'il a ſans tenter de conqueſte.
Le Renard dit branlant la teſte :
Tels orphelins, Seigneur, ne me font point pitié :
Il faut de celuy-cy conſerver l'amitié,
Ou s'efforcer de le détruire,
    Avant que la griffe & la dent
Lui ſoit cruë, & qu'il ſoit en eſtat de nous nuire :
N'y perdez pas un ſeul moment.
J'ay fait ſon horoſcope : il croiſtra par la guerre.
Ce ſera le meilleur Lion
Pour ſes amis qui ſoit ſur terre,
Taſchez donc d'en eſtre, ſinon
Taſchez de l'affoiblir. La harangue fut vaine.
Le Sultan dormoit lors ; & dedans ſon domaine
Chacun dormoit auſſi, beſtes, gens ; tant qu'enfin
Le Lionceau devient vray Lion. Le tocſin
Sonne auſſi-toſt ſur luy ; l'alarme ſe promeine
De toutes parts ; & le Viſir,
Conſulté là-deſſus dit avec un ſoûpir :

  Pourquoy l'irritez-vous ? La chose est sans remede.
En vain nous appellons mille gens à nostre ayde.
Plus ils font, plus il coûte ; & je ne les tiens bons
Qu'à manger leur part des moutons.
Appaisez le Lion : seul il passe en puissance
Ce monde d'alliez vivans sur nostre bien :
Le Lion en a trois qui ne luy coûtent rien,
Son courage, sa force, avec sa vigilance.
Jettez-luy promptement sous la griffe un mouton :
S'il n'en est pas content jettez-en davantage.
Joignez-y quelque bœuf : choisissez pour ce don
Tout le plus gras du pasturage.
Sauvez le reste ainsi. Ce conseil ne plut pas,
Il en prit mal, & force états

  Voisins du Sultan en pâtirent :
Nul n'y gagna ; tous y perdirent.
Quoy que fist ce monde ennemi,
Celuy qu'ils craignoient fut le maistre.
Proposez-vous d'avoir le Lion pour ami
Si vous voulez le laisser craistre.

POUR MONSEIGNEUR LE DUC
du Mayne.

JUpiter eut un fils qui se sentant du lieu
Dont il tiroit son origine
Avoit l'ame toute divine.
L'enfance n'aime rien : celle du jeune Dieu

  Faisoit sa principale affaire
Des doux soins d'aimer & de plaire.
En luy l'amour & la raison
Devancerent le temps, dont les aîles legeres
N'amenent que trop-tost, helas ! chaque saison.
Flore aux regards riants, aux charmantes manieres,
Toucha d'abord le cœur du jeune Olimpien.
Ce que la passion peut inspirer d'adresse,
Sentimens délicats & remplis de tendresse,
Pleurs, soûpirs, tout en fut : bref, il n'oublia rien.
Le fils de Jupiter devoit par sa naissance
Avoir un autre esprit & d'autres dons des Cieux,
Que les enfans des autres Dieux.

Il ſembloit qu'il n'agiſt que par réminiſcence,
Et qu'il euſt autresfois foit le métier d'amant,
Tant il le fit parfaitement.
Jupiter cependant voulut le faire inſtruire.
Il aſſembla les Dieux, & dit : J'ay ſceu conduire
Seul & ſans compagnon juſqu'ici l'Univers :
Mais il eſt des emplois divers
Qu'aux nouveaux Dieux je diſtribuë.
Sur cet enfant cheri j'ay donc jetté la veuë.
C'eſt mon ſang : tout eſt plein déja de ſes Autels.
Afin de mériter le rang des immortels,
Il faut qu'il ſçache tout. Le maiſtre du Tonnerre

    Eut a peine achevé que chacun applaudit.
Pour ſçavoir tout, l'enfant n'avoit que trop d'eſprit.
Je veux, dit le Dieu de la guerre,
Lui monſtrer moy-meſme cet art
Par qui maints Heros ont eu part
Aux honneurs de l'Olimpe, & groſſi cet empire.
Je feray ſon maiſtre de lyre,
Dit le blond & docte Apollon.
Et moy, reprit Hercule à la peau de Lion,
Son maiſtre à ſurmonter les vices,
À dompter les tranſports, monſtres empoiſonneurs,
Comme Hydres renaiſſans ſans ceſſe dans les cœurs.
Ennemi des molles délices,
Il apprendra de moy les ſentiers peu battus
Qui meinent aux honneurs ſur les pas des vertus.

    Quand ce vint au Dieu de Cythere,
Il dit qu'il luy montreroit tout.
L'Amour avoit raiſon : dequoy ne vient à bout
L'eſprit joint au deſir de plaire ?

III.
Le Fermier, le Chien, & le Renard.

Le Loup & le Renard ſont d'étranges voiſins :
Je ne baſtiray point autour de leur demeure.
Ce dernier guetoit à toute heure
Les poules d'un Fermier ; & quoy que des plus fins,

    Il n'avoit pû donner d'atteinte à la volaille.

D'une part l'appetit, de l'autre le danger,
N'eſtoient pas au compere un embarras leger.
Hé quoy, dit-il, cette canaille,
Se moque impunément de moy ?
Je vais, je viens, je me travaille,
J'imagine cent tours ; le ruſtre, en paix chez-ſoy,
Vous fait argent de tout, convertit en monnoye,
Ses chapons, ſa poulaille ; il en a meſme au croc :
Et moy maiſtre paſſé, quand j'attrape un vieux coq,
Je ſuis au comble de la joye !
Pourquoy ſire Jupin m'a-t'il donc appellé
Au métier de Renard ? Je jure les puiſſances

    De l'Olimpe & du Stix, il en ſera parlé.
Roulant en ſon cœur ces vengeances,
Il choiſit une nuit liberale en pavots :
Chacun eſtoit plongé dans un profond repos ;
Le Maiſtre du logis, les valets, le chien meſme,
Poules, poulets, chapons, tout dormoit. Le Fermier,
Laiſſant ouvert ſon poulailler,
Commit une ſottiſe extrême.
Le voleur tourne tant qu'il entre au lieu guetté ;
Le dépeuple, remplit de meurtres la cité :
Les marques de ſa cruauté,
Parurent avec l'Aube : on vid un étalage
De corps ſanglans, & de carnage.
Peu s'en falut que le Soleil
Ne rebrouſſaſt d'horreur vers le manoir liquide.

    Tel, & d'un ſpectacle pareil,
Apollon irrité contre le fier Atride
Joncha ſon camp de morts : on vid preſque détruit
L'oſt des Grecs, & ce fut l'ouvrage d'une nuit.
Tel encore autour de ſa tente
Ajax à l'ame impatiente,
De moutons, & de boucs fit un vaſte débris,
Croyant tuer en eux ſon concurrent Uliſſe,
Et les autheurs de l'injuſtice
Par qui l'autre emporta le prix.
Le Renard autre Ajax aux volailles funeſte,
Emporte ce qu'il peut, laiſſe étendu le reſte.
Le Maiſtre ne trouva de recours qu'à crier
Contre ſes gens, ſon chien, c'eſt l'ordinaire uſage.

Ah maudit animal qui n'es bon qu'à noyer,
Que n'avertiſſois-tu dés l'abord du carnage ?
Que ne l'évitiez-vous ? c'euſt eſté plûtoſt fait.
Si vous Maiſtre & Fermier à qui touche le fait,
Dormez ſans avoir ſoin que la porte ſoit cloſe,
Voulez-vous que moy chien qui n'ay rien à la choſe,
Sans aucun intereſt je perde le repos ?
Ce Chien parloit tres-apropos :
Son raiſonnement pouvoit eſtre
Fort bon dans la bouche d'un Maiſtre ;
Mais n'eſtant que d'un ſimple chien,
On trouva qu'il ne valoit rien.
On vous ſangla le pauvre drille.
Toy donc, qui que tu ſois, ô pere de famille,

  (Et je ne t'ay jamais envié cet honneur,)
T'attendre aux yeux d'autruy, quand tu dors, c'eſt erreur.
Couche-toy le dernier, & voy fermer ta porte.
Que ſi quelque affaire t'importe,
Ne la fais point par procureur.

IV.

LE ſONGE D'UN HABITANT DU MOGOL.

  Jadis certain Mogol vid en ſonge un Vizir,
Aux champs Éliſiens poſſeſſeur d'un plaiſir,
Auſſi pur qu'infini, tant en prix qu'en durée ;

  Le meſme ſongeur vid en une autre contrée
Un Hermite entouré de feux,
Qui touchoit de pitié meſme les mal-heureux.
Le cas parut étrange, & contre l'ordinaire,
Minos en ces deux morts ſembloit s'eſtre mépris.
Le dormeur s'éveilla tant il en fut ſurpris.
Dans ce ſonge pourtant ſoupçonnant du myſtere,
Il ſe fit expliquer l'affaire.
L'interprete lui dit : Ne vous étonnez point,
Votre ſonge a du ſens, & ſi j'ay ſur ce poinct
Acquis tant ſoit peu d'habitude,
C'eſt un avis des Dieux. Pendant l'humain ſéjour,
Ce Vizir quelquefois cherchoit la ſolitude ;

  Cet Hermite aux Vizirs alloit faire ſa cour.

Si j'ofois ajoûter au mot de l'interprete,
J'infpirerois icy l'amour de la retraite ;
Elle offre à fes amans des biens fans embarras,
Biens purs, prefens du Ciel, qui naiffent fous les pas.
Solitude où je trouve une douceur fecrete,
Lieux que j'aimay toujours, ne pourray-je jamais,
Loin du monde & du bruit goûter l'ombre & le frais ?
Ô qui m'arreftera fous vos fombres aziles !
Quand pourront les neuf Sœurs, loin des cours & des Villes,
M'occuper tout entier, & m'apprendre des Cieux
Les divers mouvemẽs inconnus à nos yeux,
Les noms & les vertus de ces clartez errantes,

  Par qui font nos deftins & nos mœurs differentes ?
Que fi je ne fuis né pour de fi grands projets,
Du moins que les ruiffeaux m'offrent de doux objets !
Que je peigne en mes Vers quelque rive fleurie !
La Parque à filets d'or n'ourdira point ma vie ;
Je ne dormiray point fous de riches lambris.
Mais void-on que le fomme en perde de fon prix ?
En eft-il moins profond, & moins plein de délices ?
Je luy vouë au defert de nouveaux facrifices.
Quand le moment viendra d'aller trouver les morts,

  J'auray vefcu fans foins, & mourray fans remords.

V.

LE LION, LE SINGE, & LES DEUX ASNES.

Le Lion, pour bien gouverner,
Voulant apprendre la morale,
Se fit un beau jour amener
Le Singe maiftre es arts chez la gent animale.

  La premiere leçon que donna le Regent,
Fut celle-cy : Grand Roy, pour regner fagement,
Il faut que tout Prince prefere
Le zele de l'Eftat à certain mouvement,
Qu'on appelle communément
Amour propre ; car c'eft le pere,
C'eft l'autheur de tous les défauts,
Que l'on remarque aux animaux.
Vouloir que de tout poinct ce fentiment vous quitte,

Ce n'est pas chose si petite
Qu'on en vienne à bout en un jour :
C'est beaucoup de pouvoir moderer cet amour.
Par là vostre personne auguste
N'admettra jamais rien en soy
De ridicule ny d'injuste.
Donne moy, repartit le Roy,
Des exemples de l'un & l'autre.

 Toute espece, dit le Docteur,
(Et je commence par la nostre)
Toute profession s'estime dans son cœur,
Traite les autres d'ignorantes,
Les qualifie impertinentes,
Et semblables discours qui ne nous coûtent rien.
L'amour propre au rebours, fait qu'au degré suprême
On porte ses pareils ; car c'est un bon moyen
De s'élever aussi soy-mesme.
De tout ce que dessus j'argumente tres-bien,
Qu'icy bas maint talent n'est que pure grimace,
Cabale, & certain art de se faire valoir,
Mieux sceu des ignorans, que des gens de sçavoir.
L'autre jour suivant à la trace

 Deux Asnes qui prenant tour à tour l'encensoir
Se loüoient tour à tour, comme c'est la maniere ;
J'oüis que l'un des deux disoit à son confrere :
Seigneur, trouvez-vous pas bien injuste & bien sot
L'homme cet animal si parfait ? il profâne
Nostre auguste nom, traitant d'Asne
Quiconque est ignorant, d'esprit lourd, idiot ;
Il abuse encore d'un mot,
Et traite nostre rire, & nos discours de braire.
Les humains sont plaisans de pretendre exceller
Par dessus nous ; non, non ; c'est à vous de parler,
À leurs Orateurs de se taire.

 Voilà les vrays braillards ; mais laissons-là ces gens ;
Vous m'entendez, je vous entends :
Il suffit : & quant aux merveilles,
Dont vostre divin chant vient frapper les oreilles,
Philomele est au prix novice dans cet Art :
Vous surpassez Lambert. L'autre baudet repart :
Seigneur, j'admire en vous des qualitez pareilles.

Ces Asnes non contens de s'estre ainsi gratez,
S'en allerent dans les Citez
L'un l'autre se prosner. Chacun d'eux croyoit faire
En prisant ses pareils une fort bonne affaire,
Pretendant que l'honneur en reviendroit sur luy.

    J'en connois beaucoup aujourd'huy,
Non parmy les baudets, mais parmy les puissances
Que le Ciel voulut mettre en de plus hauts degrez,
Qui changeroient entre eux les simples excellences,
S'ils osoient en des majestez.
J'en dis peut-estre plus qu'il ne faut, & suppose.
Que vostre majesté gardera le secret.
Elle avoit soûhaité d'apprendre quelque trait
Qui luy fist voir entre autre chose
L'amour propre, donnant du ridicule aux gens.
L'injuste aura son tour : il y faut plus de temps.
Ainsi parla ce Singe. On ne m'a pas sçeu dire

    S'il traita l'autre poinct ; car il est délicat ;
Et nostre maistre es Arts qui n'estoit pas un fat
Regardoit ce Lion comme un terrible sire.

VI.
Le Loup, & le Renard.

Mais d'où vient qu'au Renard Ésope accorde un poinct ?
C'est d'exceller en tours pleins de matoiserie.
J'en cherche la raison, & ne la trouve point.

    Quand le Loup a besoin de défendre sa vie,
Ou d'attaquer celle d'autruy,
N'en sçait-il pas autant que luy ?
Je crois qu'il en sçait plus, & j'oserois peut-estre
Avec quelque raison contredire mon maistre.
Voicy pourtant un cas où tout l'honneur échût
À l'hoste des terriers. Un soir il apperçeut
La Lune au fond d'un puits : l'orbiculaire image
Luy parut un ample fromage.
Deux sceaux alternativement
Puisoient le liquide élement.
Nostre Renard pressé par une faim canine,
S'accommode en celuy qu'au haut de la machine
L'autre sceau tenoit suspendu.

Voilà l'animal defcendu,
Tiré d'erreur ; mais fort en peine,
Et voyant fa perte prochaine.
Car comment remonter fi quelque autre affamé
De la mefme image charmé,
Et fuccedant à fa mifere
Par le mefme chemin ne le tiroit d'affaire ?
Deux jours s'eftoient paffez fans qu'aucun vinft au puits ;
Le temps qui toûjours marche avoit pendant deux nuits
Echancré felon l'ordinaire
De l'aftre au front d'argent la face circulaire.
Sire Renard eftoit defefperé,
Compere Loup, le gofier alteré,
Paffe par là : l'autre dit ; Camarade,
Je vous veux régaler ; voyez-vous cet objet ?

C'eft un fromage exquis. Le Dieu Faune l'a fait,
La vache Io donna le laict.
Jupiter, s'il eftoit malade,
Reprendroit l'appetit en taftant d'un tel mets.
J'en ay mangé cette échancrure,
Le refte vous fera fuffifante pafture.
Defcendez dans un fceau que j'ay là mis exprés.
Bien qu'au moins mal qu'il puft il ajuftaft l'hiftoire,
Le Loup fut un fot de le croire :
Il defcend, & fon poids emportant l'autre part,
Reguinde en haut maiftre Renard.
Ne nous en mocquons point : nous nous laiffons féduire
Sur auffi peu de fondement ;

Et chacun croit fort aifement
Ce qu'il craint, & ce qu'il defire.

VII.
LE PAÏSAN DU DANUBE.

Il ne faut point juger des gens fur l'apparence.
Le confeil en eft bon ; mais il n'eft pas nouveau :
Jadis l'erreur du Souriceau
Me fervit à prouver le difcours que j'avance.

J'ay pour le fonder à prefent
Le bon Socrate, Éfope, & certain Païfan

Des rives du Danube, homme dont Marc-Aurele
Nous fait un portrait fort fidele.
On connoiſt les premiers ; quant à l'autre, voicy
Le perſonnage en racourci.
Son menton nourriſſoit une barbe touffuë,
Toute ſa perſonne veluë
Repreſentoit un Ours, mais un Ours mal leché.
Sous un ſourcil épais il avoit l'œil caché,
Le regard de travers, nez tortu, groſſe levre,
Portoit ſayon de poil de chevre,
Et ceinture de joncs marins.
Cet homme ainſi baſty fut deputé des Villes
Que lave le Danube : il n'eſtoit point d'aziles,

    Où l'avarice des Romains
Ne penetraſt alors, & ne portaſt les mains.
Le deputé vint donc, & fit cette harangue,
Romains, & vous Senat aſſis pour m'écoûter,
Je ſupplie avant tout les Dieux de m'aſſiſter :
Veüillent les immortels conducteurs de ma langue
Que je ne diſe rien qui doive eſtre repris.
Sans leur ayde il ne peut entrer dans les eſprits,
Que tout mal & toute injuſtice :
Faute d'y recourir on viole leurs loix.
Témoin nous que punit la Romaine avarice :
Rome eſt par nos forfaits, plus que par ſes exploits,
L'inſtrument de noſtre ſupplice.

    Craignez Romains, craignez, que le Ciel quelque jour
Ne tranſporte chez vous les pleurs & la miſere,
Et mettant en nos mains par un juſte retour
Les armes dont ſe ſert ſa vengeance ſevere,
Il ne vous faſſe en ſa colere
Nos eſclaves à voſtre tour.
Et pourquoy ſommes nous les voſtres ? qu'on me die
En quoy vous valez mieux que cent peuples divers ?
Quel droit vous a rendus maiſtres de l'Univers ?
Pourquoy venir troubler une innocente vie ?
Nous cultivions en paix d'heureux champs, & nos mains

    Eſtoient propres aux Arts, ainſi qu'au labourage :
Qu'avez-vous appris aux Germains ?
Ils ont l'adreſſe & le courage :
S'ils avoient eu l'avidité,

Comme vous, & la violence,
Peut eſtre en voſtre place ils auroient la puiſſance,
Et ſçauroient en uſer ſans inhumanité.
Celle que vos Preteurs ont ſur nous exercée
N'entre qu'à peine en la penſée.
La majeſté de vos Autels
Elle meſme en eſt offenſée :
Car ſçachez que les immortels
Ont les regards ſur nous. Graces à vos exemples ;
Ils n'ont devant les yeux que des objets d'horreur,
De mépris d'eux, & de leurs Temples,

  D'avarice qui va juſques à la fureur.
Rien ne ſuffit aux gens qui nous viennent de Rome ;
La terre, & le travail de l'homme
Font pour les aſſouvir des efforts ſuperflus.
Retirez les ; on ne veut plus
Cultiver pour eux les campagnes ;
Nous quittons les Citez, nous fuyons aux montagnes
Nous laiſſons nos cheres compagne.
Nous ne converſons plus qu'avec des Ours affreux,
Découragez de mettre au jour des malheureux ;
Et de peupler pour Rome un païs qu'elle opprime.
Quant à nos enfans déja nez
Nous ſoûhaitons de voir leurs jours bientoſt bornez :

  Vos Preteurs au mal-heur nous font joindre le crime.
Retirez-les, ils ne nous apprendront
Que la molleſſe, & que le vice.
Les Germains comme eux deviendront
Gens de rapine & d'avarice.
C'eſt tout ce que j'ay veu dans Rome à mon abord :
N'a-t'on point de preſent à faire ?
Point de pourpre à donner ? c'eſt en vain qu'on eſpere
Quelque refuge aux loix : encor leur miniſtere
A-t'il mille longueurs. Ce diſcours un peu fort
Doit commencer à vous déplaire.
Je finis. Puniſſez de mort
Une plainte un peu trop ſincere.
À ces mots il ſe couche, & chacun étonné

  Admire le grand cœur, le bon ſens, l'éloquence
Du ſauvage ainſi proſterné.
On le créa Patrice ; & ce fut la vengeance,

Qu'on crut qu'un tel difcours méritoit. On choifit
D'autres Preteurs, & par écrit
Le Senat demanda ce qu'avoit dit cet homme,
Pour fervir de modele aux parleurs à venir.
On ne fçeut pas long-temps à Rome
Cette éloquence entretenir.

VIII.
LE VIEILLARD, & LES TROIS JEUNES HOMMES.

UN octogenaire plantoit.
Paffe encor de baftir ; mais planter à cét âge !
Difoient trois jouvenceaux enfans du voifinage,
  Affurement il radotoit.
Car au nom des Dieux, je vous prie,
Quel fruict de ce labeur pouvez-vous recüeillir ?
Autant qu'un Patriarche il vous faudroit vieillir.
À quoy bon charger voftre vie
Des foins d'un avenir qui n'eft pas fait pour vous ?
Ne fongez deformais qu'à vos erreurs paffées :
Quittez le long efpoir, & les vaftes penfées ;
Tout cela ne convient qu'à nous.
Il ne convient pas à vous mefmes,
Repartit le Vieillard. Tout établiffement
Vient tard & dure peu. La main des Parques blefmes
De vos jours, & des miens fe jouë également.

  Nos termes font pareils par leur courte durée.
Qui de nous des clartez de la voûte azurée
Doit joüir le dernier ? Eft-il aucun moment
Qui vous puiffe affurer d'un fecond feulement ?
Mes arriere-neveux me devront cét ombrage :
Hé bien défendez vous au Sage
De fe donner des foins pour le plaifir d'autruy ?
Cela mefme eft un fruict que je goufte aujourd'huy :
J'en puis joüir demain, & quelques jours encore :
Je puis enfin compter l'Aurore
Plus d'une fois fur vos tombeaux.
Le Vieillard eut raifon ; l'un des trois jouvenceaux

  Se noya dés le port allant à l'Amerique.
L'autre afin de monter aux grandes dignitez,
Dans les emplois de Mars fervant la Republique,

Par un coup impréveu vid ſes jours emportez.
Le troiſiéme tomba d'un arbre
Que luy meſme il voulut enter :
Et pleurez du Vieillard, il grava ſur leur marbre
Ce que je viens de raconter.

IX.

LES SOURIS, & LE CHAT-HUANT.

Il ne faut jamais dire aux gens,
Écoûtez un bon mot, oyez une merveille.
Sçavez-vous ſi les écoûtans
En feront une eſtime à la voſtre pareille ?

    Voicy pourtant un cas qui peut eſtre excepté.
Je le maintiens prodige, & tel que d'une Fable,
Il a l'air & les traits, encor que veritable.
On abattit un pin pour ſon antiquité,
Vieux Palais d'un hibou, triſte & ſombre retraite
De l'oiſeau qu'Atropos prend pour ſon interprete.
Dans ſon tronc caverneux, & miné par le temps.
Logeoient entre autres habitans
Force ſouris ſans pieds, toutes rondes de graiſſe.
L'oyſeau les nourriſſoit parmy des tas de bled,
Et de ſon bec avoit leur troupeau mutilé ;
Cét Oyſeau raiſonnoit. Il faut qu'on le confeſſe.

    En ſon temps aux Souris le compagnon chaſſa
Les premieres qu'il prit du logis échapées.
Pour y remedier, le drôle eſtropia
Tout ce qu'il prit en fuite. Et leurs jambes coupées
Firent qu'il les mangeoit à ſa commodité,
Aujourd'huy l'une, & demain l'autre.
Tout manger à la fois, l'impoſſibilité
S'y trouvoit, joint auſſi le ſoin de ſa ſanté.
Sa prévoyance alloit auſſi loin que la noſtre ;
Elle alloit juſqu'à leur porter
Vivres & grains pour ſubſiſter.
Puis, qu'un Carteſien s'obſtine
À traiter ce hibou de montre, & de machine,

    Quel reſſort luy pouvoit donner
Le conſeil de tronquer un peuple mis en muë ?

Si ce n'eſt pas là raiſonner,
La raiſon m'eſt choſe inconnuë.
Voyez que d'argumens il fit.
Quand ce peuple eſt pris il s'enfuit :
Donc il faut le croquer auſſi-toſt qu'on le hape.
Tout ; il eſt impoſſible. Et puis pour le beſoin
N'en dois-je pas garder ? donc il faut avoir ſoin
De le nourrir ſans qu'il échape.
Mais comment ? oſtons-luy les pieds. Or trouvez-moy
Choſe par les humains à ſa fin mieux conduite.

  Quel autre art de penſer Ariſtote & ſa ſuite
Enſeignent-ils par voſtre foy ?

  Cecy n'eſt point une Fable, & la choſe quoy que merveilleuſe & preſque incroyable, eſt veritablement arrivée. J'ay peut eſtre porté trop loin la prévoyance de ce hibou ; car je ne pretends pas établir dans les beſtes un progrés de raiſonnement tel que celuy-cy ; mais ces exagerations ſont permiſes à la Poëſie, ſur tout dans la maniere d'écrire dont je me ſers.

ÉPILOGUE.

C'eſt ainſi que ma Muſe, aux bords d'une onde pure,
Traduiſoit en langue des Dieux,
Tout ce que diſent ſous les Cieux
Tant d'eſtres empruntans la voix de la nature.
Trucheman de peuples divers
Je les faiſois ſervir d'Acteurs en mon Ouvrage :
Car tout parle dans l'Univers ;
Il n'eſt rien qui n'ait ſon langage.
Plus éloquens chez-eux qu'ils ne ſont dans mes Vers.
Si ceux que j'introduis me trouvent peu fidele,
Si mon œuvre n'eſt pas un aſſez bon modele,

  J'ay du moins ouvert le chemin :
D'autres pourront y mettre une derniere main.
Favoris des neuf Sœurs achevez l'entrepriſe :
Donnez mainte leçon que j'ay ſans doute omiſe :
Sous ces inventions il faut l'envelopper :
Mais vous n'avez que trop dequoy vous occuper :
Pendant le doux employ de ma Muſe innocente,
Loüis dompte l'Europe, & d'une main puiſſante

Il conduit à leur fin les plus nobles projets
Qu'ait jamais formez un Monarque.
Favoris des neuf Sœurs, ce sont-là des sujets
Vainqueurs du temps & de la Parque.

Troisième Recueil : 1694

À Monseigneur Le Duc De Bourgogne

Monseigneur,

Je ne puis emploïer pour mes Fables de Protection qui me soit plus glorieuse que la vôtre. Ce goût exquis, & ce jugement si solide que vous faites paroître dans toutes choses au delà d'un âge où à peine les autres Princes sont-ils touchez de ce qui les environne avec le plus d'éclat ; tout cela joint au devoir de vous obéir & à la passion de vous plaire, m'a obligé de vous presenter un Ouvrage dont l'Original a été l'admiration de tous les siecles, aussi-bien que celle de tous les Sages. Vous m'avez même ordonné de continuër ; et si vous me permettez de le dire, il y a des sujets dont je vous suis redevable, & où vous avez jetté des graces qui ont été admirées de tout le monde. Nous n'avons plus besoin de consulter ni Apollon, ni les Muses, ni aucune des Divinitez du Parnasse. Elles se rencontrent toutes dans les presens que vous a faits la Nature, & dans cette science de bien juger des Ouvrages de l'esprit, à quoi vous joignez déja celle de connoître toutes les regles qui y conviennent. Les Fables d'Ésope sont une ample matiere pour ces talens. Elles embrassent toutes sortes d'évenemens & de caracteres. Ces mensonges sont proprement une maniere d'Histoire, où on ne flate personne. Ce ne sont pas choses de peu d'importance que ces sujets. Les Animaux sont les precepteurs des Hommes dans mon Ouvrage. Je ne m'étendrai pas davantage là-dessus ; vous voïez mieux que moi le profit qu'on en peut tirer. Si Vous vous connaissez maintenant en Orateurs & en Poëtes, Vous vous connoîtrez encore mieux quelque jour en bons Politiques & en bons Generaux d'Armée ; & Vous vous tromperez aussi peu au choix des Personnes qu'au mérite des Actions. Je ne suis pas d'un âge à esperer d'en être témoin. Il faut que je me contente de travailler sous vos ordres. L'envie de vous plaire me tiendra lieu d'une imagination que les ans ont affoiblie. Quand vous souhaiterez quelque Fable, je la trouverai dans ce fonds-là. Je voudrois bien que vous y pussiez trouver des loüanges dignes du Monarque qui fait maintenant le deſtin de tant de Peuples & de Nations, & qui rend toutes les parties du Monde attentives à ſes Conquêtes, à ſes Victoires, & à la Paix qui ſemble ſe rapprocher, & dont il impoſe les conditions avec toute la moderation que peuvent ſouhaiter nos Ennemis. Je me le figure comme un Conquerant qui veut mettre des bornes à ſa Gloire & à ſa Puiſſance, & de qui on pourroit dire à meilleur titre qu'on ne l'a dit d'Alexandre ; qu'il va tenir les États de l'Vnivers, en obligeant les Miniſtres de tant de Princes de s'aſſembler, pour terminer une guerre qui ne peut être que ruineuſe à leurs Maîtres. Ce ſont des ſujets au-deſſus de nos paroles : Je les laiſſe à de meilleures Plumes que la mienne ; & ſuis, avec un profond reſpect,

> MONSEIGNEUR,
> Vôtre tres-humble, tres-obéïſſant
> & tres-fidele Serviteur,
> DE LA FONTAINE.

LIVRE XII

FABLE I.
LES COMPAGNONS D'ULISSE.

À Monſeigneur le Duc de Bourgogne.

PRINCE, l'unique objet du ſoin des Immortels,
Souffrez que mon encens parfume vos Autels.
    Je vous offre un peu tard ces Preſens de ma Muſe ;
Les ans & les travaux me ſerviront d'excuſe :
Mon eſprit diminuë, au lieu qu'à chaque inſtant
On apperçoit le vôtre aller en augmentant.
Il ne va pas, il court, il ſemble avoir des aîles.
Le Heros dont il tient des qualitez ſi belles,
Dans le métier de Mars brûle d'en faire autant ;
Il ne tient pas à luy que forçant la Victoire
    Il ne marche à pas de géant
    Dans la carriere de la Gloire.
Quelque Dieu le retient ; c'eſt nôtre Souverain,
Lui qu'un mois a rendu maître & vainqueur du Rhin.

    Cette rapidité fut alors neceſſaire :
Peut-être elle ſeroit aujourd'hui temeraire.

Je m'en tais ; auſſi-bien les Ris & les Amours
Ne ſont pas ſoupçonnez d'aimer les longs diſcours.
De ces ſortes de Dieux vôtre Cour ſe compoſe.
Ils ne vous quittent point. Ce n'eſt pas qu'apres tout
D'autres Divinitez n'y tiennent le haut bout ;
Le ſens & la raiſon y reglent toute choſe.
Conſultez ces derniers ſur un fait où les Grecs,
Imprudens & peu circonſpects,
S'abandonnerent à des charmes
Qui métamorphoſoient en bêtes les humains.

    Les Compagnons d'Uliſſe, apres dix ans d'alarmes,
Erroient au gré du vent, de leur ſort incertains.
    Ils aborderent un rivage
    Où la fille du Dieu du Jour,
    Circé, tenoit alors ſa Cour.
    Elle leur fit prendre un breuvage
Délicieux, mais plein d'un funeſte poiſon.
    D'abord ils perdent la raiſon :
Quelques momens apres leur corps & leur viſage
Prennent l'air & les traits d'animaux differens.
Les voilà devenus Ours, Lions, Elephans ;
    Les uns ſous une maſſe énorme,
    Les autres ſous une autre forme :
Il s'en vid de petits, *exemplum ut Talpa* ;
    Le ſeul Uliſſe en échappa.
Il ſçut ſe defier de la liqueur traîtreſſe.

    Comme il joignoit à la ſageſſe
La mine d'un Heros & le doux entretien,
Il fit tant que l'Enchantereſſe
Prit un autre poiſon peu different du ſien.
Une Déeſſe dit tout ce qu'elle a dans l'ame ;
Celle-cy déclara ſa flâme.
Uliſſe étoit trop fin pour ne pas profiter
D'une pareille conjoncture.
Il obtint qu'on rendroit à ces Grecs leur figure.
Mais la voudront-ils bien, dit la Nymphe, accepter ?
Allez-le propoſer de ce pas à la troupe.
Uliſſe y court, & dit : L'Empoiſonneuſe coupe
A ſon remede encore, & je viens vous l'offrir :
Chers amis, voulez-vous hommes redevenir ?

On vous rend déja la parole.
Le Lion dit, penſant rugir,
Je n'ai pas la tête ſi folle.
Moi renoncer aux dons que je viens d'acquerir ?
J'ai griffe & dent, & mets en pieces qui m'attaque :
Je ſuis Roi, deviendrai-je un Citadin d'Itaque ?
Tu me rendras peut-être encor ſimple Soldat :
Je ne veux point changer d'état.
Uliſſe du Lion court à l'Ours : Eh, mon frere,
Comme te voilà fait ! Je t'ai vû ſi joli.
Ah vraiment nous y voici,
Reprit l'Ours à ſa maniere ;
Comme me voilà fait ! Comme doit être un Ours.

Qui t'a dit qu'une forme eſt plus belle qu'une autre ?
Eſt-ce à la tienne à juger de la nôtre ?
Je me rapporte aux yeux d'une Ourſe mes amours.
Te déplais-je ? va-t'en, fui ta route & me laiſſe :
Je vis libre, content, ſans nul ſoin qui me preſſe ;
Et te dis tout net & tout plat,
Je ne veux point changer d'état.
Le Prince Grec au Loup va propoſer l'affaire ;
Il lui dit, au hazard d'un ſemblable refus :
Camarade, je ſuis confus
Qu'une jeune & belle Bergere
Conte aux échos les appetits gloutons
Qui t'ont fait manger ſes moutons.
Autrefois on t'eût vû ſauver ſa bergerie :
Tu menois une honneſte vie.

Quite ces bois, & redevien
Au lieu de Loup Homme de bien.
En eſt-il, dit le Loup ? Pour moi, je n'en voi guere.
Tu t'en viens me traiter de bête carnaciere :
Toi qui parles, qu'es-tu ? N'auriez-vous pas ſans moi
Mangé ces animaux que plaint tout le Village ?
Si j'étois Homme, par ta foi,
Aimerois-je moins le carnage ?
Pour un mot quelquefois vous vous étranglez tous ;
Ne vous êtes-vous pas l'un à l'autre des Loups ?
Tout bien conſideré, je te ſoûtiens en ſomme,
Que ſcelerat pour ſcelerat,
Il vaut mieux être un Loup qu'un Homme ;

Je ne veux point changer d'état.
Uliſſe fit à tous une même ſemonce,
  Chacun d'eux fit même réponce ;
  Autant le grand que le petit.
La liberté, les bois, ſuivre leur apetit,
  C'étoit leurs délices ſuprêmes :
Tous renonçoient au lôs des belles actions.
Ils croïoient s'affranchir, ſuivans leurs paſſions ;
  Ils étoient eſclaves d'eux-mêmes.
Prince, j'aurais voulu vous choiſir un sujet
Où je puſſe mêler le plaiſant à l'utile :
  C'étoit ſans doute un beau projet,
  Si ce choix eût été facile.
Les Compagnons d'Uliſſe enfin ſe ſont offerts ;
Ils ont force pareils en ce bas Univers ;
  Gens à qui j'impoſe pour peine
  Vôtre cenſure & vôtre haine.

FABLE II.
LE CHAT & LES DEUX MOINEAUX.

À Monſeigneur le Duc de
Bourgogne.

  Un Chat contemporain d'un fort jeune Moineau
Fut logé prés de lui dés l'âge du berceau.
La Cage & le Panier avoient mêmes Pénates.

  Le Chat étoit ſouvent agacé par l'Oiſeau ;
L'un s'eſcrimoit du bec, l'autre joüoit des pates.
Ce dernier toutefois épargnoit ſon ami.
Ne le corrigeant qu'à demi
Il ſe fût fait un grand ſcrupule
D'armer de pointes ſa ferule.
Le Paſſereau moins circonſpect
Lui donnoit force coups de bec ;
En ſage & diſcrette perſonne
Maître Chat excuſoit ces jeux.
Entre amis il ne faut jamais qu'on s'abandonne
Aux traits d'un couroux ſerieux.
Comme ils ſe connoiſſoient tous deux dés leur bas âge,
Une longue habitude en paix les maintenoit ;
Jamais en vrai combat le jeu ne ſe tournoit.

   Quand un Moineau du voiſinage
S'en vint les viſiter, & ſe fit compagnon
Du petulant Pierrot, & du ſage Raton.
Entre les deux Oiſeaux il arriva querelle ;
Et Raton de prendre parti.
Cet inconnu, dit-il, nous la vient donner belle
D'inſulter ainſi nôtre ami ;
Le Moineau du voiſin viendra manger le nôtre ?
Non, de par tous les Chats. Entrant lors au combat,
Il croque l'eſtranger : Vraiment, dit maître Chat,
Les Moineaux ont un goût exquis & délicat.
Cette reflexion fit auſſi croquer l'autre.
Quelle Morale puis-je inferer de ce fait ?
Sans cela toute Fable eſt un œuvre imparfait.

   J'en croi voir quelques traits ; mais leur ombre m'abuſe,
Prince, vous les aurez incontinent trouvez :
Ce ſont des jeux pour vous, & non point pour ma Muſe ;
Elle & ſes Sœurs n'ont pas l'eſprit que vous avez.

III.
Du Theſauriſeur & du Singe.

Un Homme accumuloit. On ſçait que cette erreur
Va ſouvent juſqu'à la fureur.
Celui-ci ne ſongeoit que Ducats & Piſtoles.
Quand ces biens ſont oiſifs, je tiens qu'ils ſont frivoles.

   Pour ſeureté de ſon Treſor
Nôtre Avare habitoit un lieu dont Amphitrite
Défendoit aux voleurs de toutes parts l'abord.
Là d'une volupté, ſelon moi fort petite,
Et ſelon lui fort grande, il entaſſoit toûjours.
Il paſſoit les nuits & les jours
À compter, calculer, ſupputer ſans relâche ;
Calculant, ſupputant, comptant comme à la tâche,
Car il trouvoit toûjours du mécompte à ſon fait :
Un gros Singe plus ſage, à mon ſens, que ſon maître,
Jettoit quelque Doublon toûjours par la fenêtre,
Et rendoit le compte imparfait.
La chambre bien cadenacée

   Permettoit de laisser l'argent sur le comptoir.
Un beau jour Dom-bertrand se mit dans la pensée
D'en faire un sacrifice au liquide manoir.
Quant à moi, lors que je compare
Les plaisirs de ce Singe à ceux de cet Avare,
Je ne sçai bonnement ausquels donner le prix :
Dom-bertrand gagneroit prés de certains esprits ;
Les raisons en seroient trop longues à déduire.
Un jour donc l'animal, qui ne songeoit qu'à nuire,
Détachoit du monceau tantôt quelque Doublon,
Un Jacobus, un Ducaton ;
Et puis quelque Noble à la rose
Éprouvoit son adresse & sa force à jetter

   Ces morceaux de métal qui se font souhaiter
Par les humains sur toute chose.
S'il n'avoit entendu son Compteur à la fin
Mettre la clef dans la serrure,
Les Ducats auroient tous pris le même chemin,
Et couru la même avanture.
Il les auroit fait tous voler, jusqu'au dernier,
Dans le goufre enrichi par maint & maint naufrage.
Dieu veuille préserver maint & maint Financier
Qui n'en fait pas meilleur usage.

Fable IV.
Les deux Chévres

Dés que les Chévres ont brouté,
Certain esprit de liberté
Leur fait chercher fortune ; elles vont en voïage
Vers les endroits du pâturage
Les moins frequentez des humains.

   Là s'il est quelque lieu sans route & sans chemins,
Un rocher, quelque mont pendant en précipices,
C'est où ces Dames vont promener leurs caprices ;
Rien ne peut arrêter cet animal grimpant.
Deux Chévres donc s'émancipant,
Toutes deux aïant patte blanche,
Quiterent les bas prez, chacune de sa part.
L'une vers l'autre alloit pour quelque bon hazard.
Un ruisseau se rencontre, & pour pont une planche ;

Deux Belettes à peine auroient paſſé de front
Sur ce pont :
D'ailleurs l'onde rapide & le ruiſſeau profond

  Devoient faire trembler de peur ces Amazones.
Malgré tant de dangers l'une de ces perſonnes
Poſe un pied ſur la planche, & l'autre en fait autant,
Je m'imagine voir avec Loüis le Grand
Philippes Quatre qui s'avance
Dans l'Iſle de la Conference.
Ainſi s'avançoient pas à pas,
Nez à nez nos Aventurières,
Qui toutes deux étant fort fieres,
Vers le milieu du pont ne ſe voulurent pas
L'une à l'autre ceder. Elles avoient la gloire
De compter dans leur race (à ce que dit l'Hiſtoire)
L'une certaine Chévre au merite ſans pair
Dont Polypheme fit preſent à Gallatée ;
Et l'autre la Chevre Amalthée

  Par qui fut nourri Jupiter.
Faute de reculer leur chute fut commune ;
Toutes deux tomberent dans l'eau.
Cet accident n'eſt pas nouveau
Dans le chemin de la Fortune.

  À Monſeigneur le Duc de Bourgogne, qui avoit demandé à M. de la Fontaine une fable qui fût nommée le Chat & la Souris.

Pour plaire au jeune Prince à qui la Renommée
Deſtine un Temple en mes Écrits,
Comment compoſerai-je une Fable nommée
Le Chat & la Souris ?

———

  Dois-je repreſenter dans ces Vers une Belle,
Qui douce en apparence, & toutefois cruelle,

  Va ſe joüant des cœurs que ſes charmes ont pris,
Comme le Chat de la Souris.

———

  Prendrai-je pour ſujet les jeux de la Fortune ?
Rien ne lui convient mieux, & c'eſt choſe commune

Que de lui voir traiter ceux qu'on croit ſes amis,
Comme le Chat fait la Souris.

―――

  Introduirai-je un Roi, qu'entre ſes favoris
Elle reſpecte ſeul ; Roi qui fixe ſa rouë ;
Qui n'eſt point empêché d'un monde d'Ennemis,
Et qui des plus puiſſans quand il luy plaît ſe jouë,
Comme le Chat de la Souris ?

―――

  Mais inſenſiblement, dans le tour que j'ai pris,
Mon deſſein ſe rencontre ; & ſi je ne m'abuſe,
Je pourrois tout gâter par de plus longs recits.
Le jeune Prince alors ſe joûroit de ma Muſe,
Comme le Chat de la Souris.

Fable V.
Le vieux Chat & la jeune Souris.

  Une jeune Souris de peu d'experience,
Crut fléchir un vieux Chat implorant ſa clemence,
Et païant de raiſons le Raminagrobis.
Laiſſez-moi vivre ; une Souris

  De ma taille & de ma dépenſe
Eſt-elle à charge en ce logis ?
Affamerois-je, à vôtre avis,
L'Hôte & l'Hôteſſe, & tout leur monde ?
D'un grain de bled je me nourris ;
Une noix me rend toute ronde.
À preſent je ſuis maigre ; attendez quelque-tems.
Reſervez ce repas à meſſieurs vos Enfans.
Ainſi parloit au Chat la Souris attrapée.
L'autre lui dit : Tu t'es trompée.
Eſt-ce à moi que l'on tient de ſemblables diſcours ?
Tu gagnerois autant de parler à des ſourds.
Chat & vieux pardonner ? cela n'arrive gueres.
Selon ces loix deſcends là-bas,
Meurs, & va-t'en tout de ce pas
Haranguer les ſœurs Filandieres.

Mes Enfans trouveront aſſez d'autres repas.
Il tint parole ; & pour ma Fable
Voici le ſens moral qui peut y convenir.
La jeuneſſe ſe flate, & croit tout obtenir.
La vieilleſſe eſt impitoïable.

Fable VI.
Le Cerf malade.

En païs pleins de Cerfs un Cerf tomba malade.
Incontinent maint Camarade
Accourt à ſon grabat le voir, le ſecourir,
Le conſoler du moins ; Multitude importune.

 Eh ! Meſſieurs, laiſſez-moi mourir.
Permettez qu'en forme commune
La parque m'expedie, & finiſſez vos pleurs.
Point du tout : les Conſolateurs
De ce triſte devoir tout au long s'acquitterent :
Quand il plut à Dieu s'en allerent.
Ce ne fut pas ſans boire un coup,
C'eſt-à-dire ſans prendre un droit de pâturage.
Tout ſe mit à brouter les bois du voiſinage.
La pitance du Cerf en déchut de beaucoup.
Il ne trouva plus rien à frire.
D'un mal il tomba dans un pire,
Et ſe vid reduit à la fin
À jeûner & mourir de faim.

 Il en coûte à qui vous reclame,
Medecins du corps & de l'ame.
Ô temps, ô mœurs ! J'ai beau crier,
Tout le monde ſe fait païer.

Fable VII.
La Chauve-Souris, le Buiſſon, & le Canard.

Le Buiſſon, le Canard & la Chauve-Souris,
Voïant tous trois qu'en leur païs
Ils faiſoient petite fortune,
Vont trafiquer au loin, & font bourſe commune.

Ils avoient des Comptoirs, des Facteurs, des Agens,
Non moins soigneux qu'intelligens,
Des Regiſtres exacts de miſe & de recette.
Tout alloit bien, quand leur emplette,
En paſſant par certains endroits
Remplis d'écueils, & fort étroits,
Et de Trajet tres-difficile,
Alla tout embalée au fond des magaſins,
Qui du Tartare ſont voiſins.
Notre Trio pouſſa maint regret inutile,
Ou plûtôt il n'en pouſſa point.
Le plus petit Marchand eſt ſçavant ſur ce point ;
Pour ſauver ſon credit il faut cacher ſa perte.
Celle que par malheur nos gens avoient ſoufferte
Ne put ſe reparer : le cas fut découvert.

　　　Les voilà ſans credit, ſans argent, ſans reſſource,
Prêts à porter le bonnet vert.
Aucun ne leur ouvrit ſa bourſe,
Et le ſort principal, & les gros intérêts,
Et les Sergens, & les procez,
Et le creancier à la porte,
Dés devant la pointe du jour,
N'occupoient le Trio qu'à chercher maint détour,
Pour contenter cette cohorte.
Le Buiſſon accrochoit les paſſans à tous coups ;
Meſſieurs, leur diſoit-il, de grace apprenez-nous
En quel lieu ſont les marchandiſes
Que certains gouffres nous ont priſes :
Le plongeon ſous les eaux s'en alloit les chercher.

　　　L'Oiſeau Chauve-Souris n'oſoit plus approcher
Pendant le jour nulle demeure ;
Suivi de Sergens à toute heure
En des trous il s'alloit cacher.
Je connais maint detteur qui n'eſt ni Souris-Chauve,
Ni Buiſſon, ni Canard, ni dans tel cas tombé,
Mais ſimple grand Seigneur, qui tous les jours ſe ſauve
Par un eſcalier dérobé.

Fable VIII.
La querelle des Chiens & des Chats, & celle des Chats & des Souris.

    La Difcorde a toûjours regné dans l'Univers ;
Nôtre monde en fournit mille exemples divers.
Chez nous cette Déeffe a plus d'un Tributaire.

    Commençons par les Élemens ;
Vous ferez étonnez de voir qu'à tous momens
Ils feront appointez contraire.
Outre ces quatre potentats,
Combien d'êtres de tous états
Se font une guerre éternelle ?
Autrefois un logis plein de Chiens & de Chats,
Par cent Arrêts rendus en forme folemnelle,
Vit terminer tous leurs débats.
Le Maître aïant reglé leurs emplois, leurs Repas,
Et menacé du foüet quiconque auroit querelle,
Ces animaux vivoient entr'eux comme coufins ;
Cette union fi douce, & prefque fraternelle

    Édifioit tous les voifins.
Enfin elle ceffa. Quelque plat de potage,
Quelque os par préférence à quelqu'un d'eux donné,
Fit que l'autre parti s'en vint tout forcené
Reprefenter un tel outrage.
J'ai vû des croniqueurs attribuer le cas
Aux paffe-droits qu'avoit une Chienne en géfine ;
Quoi-qu'il en foit, cet altercas
Mit en combuftion la falle & la cuifine ;
Chacun fe déclara pour fon Chat, pour fon Chien.
On fit un Reglement dont les Chats fe plaignirent,
Et tout le quartier étourdirent.
Leur Avocat difoit qu'il faloit bel & bien
Recourir aux Arrêts. En vain ils les chercherent.

    Dans un coin où d'abord leurs Agens les cacherent,
Les Souris enfin les mangerent.
Autre procés nouveau : Le peuple Souriquois
En pâtit. Maint vieux Chat, fin, fubtil, & narquois,
Et d'ailleurs en voulant à toute cette race,
Les guetta, les prit, fit main baffe.

Le Maître du logis ne s'en trouva que mieux.
J'en reviens à mon dire. On ne void fous les Cieux
Nul animal, nul être, aucune Creature
Qui n'ait fon oppofé ; c'eſt la loi de Nature.
D'en chercher la raifon, ce font foins fuperflus.
Dieu fit bien ce qu'il fit, & je n'en fçais pas plus.

IX
Le Loup & le Renard.

D'Où vient que perfonne en la vie
N'eſt fatisfait de fon état ?
    Tel voudroit bien être Soldat,
    À qui le Soldat porte envie.

    Certain Renard voulut, dit on,
    Se faire Loup. Hé qui peut dire
    Que pour le métier de Mouton
    Jamais aucun Loup ne foupire ?

    Ce qui m'étonne eſt qu'à huit ans
    Un Prince en Fable ait mis la chofe,
    Pendant que fous mes cheveux blancs
    Je fabrique à force de temps
    Des Vers moins fenfez que fa Profe.

    Les traits dans fa Fable femez,
    Ne font en l'Ouvrage du Poëte
    Ni tous, ni fi bien exprimez.
    Sa loüange en eſt plus complete.

    De la chanter fur la Muzette
    C'eſt mon talent ; mais je m'attens
    Que mon Heros dans peu de tems

        Me fera prendre la trompette.

    Je ne fuis pas un grand Prophete,
    Cependant je lis dans les Cieux,
    Que bientôt fes faits glorieux
    Demanderont plufieurs Homeres ;

Et ce tems-ci n'en produit gueres.
Laissant à part tous ces mysteres,
Essaïons de conter la Fable avec succez.

Le Renard dit au Loup, Nôtre cher, pour tous mets
J'ai souvent un vieux Coq, ou de maigres Poulets ;
C'est une viande qui me lasse.
Tu fais meilleure chere avec moins de hazard.
J'approche des maisons, tu te tiens à l'écart.

Apprens-moi ton métier, Camarade, de grace :
Rens-moi le premier de ma race
Qui fournisse son croc de quelque Mouton gras.
Tu ne me mettras point au nombre des ingrats.
Je le veux, dit le Loup : Il m'est mort un mien frere,
Allons prendre sa peau, tu t'en revêtiras.
Il vint, & le Loup dit : Voici comme il faut faire
Si tu veux écarter les Mâtins du Troupeau.
Le Renard aïant mis la peau
Repetoit les leçons que lui donnoit son maître.
D'abord il s'y prit mal, puis un peu mieux, puis bien,
Puis enfin il n'y manqua rien.

À peine il fut instruit autant qu'il pouvoit l'être,
Qu'un Troupeau s'approcha. Le nouveau Loup y court,
Et répand la terreur dans les lieux d'alentour.
Tel vêtu des armes d'Achille
Patrocle mit l'alarme au Camp & dans la Ville.
Meres, Brus & Vieillards au Temple couroient tous.
L'ost au Peuple bêlant crut voir cinquante Loups.
Chien, Berger & Troupeau, tout fuit vers le Village,
Et laisse seulement une Brebis pour gage.
Le larron s'en saisit. À quelque pas de là
Il entendit chanter un Coq du voisinage.
Le Disciple aussi-tôt droit au Coq s'en alla,

Jettant bas sa robe de classe,
Oubliant les Brebis, les leçons, le Regent,
Et courant d'un pas diligent.
Que sert-il qu'on se contrefasse ?
Pretendre ainsi changer, est une illusion :
L'on reprend sa premiere trace
À la premiere occasion.

De vôtre esprit que nul autre n'égale,
Prince, ma Muse tient tout entier ce projet.
    Vous m'avez donné le sujet,
    Le dialogue & la morale.

FABLE X.
L'ÉCREVISSE & SA FILLE.

Les Sages quelquefois, ainsi que l'Écrevisse,
Marchent à reculons, tournent le dos au port.
C'est l'art des Matelots : C'est aussi l'artifice

    De ceux qui pour couvrir quelque puissant effort,
Envisagent un poinct directement contraire,
Et font vers ce lieu-là courir leur adversaire.
Mon sujet est petit, cet accessoire est grand.
Je pourrois l'appliquer à certain Conquerant
Qui tout seul déconcerte une Ligue à cent têtes.
Ce qu'il n'entreprend pas, & ce qu'il entreprend
N'est d'abord qu'un secret, puis devient des conquêtes.
En vain l'on a les yeux sur ce qu'il veut cacher,
Ce sont arrêts du sort qu'on ne peut empêcher,

    Le torrent à la fin devient insurmontable.
Cent Dieux sont impuissants contre un seul Jupiter.
LOUIS & le destin me semblent de concert
Entraîner l'Univers. Venons à nôtre Fable.
Mere Écrevisse un jour à sa Fille disoit :
Comme tu vas, bon Dieu ! ne peux-tu marcher droit ?
Et comme vous allez, vous-même ! dit la Fille.
Puis-je autrement marcher que ne fait ma famille ?
Veut-on que j'aille droit quand on y va tortu ?
Elle avoit raison ; la vertu
De tout exemple domestique
Est universelle, & s'applique

    En bien, en mal, en tout ; fait des sages, des sots ;
Beaucoup plus de ceux-ci. Quant à tourner le dos
À son but ; j'y reviens, la methode en est bonne,
Sur tout au métier de Bellone :
Mais il faut le faire à propos.

Fable XI.
L'Aigle & la Pie.

L'Aigle Reine des airs, avec Margot la Pie,
Differentes d'humeur, de langage, & d'esprit,
      Et d'habit,
Traversoient un bout de prairie.

    Le hazard les assemble en un coin détourné.
L'Agasse eut peur ; mais l'Aigle aïant fort bien dîné,
La rassure, & lui dit : Allons de compagnie.
Si le Maître des Dieux assez souvent s'ennuie,
    Lui qui gouverne l'Univers,
J'en puis bien faire autant, moi qu'on sçait qui le sers.
Entretenez-moi donc, & sans ceremonie.
Caquet bon-bec alors de jaser au plus drû :
Sur ceci, sur cela, sur tout. L'homme d'Horace
Disant le bien, le mal à travers champs, n'eût sçû
Ce qu'en fait de babil y sçavoit nôtre Agasse.
Elle offre d'avertir de tout ce qui se passe,

      Sautant, allant de place en place,
Bon espion, Dieu sçait. Son offre aïant déplu,
    L'Aigle lui dit tout en colere ;
    Ne quittez point vôtre sejour,
Caquet bon-bec ma mie : adieu, je n'ai que faire
    D'une babillarde à ma Cour ;
    C'est un fort méchant caractere.
    Margot ne demandoit pas mieux.
Ce n'est pas ce qu'on croit, que d'entrer chez les Dieux ;
Cet honneur a souvent de mortelles angoisses.
Rediseurs, Espions, gens à l'air gracieux,
Au cœur tout different, s'y rendent odieux ;
Quoi qu'ainsi que la Pie il faille dans ces lieux
    Porter habit de deux parroisses.

Fable XII.
Le Milan, le Roi, & le Chasseur.

À son Altesse Serenissime Monseigneur le Prince de Conti.

Comme les Dieux sont bons, ils veulent que les Rois
Le soient aussi : c'est l'indulgence
Qui fait le plus beau de leurs droits,

    Non les douceurs de la vengeance.
Prince c'est vôtre avis. On sçait que le courroux
S'éteint en vôtre cœur si tôt qu'on l'y void naître.
Achille qui du sien ne put se rendre maître
Fut par là moins Héros que vous.
Ce titre n'appartient qu'à ceux d'entre les hommes
Qui comme en l'âge d'or font cent biens ici bas.
Peu de Grands sont nez tels en cet âge où nous sommes.
L'Univers leur sçait gré du mal qu'ils ne font pas.
Loin que vous suiviez ces exemples,
   Mille actes généreux vous promettent des Temples.
Apollon Citoïen de ces Augustes lieux
Pretend y celebrer vôtre nom sur sa Lire.

    Je sais qu'on vous attend dans le Palais des Dieux :
Un siecle de sejour doit ici vous suffire.
Hymen veut sejourner tout un siecle chez vous.
Puissent ses plaisirs les plus doux
Vous composer des destinées
Par ce temps à peine bornées !
Et la Princesse & vous n'en méritez pas moins ;
J'en prens ses charmes pour témoins :
Pour témoins j'en prens les merveilles
Par qui le Ciel pour vous prodigue en ses presens,
De qualitez qui n'ont qu'en vous seuls leurs pareilles,
Voulut orner vos jeunes ans.
Bourbon de son esprit ces graces assaisonne.
Le Ciel joignit en sa personne

    Ce qui sçait se faire estimer
À ce qui sçait se faire aimer.
Il ne m'appartient pas d'étaler vôtre joie.
Je me tais donc, & vais rimer
Ce que fit un Oiseau de proie.

Un Milan de son nid antique possesseur,
Étant pris vif par un Chasseur ;
D'en faire au Prince un don cet homme se propose.
La rareté du fait donnoit prix à la chose.
L'Oiseau par le Chasseur humblement presenté,
Si ce conte n'est apocriphe,
Va tout droit imprimer sa griffe
Sur le nez de sa Majesté.
Quoi sur le nez du Roi ? Du Roi même en personne.
Il n'avoit donc alors ni Sceptre ni Couronne ?

    Quand il en auroit eu, ç'auroit été tout un.
Le nez Roïal fut pris comme un nez du commun.
Dire des Courtisans les clameurs & la peine,
Seroit se consumer en efforts impuissans.
Le Roi n'éclata point ; les cris sont indécens
À la Majesté Souveraine.
L'Oiseau garda son poste. On ne put seulement
Hâter son départ d'un moment.
Son Maître le rappelle, & crie, & se tourmente,
Lui presente le leurre, & le poing, mais en vain.
On crut que jusqu'au lendemain
Le maudit animal à la serre insolente
Nicheroit là malgré le bruit,

    Et sur le nez sacré voudroit passer la nuit.
Tâcher de l'en tirer irritoit son caprice.
Il quitte enfin le Roi, qui dit, Laissez aller
Ce Milan, & celui qui m'a crû régaler.
Ils se sont acquittez tous deux de leur office,
L'un en Milan, & l'autre en Citoïen des bois.
Pour moi qui sçais comment doivent agir les Rois,
Je les affranchis du supplice.
Et la Cour d'admirer. Les Courtisans ravis
Élevent de tels faits par eux si mal suivis.
Bien peu, même des Rois, prendroient un tel modelle ;
Et le Veneur l'échapa belle,

    Coupable seulement, tant lui que l'animal,
D'ignorer le danger d'approcher trop du Maître.
Ils n'avoient appris à connoître
Que les hôtes des bois : étoit-ce un si grand mal ?

Pilpay fait pres du Gange arriver l'Avanture.
Là nulle humaine Creature
Ne touche aux animaux pour leur sang épancher.
Le Roi même feroit scrupule d'y toucher.
Sçavons-nous, disent-ils, si cet Oiseau de proie
N'étoit point au siége de Troie ?
Peut-être y tint-il lieu d'un Prince ou d'un Heros
Des plus hupez & des plus hauts :

  Ce qu'il fut autrefois il pourra l'être encore.
Nous croïons aprés Pythagore,
Qu'avec les Animaux de forme nous changeons,
Tantôt Milans, tantôt Pigeons,
Tantôt Humains, puis Volatilles
Aïant dans les airs leurs familles.

Comme l'on conte en deux façons
L'accident du Chasseur, voici l'autre maniere.
Un certain Fauconnier aïant pris, ce dit-on,
À la Chasse un Milan (ce qui n'arrive guere)
En voulut au Roi faire un don,
Comme de chose singuliere.
Ce cas n'arrive pas quelquefois en cent ans.
C'est le *Non plus ultra* de la Fauconnerie.

  Ce Chasseur perce donc un gros de Courtisans,
Plein de zele, échaufé, s'il le fut de sa vie.

Par ce parangon des presens
Il croïoit sa fortune faite,
Quand l'Animal porte-sonnette,
Sauvage encore & tout grossier,
Avec ses ongles tout d'acier
Prend le nez du Chasseur, hape le pauvre sire :
Lui de crier, chacun de rire,
Monarque & Courtisans. Qui n'eût ri ? Quant à moi
Je n'en eusse quitté ma part pour un Empire.
Qu'un Pape rie, en bonne foi
Je ne l'ose assurer ; mais je tiendrois un Roi
Bien malheureux s'il n'osoit rire.

  C'est le plaisir des Dieux. Malgré son noir sourci
Jupiter, & le Peuple Immortel rit aussi.
Il en fit des éclats, à ce que dit l'Histoire,

Quand Vulcain clopinant lui vint donner à boire.
Que le Peuple Immortel fe montrât fage ou non,
J'ai changé mon fujet avec jufte raifon ;
Car puifqu'il s'agit de Morale,
Que nous eût du Chaffeur l'avanture fatale
Enfeigné de nouveau ? L'on a vû de tout tems
Plus de fots Fauconniers, que de Rois indulgens.

Fable XIII.
Le Renard, les Mouches, & le Heriffon.

Aux traces de fon fang, un vieux hôte des bois,
Renard fin, fubtil, & matois,
Bleffé par des Chaffeurs, & tombé dans la fange,
Autrefois attira ce Parafite aîlé

 Que nous avons Mouche appellé.
Il accufoit les Dieux, & trouvoit fort étrange
Que le fort à tel poinct le voulût affliger,
Et le fift aux Mouches manger.
Quoi ! fe jetter fur moi, fur moi le plus habile
De tous les Hôtes des Forêts ?
Depuis quand les Renards font-ils un fi bon mets ?
Et que me fert ma queuë ; eft-ce un poids inutile ?
Va, le Ciel te confonde, animal importun ;
Que ne vis-tu fur le commun !
Un Heriffon du voifinage,
Dans mes Vers nouveau perfonnage,
Voulut le délivrer de l'importunité
Du Peuple plein d'avidité.
Je les vais de mes dards enfiler par centaines,

 Voifin Renard, dit-il, & terminer tes peines.
Garde-t'en bien, dit l'autre ; ami ne le fais pas :
Laiffe-les, je te prie, achever leurs repas.
Ces animaux font faouls ; une troupe nouvelle
Viendroit fondre fur moi, plus âpre & plus cruelle.
Nous ne trouvons que trop de mangeurs ici-bas :
Ceux-ci font Courtifans, ceux-là font Magiftrats.
Ariftote appliquoit cet Apologue aux Hommes.
Les exemples en font communs,

Surtout au païs où nous fommes.
Plus telles gens font pleins, moins ils font importuns.

XIV.
L'Amour & la Folie.

TOUT eft myftere dans l'Amour,
Ses Fléches, fon Carquois, fon Flambeau, fon Enfance.
Ce n'eft pas l'ouvrage d'un jour,
Que d'épuifer cette Science.

Je ne pretends donc point tout expliquer ici.
Mon but eft feulement de dire à ma maniere
Comment l'Aveugle que voici
(C'eft un Dieu) comment, dis-je, il perdit la lumiere :
Quelle fuite eut ce mal, qui peut-être eft un bien.
J'en fais juge un Amant, & ne décide rien.

La Folie & l'Amour joüoient un jour enfemble.
Celui-ci n'étoit pas encor privé des yeux.
Une difpute vint : l'Amour veut qu'on affemble
Là deffus le Confeil des Dieux.
L'autre n'eut pas la patience.
Elle lui donne un coup fi furieux
Qu'il en perd la clarté des Cieux.

Venus en demande vengeance.
Femme & mere il fuffit pour juger de fes cris :
Les Dieux en furent étourdis,
Et Jupiter, & Némefis,
Et les Juges d'Enfer, enfin toute la bande.
Elle reprefenta l'énormité du cas.
Son fils fans un bâton ne pouvoit faire un pas.
Nulle peine n'étoit pour ce crime affez grande.
Le dommage devoit être auffi réparé.
Quand on eut bien confideré
L'interêt du Public, celui de la Partie,
Le Refultat enfin de la fuprême Cour
Fut de condamner la Folie
À fervir de guide à l'Amour.

XV.
LE CORBEAU, LA GAZELLE, LA TORTUË, & LE RAT.

À Madame de la Sabliere

Je vous gardois un Temple dans mes Vers :
Il n'eût fini qu'avecque l'Univers.

 Déja ma main en fondoit la durée
Sur ce bel Art qu'ont les Dieux inventé;
Et fur le nom de la Divinité
Que dans ce Temple on auroit adorée,
Sur le portail j'aurois ces mots écrits :
PALAIS SACRE DE LA DEESSE IRIS ;
Non celle-là qu'a Junon à fes gages ;
Car Junon même, & le Maître des Dieux
Serviroient l'autre, & feroient glorieux
Du feul honneur de porter fes meffages.
L'Apotheofe à la voûte eût paru.
Là, tout l'Olimpe en pompe eût été vû
Plaçant Iris fous un Dais de lumiere.
Les murs auroient amplement contenu
Toute fa vie, agreable matiere ;
Mais peu feconde en ces évenemens
Qui des États font les renverfemens.
Au fond du Temple eût été fon image,
Avec fes traits, fon foûris, fes appas,
Son art de plaire & de n'y penfer pas,

 Ses agrémens à qui tout rend hommage.
J'aurois fait voir à fes pieds des mortels,
Et des Heros, des demi-Dieux encore,
Même des Dieux ; ce que le Monde adore
Vient quelquefois parfumer fes Autels.
J'eulfe en fes yeux fait briller de fon ame
Tous les trefors, quoi qu'imparfaitement :
Car ce cœur vif & tendre infiniment,
Pour fes amis & non point autrement ;
Car cet esprit qui né du Firmament
A beauté d'homme avec graces de femme
Ne fe peut pas comme on veut exprimer.

Ô vous, Iris, qui fçavez tout charmer,
Qui fçavez plaire en un degré fuprême,
Vous que l'on aime à l'égal de foi-même,
(Ceci foit dit fans nul foupçon d'amour,
Car c'eft un mot banni de vôtre Cour ;
Laiffons-le donc) agréez que ma Mufe
Acheve un jour cette ébauche confufe.

  J'en ai placé l'idée & le projet,
Pour plus de grace, au devant d'un fujet
Où l'amitié donne de telles marques,
Et d'un tel prix, que leur fimple recit
Peut quelque-temps amufer vôtre esprit.
Non que ceci fe paffe entre Monarques :
Ce que chez vous nous voïons estimer
N'eft pas un Roi qui ne fçait point aimer ;
C'eft un Mortel qui fçait mettre fa vie
Pour fon ami. J'en vois peu de fi bons.
Quatre animaux, vivans de compagnie
Vont aux humains en donner des leçons.

⁎

  La Gazelle, le Rat, le Corbeau, la Tortuë,
Vivoient enfemble unis ; douce focieté.
Le choix d'une demeure aux humains inconnuë
Affuroit leur felicité.

  Mais quoi l'homme découvre enfin toutes retraites.
Soïez au milieu des deferts,
Au fonds des eaux, au haut des airs,
Vous n'éviterez point fes embûches fecretes.
La Gazelle s'alloit ébatre innocemment ;
Quand un chien, maudit inftrument
Du plaifir barbare des hommes,
Vint fur l'herbe éventer les traces de fes pas.
Elle fuit, & le Rat à l'heure du repas
Dit aux amis restans, D'où vient que nous ne fommes
Aujourd'hui que trois conviez ?
La Gazelle déja nous a-t-elle oubliez ?
À ces paroles, la Tortuë
S'écrie, & dit, Ah ! fi j'étois
Comme un Corbeau d'aîles pourvûë,
Tout de ce pas je m'en irois

      Apprendre au moins quelle contrée,
Quel accident tient arrêtée
Nôtre compagne au pied leger ;
Car à l'égard du cœur il en faut mieux juger.
Le Corbeau part à tire d'aîle.
Il apperçoit de loin l'imprudente Gazelle
Prife au piege & fe tourmentant.
Il retourne avertir les autres à l'inftant.
Car de lui demander quand, pourquoi, ni comment,
Ce malheur est tombé fur elle,
Et perdre en vains difcours cet utile moment,
Comme eût fait un Maître d'École ;
Il avoit trop de jugement.
Le Corbeau donc vole & revole.
Sur fon rapport les trois amis
Tiennent confeil. Deux font d'avis
De fe tranfporter fans remife

      Aux lieux où la Gazelle est prife.
L'autre, dit le Corbeau, gardera le logis.
Avec fon marcher lent, quand arriveroit-elle ?
Aprés la mort de la Gazelle.
Ces mots à peine dits, ils s'en vont fecourir
Leur chere & fidele Compagne,
Pauvre Chevrette de montagne.
La Tortuë y voulut courir.
La voilà comme eux en campagne,
Maudiffant fes pieds courts avec jufte raifon,
Et la neceffité de porter fa maifon.
Rongemaille (le Rat eut à bon droit ce nom)
Coupe les nœuds du lacs : on peut penfer la joie.
Le Chaffeur vient, & dit : Qui m'a ravi ma proie ?

      Rongemaille à ces mots fe retire en un trou,
Le Corbeau fur un arbre, en un bois la Gazelle :
Et le Chaffeur à demi fou
De n'en avoir nulle nouvelle,
Apperçoit la Tortuë, & retient fon courroux.
D'où vient, dit-il, que je m'effraie ?
Je veux qu'à mon fouper celle-ci me défraie.
Il la mit dans fon fac. Elle eût païé pour tous,
Si le Corbeau n'en eût averti la Chevrette.
Celle-ci quittant fa retraite,

Contrefait la boiteuſe & vient ſe preſenter.
L'homme de ſuivre, & de jetter

   Tout ce qui lui peſoit ; ſi bien que Rongemaille
Autour des nœuds du ſac tant opere & travaille
Qu'il délivre encor l'autre ſœur
Sur qui s'étoit fondé le ſoupé du Chaſſeur.

   Pilpay conte qu'ainſi la choſe s'eſt paſſée.
Pour peu que je vouluſſe invoquer Apollon,
J'en ferois, pour vous plaire, un Ouvrage auſſi long
Que l'Iliade ou l'Odyſſée.
Rongemaille feroit le principal Heros,
Quoi-qu'à vrai dire ici chacun ſoit neceſſaire.
Portemaiſon l'Infante y tient de tels propos
Que Monſieur du Corbeau va faire

   Office d'Eſpion, & puis de Meſſager.
La Gazelle a d'ailleurs l'adreſſe d'engager
Le Chaſſeur à donner du temps à Rongemaille.
Ainſi chacun en ſon endroit
S'entremet, agit & travaille.
À qui donner le prix ? Au cœur, ſi l'on m'en croit.

Fable XVI.
La Foreſt & le Bucheron.

Un Bucheron venoit de rompre ou d'égarer
Le bois dont il avoit emmanché ſa coignée.
Cette perte ne put ſi-tôt ſe reparer
Que la Foreſt n'en fût quelque-temps épargnée.

   L'Homme enfin la prie humblement
De lui laiſſer tout doucement
Emporter une unique branche
Afin de faire un autre manche.
Il iroit emploïer ailleurs ſon gagne pain :
Il laiſſeroit debout maint Chêne & maint Sapin
Dont chacun reſpectoit la vieilleſſe & les charmes.
L'innocente Foreſt lui fournit d'autres armes.

Elle en eut du regret. Il emmanche ſon fer.
Le miſerable ne s'en ſert
Qu'à dépoüiller ſa bien-faitrice
De ſes principaux ornemens.
Elle gémit à tous momens.
Son propre don fait ſon ſupplice.

※
※※

  Voilà le train du Monde, & de ſes Sectateurs.

  On s'y ſert du bienfait contre les bienfaiteurs.
Je ſuis las d'en parler : mais que de doux ombrages
Soient expoſez à ces outrages,
Qui ne ſe plaindroit là-deſſus !
Helas ? j'ai beau crier, & me rendre incommode ;
L'ingratitude & les abus
N'en feront pas moins à la mode.

XVII.
LE RENARD, LE LOUP, & LE CHEVAL.

Un Renard, jeune encore, quoique des plus madrez,
Vid le premier Cheval qu'il eût vû de ſa vie.
Il dit à certain Loup, franc novice, Accourez :
Un Animal paît dans nos prez,

  Beau, grand ; j'en ai la vuë encor toute ravie.
Eſt-il plus fort que nous ? dit le Loup en riant :
Fais-moi ſon Portrait, je te prie.
Si j'étois quelque Peintre ou quelque Étudiant,
Repartit le Renard, j'avancerois la joie
Que vous aurez en le voïant.
Mais venez : Que ſçait-on ? peut-être eſt-ce une proie
Que la Fortune nous envoie.
Ils vont ; & le Cheval qu'à l'herbe on avoit mis,
Aſſez peu curieux de ſemblables amis,
Fut preſque ſur le point d'enfiler la venelle.
Seigneur, dit le Renard, vos humbles ſerviteurs
Apprendroient volontiers comment on vous appelle.

Le Cheval qui n'étoit dépourvû de cervelle
Leur dit : Lifez mon nom, vous le pouvez, Meſſieurs ;
Mon Cordonnier l'a mis autour de ma femelle.
Le Renard s'excufa fur fon peu de fçavoir.
Mes parens, reprit-il, ne m'ont point fait inſtruire.
Ils font pauvres, & n'ont qu'un trou pour tout avoir.
Ceux du Loup, gros Meſſieurs, l'ont fait apprendre à lire.
Le Loup par ce difcours flaté,
S'approcha ; mais fa vanité
Lui coûta quatre dents : le Cheval lui defferre
Un coup ; & haut le pied. Voilà mon Loup par terre,
Mal en point, fanglant & gâté.

Frère, dit le Renard, ceci nous juſtifie
Ce que m'ont dit des gens d'efprit :
Cet animal vous a fur la machoire écrit
Que de tout inconnu le Sage fe méfie.

XVIII
Le Renard & les Poulets d'Inde

Contre les affauts d'un Renard
Un arbre à des Dindons fervoit de citadelle.
Le perfide aïant fait tout le tour du rempart,
Et vû chacun en fentinelle,

S'écria : Quoi ces gens fe mocqueront de moi !
Eux feuls feront exemts de la commune loi !
Non, par tous les Dieux, non. Il accomplit fon dire.
La Lune alors luifant fembloit contre le Sire
Vouloir favorifer la Dindonniere gent.
Lui qui n'étoit novice au métier d'affiégeant
Eut recours à fon fac de rufes fcelerates :
Feignit vouloir gravir, fe guinda fur fes pattes,
Puis contrefit le mort, puis le reffufcité.
Harlequin n'eût executé
Tant de differens perfonnages.
Il élevoit fa queuë, il la faifoit briller,
Et cent mille autres badinages.

Pendant quoi nul Dindon n'eût ofé fommeiller.
L'ennemi les laffoit en leur tenant la vûë

Sur même objet toûjours tenduë.
Les pauvres gens étant à la longue éblouïs,
Toûjours il en tomboit quelqu'un ; autant de pris ;
Autant de mis à part : prés de moitié fuccombe.
Le Compagnon les porte en fon garde-manger.
Le trop d'attention qu'on a pour le danger
Fait le plus fouvent qu'on y tombe.

XIX
Le Singe.

Il eft un Singe dans Paris
À qui l'on avoit donné femme.
Singe en effet d'aucuns maris,
Il la battoit : la pauvre Dame
En a tant foupiré qu'enfin elle n'eft plus.

  Leur fils fe plaint d'étrange forte ;
Il éclate en cris fuperflus :
Le pere en rit ; fa femme eft morte.
Il a déja d'autres amours
Que l'on croit qu'il battra toûjours.
Il hante la Taverne, & fouvent il s'enyvre.
N'attendez rien de bon du Peuple imitateur,
Qu'il foit Singe, ou qu'il faffe un Livre.
La pire efpece, c'eft l'Auteur.

Fable XX.
Le Philofophe Scithe.

  Un Philofophe auftere, & né dans la Scithie,
Se propofant de fuivre une plus douce vie,
Voïagea chez les Grecs, & vid en certains lieux

  Un Sage affez femblable au vieillard de Virgile ;
Homme égalant les Rois, homme approchant des Dieux,
Et comme ces derniers fatisfait & tranquile.
Son bonheur confiftoit aux beautés d'un Jardin.
Le Scithe l'y trouva, qui la ferpe à la main,
De fes arbres à fruit retranchoit l'inutile,
Ébranchoit, émondoit, ôtoit ceci, cela,
Corrigeant par tout la Nature,
Exceffive à païer fes foins avec ufure.

Le Scithe alors luy demanda :
Pourquoy cette ruine ? Étoit-il d'homme sage
De mutiler ainsi ces pauvres habitans ?
Quittez-moi vôtre serpe, instrument de dommage ;

  Laissez agir la faux du temps :
Ils iront aussi-tôt border le noir rivage.
J'ôte le superflu, dit l'autre ; & l'abatant
Le reste en profite d'autant.
Le Scithe retourné dans sa triste demeure,
Prend la serpe à son tour, coupe & taille à toute heure ;
Conseille à ses voisins, prescrit à ses amis
Un universel abatis.
Il ôte de chez luy les branches les plus belles ;
Il tronque son Verger contre toute raison,
Sans observer temps ni saison,
Lunes ni vieilles ni nouvelles.
Tout languit & tout meurt. Ce Scithe exprime bien
Un indiscret Stoïcien.
Celui-ci retranche de l'ame
Desirs & passions, le bon & le mauvais,
Jusqu'aux plus innocens souhaits.

  Contre de telles gens, quant à moi je reclame.
Ils ôtent à nos cœurs le principal ressort.
Ils font cesser de vivre avant que l'on soit mort.

XXI.
L'ÉLEPHANT, & LE SINGE DE JUPITER.

Autrefois l'Élephant & le Rinoceros
En dispute du pas & des droits de l'Empire,
Voulurent terminer la querelle en champ clos.

  Le jour en étoit pris, quand quelqu'un vint leur dire
Que le Singe de Jupiter,
Portant un Caducée, avoit paru dans l'air.
Ce Singe avoit nom Gille, à ce que dit l'Histoire.
Aussi-tôt l'Élephant de croire
Qu'en qualité d'Ambassadeur
Il venoit trouver sa Grandeur.
Tout fier de ce sujet de gloire,
Il attend Maître Gille, & le trouve un peu lent

À lui prefenter fa créance.
Maître Gille enfin en paffant
Va faluër fon Excellence.
L'autre étoit préparé fur la légation ;
Mais pas un mot : l'attention
Qu'il croïoit que les Dieux euffent à fa querelle

   N'agitoit pas encor chez eux cette nouvelle.
Qu'importe à ceux du Firmament
Qu'on foit Mouche ou bien Élephant ?
Il fe vid donc reduit à commencer lui-même.
Mon coufin Jupiter, dit-il, verra dans peu
Un affez beau combat de fon Trône fuprême.
Toute fa Cour verra beau jeu.
 Quel combat ? dit le Singe avec un front fevere.
L'Élephant repartit : Quoi vous ne fçavez pas
Que le Rinoceros me difpute le pas ?
Qu'Élephantide a guerre avecque Rinocere ?
Vous connoiffez ces lieux, ils ont quelque renom.

   Vraiment je fuis ravi d'en apprendre le nom,
Repartit Maître Gille, on ne s'entretient guere
De femblables fujets dans nos vaftes Lambris.
L'Élephant honteux & furpris
Lui dit : Et parmi nous que venez-vous donc faire ?
Partager un brin d'herbe entre quelques Fourmis.
Nous avons foin de tout : Et quant à vôtre affaire,
On n'en dit rien encor dans le confeil des Dieux.
Les petits & les grands font égaux à leurs yeux.

XXI.
Un Fou & un Sage.

Certain Fou pourfuivoit à coups de pierre un Sage.
Le Sage fe retourne, & lui dit : Mon ami,
C'eft fort bien fait à toi ; reçois cet écu-ci :

   Tu fatigues affez pour gagner davantage.
Toute peine, dit-on, eft digne de loïer.
Voi cet homme qui paffe ; il a dequoi païer :
Adreffe-lui tes dons, ils auront leur falaire.

Amorcé par le gain nôtre Fou s'en va faire
Même infulte à l'autre Bourgeois.
On ne le païa pas en argent cette fois.
Maint Eftafier accourt : on vous happe nôtre homme,
On vous l'échine, on vous l'affomme.

※

    Auprés des Rois il eft de pareils Fous.
À vos dépens ils font rire le Maître.
Pour reprimer leur babil, irez-vous

    Les maltraiter ? Vous n'etes pas peut-être
Affez puiffant. Il faut les engager
À s'adreffer à qui peut fe vanger.

XXIII
Le Renard Anglois
À Madame Harvey

Le bon cœur eft chez vous compagnon du bon fens
Avec cent qualitez trop longues à déduire,

    Une nobleffe d'ame, un talent pour conduire
Et les affaires & les gens,
Une humeur franche & libre, & le don d'être amie
Malgré Jupiter même, & les temps orageux.
Tout cela meritoit un éloge pompeux ;
Il en eût été moins felon vôtre genie ;
La pompe vous déplaît, l'éloge vous ennuie :
J'ai donc fait celui-ci court & fimple. Je veux
Y coudre encore un mot ou deux
En faveur de vôtre patrie :
Vous l'aimez. Les Anglois penfent profondément ;
Leur efprit en cela fuit leur temperament.

    Creufant dans les fujets, & forts d'experiences,
Ils étendent par tout l'empire des Sciences.
Je ne dis point ceci pour vous faire ma cour.
Vos gens à penetrer l'emportent fur les autres :
Mefme les Chiens de leur fejour
Ont meilleur nez que n'ont les nôtres.
Vos Renards font plus fins. Je m'en vais le prouver
Par un d'eux qui, pour fe fauver,

Mit en uſage un ſtratagême
Non encor pratiqué, des mieux imaginez.
Le ſcelerat réduit en un peril extrême,
Et preſque mis à bout par ces Chiens au bon nez,
Paſſa prés d'un patibulaire.
Là des animaux raviſſans,

    Blereaux, Renards, Hiboux, race encline à mal faire,
Pour l'exemple pendus inſtruiſoient les paſſans.
Leur confrere aux abois entre ces morts s'arrange.
Je croi voir Annibal qui, preſſé des Romains,
Met leurs Chefs en défaut, ou leur donne le change,
Et ſçait en vieux Renard s'échaper de leurs mains.
Les Clefs de Meute parvenuës
À l'endroit où pour mort le traître ſe pendit,
Remplirent l'air de cris : leur Maître les rompit,
Bien que de leurs abois ils perçaſſent les nuës.
Il ne put ſoupçonner ce tour aſſez plaiſant.

    Quelque Terrier, dit-il, a ſauvé mon galant.
Mes Chiens n'appellent point audelà des colonnes
Où ſont tant d'honnêtes perſonnes.
Il y viendra, le drôle. Il y vint, à ſon dam,
Voilà maint baſſet clabaudant ;
Voilà nôtre Renard au charnier ſe guindant,
Maître pendu croïoit qu'il en iroit de même
Que le jour qu'il tendit de ſemblables panneaux ;
Mais le pauvret ce coup y laiſſa ſes houzeaux ;
Tant il eſt vrai qu'il faut changer de ſtratagême.
Le Chaſſeur, pour trouver ſa propre ſeureté,

    N'auroit pas cependant un tel tour inventé ;
Non point par peu d'eſprit : eſt-il quelqu'un qui nie
Que tout Anglois n'en ait bonne proviſion ?
Mais le peu d'amour pour la vie
Leur nuit en mainte occaſion.

Je reviens à vous, non pour dire
D'autres traits ſur vôtre ſujet ;
Trop abondant pour ma Lire :
Peu de nos chants, peu de nos Vers
Par un encens flateur amuſent l'Univers,
Et ſe font écouter des Nations étranges :
Vôtre Prince vous dît un jour,

Qu'il aimoit mieux un trait d'amour
Que quatre Pages de loüanges.
Agréez feulement le don que je vous fais
Des derniers efforts de ma Mufe :

  C'eft peu de chofe ; elle eft confufe
De ces Ouvrages imparfaits.
Cependant ne pourriez-vous faire
Que le même hommage pût plaire
À celle qui remplit vos climats d'habitans
Tirez de l'Ifle de Cythere ?
Vous voïez par là que j'entens
Mazarin des Amours Déeffe tutelaire.

Fable XXIV.
Daphnis & Alcimadure.
Imitation de Théocrite

À Madame de la Mefangere

Aimable fille d'une mere
À qui feule aujourd'hui mille cœurs font la cour,

  Sans ceux que l'amitié rend foigneux de vous plaire,
Et quelques-uns encor que vous garde l'amour.
Je ne puis qu'en cette Preface
Je ne partage entre elle & vous
Un peu de cet encens qu'on recueille au Parnaffe,
Et que j'ai le fecret de rendre exquis & doux.
Je vous dirai donc… Mais tout dire ;
Ce feroit trop ; il faut choifir,
Ménageant ma voix & ma Lire,
Qui bien-tôt vont manquer de force & de loifir.
Je loûrai feulement un cœur plein de tendreffe,
Ces nobles fentimens, ces graces, cet efprit ;

  Vous n'auriez en cela ni Maître ni Maîtreffe,
Sans celle dont fur vous l'éloge rejallit.
Gardez d'environner ces rofes
De trop d'épines, fi jamais
L'Amour vous dit les mêmes chofes,
Il les dit mieux que je ne fais.

Auſſi ſçait-il punir ceux qui ferment l'oreille
À ſes conſeils : Vous l'allez voir.

Jadis une jeune merveille
Mépriſoit de ce Dieu le ſouverain pouvoir ;
On l'appelloit Alcimadure,
Fier & farouche objet, toûjours courant aux bois,
Toûjours ſautant aux prez, danſant ſur la verdure,
Et ne connoiſſant autres loix

  Que ſon caprice ; au reſte égalant les plus belles,
Et ſurpaſſant les plus cruelles ;
N'aïant trait qui ne plût, pas même en ſes rigueurs ;
Quelle l'eût-on trouvée au fort de ſes faveurs ?
Le jeune & beau Daphnis, Berger de noble race,
L'aima pour ſon malheur : jamais la moindre grace,
Ni le moindre regard, le moindre mot enfin,
Ne lui fut accordé par ce cœur inhumain.
Las de continuer une pourſuite vaine,
Il ne ſongea plus qu'à mourir ;
Le deſeſpoir le fit courir
À la porte de l'Inhumaine.
Helas ! ce fut aux vents qu'il raconta ſa peine ;

  On ne daigna lui faire ouvrir
Cette maiſon fatale, où parmi ſes Compagnes
L'Ingrate, pour le jour de ſa nativité,
Joignoit aux fleurs de ſa beauté
Les treſors des jardins & des vertes campagnes :
J'eſperois, cria-t-il, expirer à vos yeux,
Mais je vous ſuis trop odieux,
Et ne m'étonne pas qu'ainſi que tout le reſte
Vous me refuſiez même un plaiſir ſi funeſte.
Mon pere aprés ma mort, & je l'en ai chargé,
Doit mettre à vos pieds l'heritage
Que vôtre cœur a negligé.
Je veux que l'on y joigne auſſi le pâturage,

  Tous mes troupeaux, avec mon chien,
Et que du reſte de mon bien
Mes Compagnons fondent un Temple,
Où vôtre image ſe contemple,
Renouvellans de fleurs l'Autel à tout moment ;
J'aurai pres de ce Temple un ſimple monument ;

On gravera ſur la bordure :
Daphnis mourut d'amour ; Paßant arrête-toi :
Pleure, & di : Celuy-ci ſuccomba ſous la loi
De la cruelle Alcimadure.
À ces mots par la Parque il ſe ſentit atteint ;
Il auroit pourſuivi, la douleur le prévint :

    Son Ingrate ſortit triomphante & parée.
On voulut, mais en vain, l'arrêter un moment,
Pour donner quelques pleurs au ſort de ſon Amant.
Elle inſulta toûjours au fils de Cytherée,
Menant dés ce ſoir même, au mépris de ſes Loix,
Ses Compagnes danſer autour de ſa Statuë ;
Le Dieu tomba ſur elle, & l'accabla du poids ;
Une voix ſortit de la nuë ;
Écho redit ces mots dans les airs épandus :
Que tout aime à preſent l'Inſenſible n'eſt plus.
Cependant de Daphnis l'Ombre au Styx deſcenduë

    Fremit, & s'étonna la voïant accourir.
Tout l'Érebe entendit cette Belle homicide
S'excuſer au Berger qui ne daigna l'ouïr,
Non plus qu'Ajax Ulyſſe, & Didon ſon perfide.

XXIV.
PHILEMON & BAUCIS.
Sujet tiré des Metamorphoſes d'Ovide.
À Monſeigneur le duc de Vendôme

Ni l'or ni la grandeur ne nous rendent heureux ;
Ces deux Divinitez n'accordent à nos vœux

    Que des biens peu certains, qu'un plaiſir peu tranquile,
Des ſoucis dévorans c'eſt l'éternel azile,
Veritables Vautours que le fils de Japet
Repreſente enchaîné ſur ſon triſte ſommet.
L'humble toict eſt exemt d'un tribut ſi funeſte ;
Le Sage y vit en paix, & mépriſe le reſte.
Content de ces douceurs, errant parmi les bois,
Il regarde à ſes pieds les favoris des Rois ;
Il lit au front de ceux qu'un vain luxe environne,

Que la Fortune vend ce qu'on croit qu'elle donne.
Approche-t-il du but, quitte-t-il ce féjour,
Rien ne trouble fa fin, c'eft le foir d'un beau jour.

  Philemon & Baucis nous en offrent l'exemple,
Tous deux virent changer leur Cabane en un Temple.
Hymenée & l'Amour par des defirs conftans,
Avoient uni leurs cœurs dés leur plus doux Printemps :
Ni le temps, ni l'hymen n'éteignirent leur flâme ;
Cloton prenoit plaifir à filer cette trame.
Ils fçûrent cultiver, fans fe voir affiftez,
Leur enclos & leur champ par deux fois vingt Etez.
Eux feuls ils compofoient toute leur Republique :
Heureux de ne devoir à pas un domeftique
Le plaifir ou le gré des foins qu'ils fe rendoient.

  Tout vieillit : fur leur front les rides s'étendoient ;
L'amitié modera leurs feux fans les détruire.
Et par des traits d'amour fçût encor fe produire.
Ils habitoient un Bourg, plein de gens dont le cœur
Joignoit aux duretez un fentiment moqueur.
Jupiter refolut d'abolir cette engeance.
Il part avec fon fils le Dieu de l'Éloquence ;
Tous deux en Pelerins vont vifiter ces lieux :
Mille logis y font, un feul ne s'ouvre aux Dieux.
Prêts enfin à quitter un féjour fi prophane,
Ils virent à l'écart une étroite cabane,

  Demeure hofpitaliere, humble & chafte maifon.
Mercure frappe, on ouvre ; auffi-tôt Philemon
Vient au-devant des Dieux, & leur tient ce langage :
Vous me femblez tous deux fatiguez du voïage ;
Repofez-vous. Ufez du peu que nous avons ;
L'aide des Dieux a fait que nous le confervons :
Ufez-en ; faluez ces Penates d'argile :
Jamais le Ciel ne fut aux humains fi facile,
Que quand Jupiter même étoit de fimple bois ;
Depuis qu'on l'a fait d'or il eft fourd à nos voix.
Baucis, ne tardez point, faites tiedir cette onde ;
Encor que le pouvoir au defir ne réponde,

  Nos Hôtes agréront les foins qui leur font dûs.
Quelques reftes de feu fous la cendre épandus
D'un fouffle haletant par Baucis s'allumerent ;

Des branches de bois fec auffi-tôt s'enflammerent.
L'onde tiéde, on lava les pieds des Voïageurs.
Philemon les pria d'excufer ces longueurs :
Et pour tromper l'ennui d'une attente importune
Il entretint les Dieux, non point fur la fortune,
Sur fes jeux, fur la pompe & la grandeur des Rois,
Mais fur ce que les champs, les vergers & les bois

    Ont de plus innocent, de plus doux, de plus rare ;
Cependant par Baucis le feftin fe prepare.
La table où l'on fervit le champêtre repas,
Fut d'ais non façonnez à l'aide du compas ;
Encore affure-t-on, fi l'hiftoire en eft crué,
Qu'en un de fes fupports le temps l'avoit rompuë.
Baucis en égala les appuis chancelans
Du débris d'un vieux vafe, autre injure des ans.
Un tapis tout ufé couvrit deux efcabelles :
Il ne fervoit pourtant qu'aux fêtes folemnelles.
Le linge orné de fleurs fut couvert pour tous mets

    D'un peu de lait, de fruits, & des dons de Cerés.
Les divins Voïageurs alterez de leur courfe,
Mêloient au vin groffier le criftal d'une fource.
Plus le vafe verfoit, moins il s'alloit vuidant.
Philemon reconnut ce miracle évident ;
Baucis n'en fit pas moins : tous deux s'agenoüillerent ;
À ce figne d'abord leurs yeux fe deffillerent.
Jupiter leur parut avec ces noirs fourcis
Qui font trembler les Cieux fur leurs Poles affis.
Grand Dieu, dit Philemon, excufez nôtre faute.
Quels humains auroient crû recevoir un tel Hôte ?

    Ces mets, nous l'avoüons, font peu délicieux,
Mais quand nous ferions Rois, que donner à des Dieux ?
C'eft le cœur qui fait tout ; que la terre & que l'onde
Aprêtent un repas pour les Maîtres du monde,
Ils lui prefereront les feuls prefens du cœur.
Baucis fort à ces mots pour reparer l'erreur ;
Dans le verger couroit une perdrix privée,
Et par de tendres foins dés l'enfance élevée :
Elle en veut faire un mets, & la pourfuit en vain ;
La volatille échape à fa tremblante main ;

  Entre les pieds des Dieux elle cherche un afile :
Ce recours à l'oifeau ne fut pas inutile ;
Jupiter intercede. Et déja les valons
Voïoient l'ombre en croiffant tomber du haut des monts.
Les Dieux fortent enfin, & font fortir leurs Hôtes.
De ce Bourg, dit Jupin, je veux punir les fautes ;
Suivez-nous : Toi, Mercure, appelle les vapeurs.
Ô gens durs, vous n'ouvrez vos logis ni vos cœurs.
Il dit : Et les Autans troublent déjà la plaine.
Nos deux Époux fuivoient, ne marchans qu'avec peine.
Un appui de rofeau foulageoit leurs vieux ans.

  Moitié fecours des Dieux, moitié peur fe hâtans,
Sur un mont affez proche enfin ils arriverent.
À leurs pieds auffi-tôt cent nuages creverent.
Des miniftres du Dieu les efcadrons flottans
Entraînerent fans choix animaux, habitans,
Arbres, maifons, vergers, toute cette demeure ;
Sans veftige du Bourg, tout difparut fur l'heure.
Les vieillards déploroient ces feveres deftins.
Les animaux perir ! car encor les humains,
Tous avoient dû tomber fous les celeftes armes ;

  Baucis en répandit en fecret quelques larmes.
Cependant l'humble Toict devient Temple, & fes murs
Changent leur frêle enduit aux marbres les plus durs.
De pilaftres maffifs les cloifons revêtuës
En moins de deux inftans s'élevent jufqu'aux nuës,
Le chaume devient or ; tout brille en ce pourpris ;
Tous ces évenemens font peints fur le lambris.
Loin, bien loin les tableaux de Zeuxis & d'Apelle,
Ceux-ci furent tracez d'une main immortelle.
Nos deux Époux furpris, étonnez, confondus,

  Se crurent par miracle en l'Olimpe rendus.
Vous comblez, dirent-ils, vos moindres creatures ;
Aurions-nous bien le cœur & les mains affez pures
Pour préfider ici fur les honneurs divins,
Et Prêtres vous offrir les vœux des Pelerins ?
Jupiter exauça leur priere innocente.
Helas ! dit Philemon, fi vôtre main puiffante
Vouloit favorifer jufqu'au bout deux mortels,
Enfemble nous mourrions en fervant vos Autels ;

Cloton feroit d'un coup ce double facrifice,
D'autres mains nous rendroient un vain & trifte office :

  Je ne pleurerois point celle-ci, ni fes yeux
Ne troubleroient non plus de leurs larmes ces lieux.
Jupiter à ce vœu fut encor favorable :
Mais oferai-je dire un fait prefque incroïable ?
Un jour qu'affis tous deux dans le facré parvis,
Ils contoient cette hiftoire aux Pelerins ravis,
La troupe à l'entour d'eux debout prétoit l'oreille.
Philemon leur difoit : Ce lieu plein de merveille
N'a pas toûjours fervi de Temple aux Immortels.
Un Bourg étoit autour ennemi des Autels,
Gens barbares, gens durs, habitacle d'impies ;

  Du celefte courroux tous furent les hofties ;
Il ne refta que nous d'un fi trifte débris :
Vous en verrez tantôt la fuite en nos lambris.
Jupiter l'y peignit. En contant ces Annales
Philemon regardoit Baucis par intervales ;
Elle devenoit arbre, & lui tendoit les bras ;
Il veut lui tendre auffi les fiens, & ne peut pas.
Il veut parler l'écorce a fa langue preffée ;
L'un & l'autre fe dit adieu de la penfée ;
Le corps n'eft tantôt plus que feüillage & que bois.
D'étonnement la Troupe, ainfi qu'eux perd la voix ;
Même inftant, même fort à leur fin les entraîne ;
Baucis devient Tilleul, Philemon devient Chêne.

  On les va voir encore, afin de meriter
Les douceurs qu'en hymen Amour leur fit goûter.
Ils courbent fous le poids des offrandes fans nombre.
Pour peu que des Époux fejournent fous leur ombre,
Ils s'aiment jufqu'au bout, malgré l'effort des ans.
Ah fi !.... mais autre-part j'ai porté mes prefens.
Celebrons feulement cette Metamorphofe.
Des fideles témoins m'aïant conté la chofe,
Clio me confeilla de l'étendre en ces Vers,
Qui pourront quelque jour l'apprendre à l'Univers.
Quelque jour on verra chez les Races futures,
Sous l'appui d'un grand nom paffer ces Avantures.

  Vendôme, confentez au los que j'en attens ;
Faites-moi triompher de l'Envie & du Temps.

Enchaînez ces demons, que fur nous ils n'attentent,
Ennemis des Heros & de ceux qui les chantent.
Je voudrois pouvoir dire en un ftile affez haut
Qu'aïant mille vertus, vous n'avez nul défaut.
Toutes les celebrer feroit œuvre infinie :
L'entreprife demande un plus vafte genie ;
Car quel merite enfin ne vous fait eftimer ?
Sans parler de celui qui force à vous aimer ;
Vous joignez à ces dons l'amour des beaux Ouvrages,

  Vous y joignez un goût plus feur que nos fuffrages ;
Don du Ciel, qui peut feul tenir lieu des prefens
Que nous font à regret le travail & les ans.
Peu de gens élevez, peu d'autres encor même,
Font voir par ces faveurs que Jupiter les aime.
Si quelque enfant des Dieux les poffede, c'eft vous ;
Je l'ofe dans ces Vers foûtenir devant tous :
Clio fur fon giron, à l'exemple d'Homere,
Vient de les retoucher attentive à vous plaire :
On dit qu'elle & fes Sœurs, par l'ordre d'Apollon,
Tranfportent dans Anet tout le facré Vallon ;

  Je le crois. Puiffions-nous chanter fous les ombrages
Des arbres dont ce lieu va border fes rivages !
Puiffent-ils tout d'un coup élever leurs fourcis !
Comme on vid autrefois Philemon & Baucis.

XXVI.
La Matrone d'Ephefe.

S'il eft un conte ufé, commun, & rebatu
C'eft celui qu'en ces Vers j'accommode à ma guife.
Et pourquoi donc le choifis-tu ?
Qui t'engage à cette entreprife ?

  N'a-t-elle point déja produit affez d'écrits ?
Quelle grace aura ta Matrone
Au prix de celle de Pétrone ?
Comment la rendras-tu nouvelle à nos efprits ?
Sans répondre aux cenfeurs, car c'eft chofe infinie,
Voïons fi dans mes Vers je l'aurai rajeunie.

Dans Ephefe, il fut autrefois
Une Dame en fageffe & vertus fans égale,
Et felon la commune voix
Aïant fu rafiner fur l'amour conjugale.
Il n'eftoit bruit que d'elle & de fa chafteté :
On l'alloit voir par rareté :
C'étoit l'honneur du fexe : heureufe fa patrie :
Chaque Mere à fa Bru l'alleguoit pour patron ;

  Chaque Époux la prônoit à fa Femme cherie ;
D'elle defcendent ceux de la Prudoterie,
Antique & celebre maifon.
Son Mari l'aimoit d'amour folle.
Il mourut. De dire comment,
Ce feroit un détail frivole ;
Il mourut, & fon teftament
N'étoit plein que de legs qui l'auroient confolée,
Si les biens réparoient la perte d'un Mari
Amoureux autant que cheri.
Mainte Veuve pourtant fait la déchevelée,
Qui n'abandonne pas le foin du demeurant,
Et du bien qu'elle aura fait le compte en pleurant.
Celle-ci par fes cris mettoit tout en allarme ;
Celle-ci faifoit un vacarme,

  Un bruit, & des regrets à percer tous les cœurs ;
Bien qu'on fçache qu'en ces malheurs
De quelque defefpoir qu'une ame foit atteinte,
La douleur eft toûjours moins forte que la plainte,
Toûjours un peu de fafte entre parmi les pleurs.
Chacun fit fon devoir de dire à l'affligée,
Que tout a fa mefure, & que de tels regrets
Pourroient pécher par leur excès :
Chacun rendit par là fa douleur rengregée.
Enfin ne voulant plus joüir de la clarté
Que fon Époux avoit perduë,
Elle entre dans fa tombe, en ferme volonté

  D'accompagner cette ombre aux enfers defcenduë.
Et voïez ce que peut l'exceffive amitié ;
(Ce mouvement auffi va jufqu'à la folie)
Une Efclave en ce lieu la fuivit par pitié,
Prête à mourir de compagnie.

Prête, je m'entends bien ; c'eſt-à-dire en un mot,
N'aïant examiné qu'à demi ce complot,
Et juſques à l'effet courageuſe & hardie.
L'Eſclave avec la Dame avoit été nourrie.
Toutes deux s'entraimoient, & cette paſſion
Étoit crue avec l'age au cœur des deux femelles :
Le Monde entier à peine eut fourni deux modeles
D'une telle inclination.

Comme l'Eſclave avoit plus de ſens que la Dame,

     Elle laiſſa paſſer les premiers mouvemens,
Puis tâcha, mais en vain, de remettre cette ame
Dans l'ordinaire train des communs ſentimens.
Aux conſolations la Veuve inacceſſible,
S'appliquoit ſeulement à tout moïen poſſible
De ſuivre le Défunt aux noirs & triſtes lieux :
Le fer auroit été le plus court & le mieux,
Mais la Dame vouloit paître encore ſes yeux
Du treſor qu'enfermoit la biere,
Froide dépoüille, & pourtant chere.
C'étoit là le ſeul aliment
Qu'elle prît en ce monument.
La faim donc fut celle des portes
Qu'entre d'autres de tant de ſortes,
Nôtre Veuve choiſit pour ſortir d'ici-bas.

     Un jour ſe paſſe, & deux ſans autre nourriture
Que ſes profonds ſoupirs, que ſes frequens helas,
Qu'un inutile & long murmure,
Contre les Dieux, le ſort, & toute la nature.
Enfin ſa douleur n'obmit rien,
Si la douleur doit s'exprimer ſi bien.

Encore un autre mort faiſoit ſa reſidence
Non loin de ce tombeau, mais bien differemment,
Car il n'avoit pour monument
Que le deſſous d'une potence.
Pour exemple aux voleurs on l'avoit là laiſſé.
Un Soldat bien récompenſé
Le gardoit avec vigilance.
Il étoit dit par Ordonnance

      Que fi d'autres voleurs, un parent, un ami
L'enlevoient, le Soldat nonchalant, endormi,
Rempliroit auffi-tôt fa place.
C'étoit trop de feverité ;
Mais la publique utilité
Défendoit que l'on fift au Garde aucune grace.
Pendant la nuit il vid aux fentes du tombeau
Briller quelque clarté, fpectacle affez nouveau.
Curieux il y court, entend de loin la Dame
Rempliffant l'air de fes clameurs.
Il entre, eft étonné, demande à cette femme,
Pourquoi ces cris, pourquoi ces pleurs,
Pourquoi cette trifte mufique,

      Pourquoi cette maifon noire & mélancolique ?
Occupée à fes pleurs, à peine elle entendit
Toutes ces demandes frivoles,
Le mort pour elle y répondit ;
Cet objet fans autres paroles
Difoit affez par quel malheur
La Dame s'enterroit ainfi toute vivante.
Nous avons fait ferment, ajoûta la Suivante,
De nous laiffer mourir de faim & de douleur.
Encore que le Soldat fût mauvais Orateur,
Il leur fit concevoir ce que c'eft que la vie.
La Dame cette fois eut de l'attention ;
Et déja l'autre paffion
Se trouvoit un peu ralentie.
Le temps avoit agi. Si la foi du ferment,

      Pourfuivit le Soldat, vous défend l'aliment,
Voïez-moi manger feulement,
Vous n'en mourrez pas moins. Un tel temperament
Ne déplut pas aux deux femelles.
Conclufion qu'il obtint d'elles
Une permiffion d'apporter fon foupé ;
Ce qu'il fit ; & l'Efclave eut le cœur fort tenté
De renoncer dés lors à la cruelle envie
De tenir au mort compagnie.
Madame, ce dit-elle, un penfer m'eft venu :
Qu'importe à vôtre Époux que vous ceffiez de vivre ?
Croïez-vous que lui-mefme il fût homme à vous fuivre,
Si par vôtre trépas vous l'aviez prevenu ?

  Non Madame, il voudroit achever sa carrière.
La nôtre sera longue encor si nous voulons.
Se faut-il à vingt ans enfermer dans la biere ?
Nous aurons tout loisir d'habiter ces maisons.
On ne meurt que trop tôt ; qui nous presse ? attendons ;
Quant à moy je voudrois ne mourir que ridée.
Voulez-vous emporter vos appas chez les morts ?
Que vous servira-t-il d'en être regardée ?
Tantôt en voïant les tresors
Dont le Ciel prit plaisir d'orner vôtre visage,
Je disois, helas ! c'est dommage,

  Nous-mêmes nous allons enterrer tout cela.
À ce discours flateur la Dame s'éveilla.
Le Dieu qui fait aimer prit son temps ; il tira
Deux traits de son carquois ; de l'un il entama
Le Soldat jusqu'au vif ; l'autre effleura la Dame :
Jeune & belle elle avoit sous ses pleurs de l'éclat,
Et des gens de goût délicat
Auroient bien pu l'aimer, & même étant leur femme
Le Garde en fut épris : les pleurs & la pitié,
Sorte d'amour aïant ses charmes,
Tout y fit : une belle alors qu'elle est en larmes
En est plus belle de moitié.

  Voilà donc nôtre Veuve écoutant la loüange,
Poison qui de l'amour est le premier degré ;
La voilà qui trouve à son gré
Celui qui le lui donne ; il fait tant qu'elle mange,
Il fait tant que de plaire, & se rend en effet
Plus digne d'être aimé que le mort le mieux fait.
Il fait tant enfin qu'elle change ;
Et toûjours par degrez, comme l'on peut penser :
De l'un à l'autre il foit cette femme passer ;
Je ne le trouve pas etrange :
Elle écoute un Amant, elle en fait un Mari ;
Le tout au nez du mort qu'elle avoit tant cheri.

  Pendant cet hymenée un voleur se hazarde
D'enlever le dépôt commis aux soins du Garde.
Il en entend le bruit ; il y court à grands pas ;
Mais en vain, la chose étoit faite.
Il revient au tombeau conter son embarras,
Ne sçachant où trouver retraite.

L'Esclave alors lui dit le voïant éperdu :
L'on vous a pris vôtre pendu ?
Les Loix ne vous feront, dites-vous, nulle grace ?
Si Madame y consent j'y remédîrai bien.
Mettons nôtre mort en la place,
Les passans n'y connoîtront rien.
La Dame y consentit. Ô volages femelles !

   La femme est toûjours femme ; il en est qui sont belles,
Il en est qui ne le sont pas.
S'il en étoit d'assez fideles,
Elles auroient assez d'apas.

Prudes vous vous devez défier de vos forces.
Ne vous vantez de rien. Si vôtre intention
Est de resister aux amorces,
La nôtre est bonne aussi ; mais l'execution
Nous trompe également ; témoin cette Matrone.
Et n'en déplaise au bon Petrone,
Ce n'étoit pas un fait tellement merveilleux,
Qu'il en dût proposer l'exemple à nos neveux.
Cette Veuve n'eut tort qu'au bruit qu'on lui vid faire,

   Qu'au dessein de mourir mal conçû, mal formé ;
Car de mettre au patibulaire,
Le corps d'un mari tant aimé,
Ce n'étoit pas peut-être une si grande affaire.
Cela lui sauvoit l'autre ; & tout consideré,
Mieux vaut Goujat debout, qu'Empereur enterré.

Fable XXVII.
Belphégor.

Nouvelle tirée de Machiavel.

  Un jour Satan, Monarque des enfers,
Faisoit passer ses Sujets en revûë.
Là confondus tous les états divers,

  Princes & Rois, & la tourbe menuë,
Jettoient maint pleur, poussoient maint & maint cri,
Tant que Satan en étoit étourdi.
Il demandoit en passant à chaque ame ;

Qui t'a jettée en l'éternelle flame ?
L'une disoit, Helas ! c'est mon Mari ;
L'autre aussi-tôt répondoit, C'est ma Femme.
Tant & tant fut ce discours repeté,
Qu'enfin Satan dit en plein Consistoire :
Si ces gens-ci disent la verité
Il est aisé d'augmenter nôtre gloire.
Nous n'avons donc qu'à le verifier.
Pour cet effet il nous faut envoïer
Quelque Demon plein d'art & de prudence ;
Qui non content d'observer avec soin
Tous les Hymens dont il fera témoin,

    Y joigne aussi sa propre experience.
Le Prince aïant proposé la Sentence,
Le noir Senat suivit tout d'une voix.
De Belphegor aussi-tôt on fit choix.
Ce Diable étoit tout yeux & tout oreilles,
Grand éplucheur, clairvoïant à merveilles,
Capable enfin de penetrer dans tout,
Et de pousser l'examen jusqu'au bout.
Pour subvenir aux frais de l'entreprise,
On lui donna mainte & mainte remise,
Toutes à vûë, & qu'en lieux differens
Il pût toucher par des correspondans.
Quant au surplus, les fortunes humaines,
Les biens, les maux, les plaisirs & les peines,
Bref ce qui suit nôtre condition,
Fut une annexe à sa legation.
Il se pouvoit tirer d'affliction,
Par ses bons tours, & par son industrie,

    Mais non mourir, ni revoir sa patrie,
Qu'il n'eût ici consumé certain tems :
Sa mission devoit durer dix ans.
Le voilà donc qui traverse & qui passe
Ce que le Ciel voulut mettre d'espace
Entre ce monde & l'éternelle nuit ;
Il n'en mit guere, un moment y conduit.
Nôtre Demon s'établit à Florence,
Ville pour lors de luxe & de dépense.
Même il la crut propre pour le trafic.
Là sous le nom du Seigneur Roderic,
Il se logea, meubla, comme un riche homme ;

Groſſe maiſon, grand train, nombre de gens ;
Anticipant tous les jours ſur la ſomme
Qu'il ne devoit conſumer qu'en dix ans.
On s'étonnoit d'une telle bombance.
Il tenoit table, avoit de tous côtez

    Gens à ſes frais, ſoit pour ſes voluptez,
Soit pour le faſte & la magnificence.
L'un des plaiſirs où plus il dépenſa
Fut la loüange : Apollon l'encenſa ;
Car il eſt maître en l'art de flaterie.
Diable n'eût onc tant d'honneurs en ſa vie.
Son cœur devint le but de tous les traits
Qu'amour lançoit : il n'étoit point de belle
Qui n'emploïât ce qu'elle avoit d'attraits
Pour le gagner, tant ſauvage fût-elle :
Car de trouver une ſeule rebelle,
Ce n'eſt la mode à gens de qui la main
Par les preſens s'aplanit tout chemin.
C'eſt un reſſort en tous deſſeins utile.
Je l'ai jà dit, & le redis encor ;
Je ne connois d'autre premier mobile
Dans l'Univers, que l'argent & que l'or.
Nôtre Envoïé cependant tenoit compte

    De chaque Hymen, en journaux differens ;
L'un des Époux ſatisfaits & contens,
Si peu rempli que le Diable en eut honte.
L'autre journal incontinent fut plein.
À Belphegor il ne reſtoit enfin
Que d'éprouver la choſe par lui-même.
Certaine fille à Florence étoit lors ;
Belle, & bien faite, & peu d'autres treſors ;
Noble d'ailleurs, mais d'un orgueil extrême ;
Et d'autant plus que de quelque vertu
Un tel orgueil paroiſſoit revétu.
Pour Roderic on en fit la demande.
Le Pere dit que Madame Honneſta,
C'étoit ſon nom, avoit eu juſques-là
Force partis ; mais que parmi la bande
Il pourroit bien Roderic preferer,
Et démandoit tems pour déliberer.

  On en convient. Le pourſuivant s'applique
À gagner celle où ſes vœux s'adreſſoient.
Fêtes & bals, ſerenades, muſique,
Cadeaux, feſtins, bien fort appetiſſoient,
Alteroient fort le fonds de l'Ambaſſade.
Il n'y plaint rien, en uſe en grand Seigneur,
S'épuiſe en dons. L'autre ſe perſuade
Qu'elle lui fait encor beaucoup d'honneur.
Concluſion qu'aprés force prieres,
Et des façons de toutes les manieres,
Il eut un oüi de Madame Honneſta.
Auparavant le Notaire y paſſa :
Dont Belphegor ſe mocquant en ſon ame ;
Hé quoi, dit-il, on acquiert une Femme
Comme un Château ! Ces gens ont tout gâté.

  Il eut raiſon : ôtez d'entre les hommes
La ſimple foi, le meilleur eſt ôté.
Nous nous jettons, pauvres gens que nous ſommes,
Dans les procés en prenant le revers.
Les ſi, les cas, les Contracts ſont la porte
Par où la noiſe entra dans l'Univers :
N'eſperons pas que jamais elle en ſorte.
Solemnitez & loix n'empêchent pas
Qu'avec l'Hymen Amour n'ait des débats.
C'eſt le cœur ſeul qui peut rendre tranquille.
Le cœur fait tout, le reſte eſt inutile.
Qu'ainſi ne ſoit, voïons d'autres états.
Chez les Amis tout s'excuſe, tout paſſe ;
Chez les Amants tout plaît, tout eſt parfait ;
Chez les Époux tout ennuie & tout laſſe.

  Le devoir nuit, chacun eſt ainſi fait :
Mais, dira-t-on, n'eſt-il en nulles guiſes
D'heureux ménage ? Aprés meur examen,
J'appelle un bon, voir un parfait Hymen,
Quand les conjoints ſe ſouffrent leurs ſottiſes.

Sur ce point-là c'eſt aſſez raiſonné.
Dés que chez lui le Diable eut amené
Son Épouſée, il jugea par lui-même
Ce qu'eſt l'Hymen avec un tel Demon :
Toûjours debats, toûjours quelque ſermon
Plein de ſottiſe en un degré ſuprême.

Le bruit fut tel que Madame Honnefta
Plus d'une fois les voifins éveilla :
Plus d'une fois on courut à la noife.
Il lui falloit quelque fimple Bourgeoife,
Ce difoit-elle ; un petit Trafiquant
Traiter ainfi les Filles de mon rang !

 Meritoit-il femme fi vertueufe ?
Sur mon devoir je fuis trop fcrupuleufe :
J'en ai regret, & fi je faifois bien...
Il n'eft pas seur qu'Honnefta ne fift rien :
Ces prudes-là nous en font bien accroire.
Nos deux Époux, à ce que dit l'Hiftoire,
Sans difputer n'étoient pas un moment.
Souvent leur guerre avoit pour fondement
Le jeu, la juppe ou quelque ameublement
D'Été, d'Hyver, d'entre-tems, bref un monde
D'inventions propres à tout gâter.
Le pauvre Diable eut lieu de regretter
De l'autre Enfer la demeure profonde.
Pour comble enfin Roderic époufa
La parenté de Madame Honnefta,
Aïant fans ceffe & le pere & la mere,
Et la grand'fœur avec le petit frere,
De fes deniers mariant la grand'fœur,

 Et du petit païant le Precepteur.
Je n'ai pas dit la principale caufe
De fa ruine infaillible accident ;
Et j'oubliois qu'il eut un Intendant.
Un Intendant ? qu'eft-ce que cette chofe ?
Je definis cet être, un animal
Qui, comme on dit, fçait pêcher en eau trouble ;
Et plus le bien de fon Maître va mal,
Plus le fien croît, plus fon profit redouble ;
Tant qu'aifément lui-même acheteroit
Ce qui de net au Seigneur refteroit :
Dont par raifon bien & dûment déduite
On pourroit voir chaque chofe réduite
En fon état, s'il arrivoit qu'un jour
L'autre devinft l'Intendant à fon tour ;
Car regagnant ce qu'il eut étant Maître,
Ils reprendroient tous deux leur premier être.

Le feul recours du pauvre Roderic,
Son feul efpoir, étoit certain trafic
Qu'il pretendoit devoir remplir fa bourfe,
Efpoir douteux, incertaine reffource.
Il étoit dit que tout feroit fatal
À nôtre Époux, ainfi tout alla mal.
Ses Agents tels que la plûpart des nôtres,
En abufoient. Il perdit un vaiffeau,
Et vid aller le commerce à vau-l'eau,
Trompé des uns, mal fervi par les autres.
Il emprunta. Quand ce vint à païer,
Et qu'à fa porte il vid le creancier,
Force lui fut d'efquiver par la fuite,
Gagnant les champs, où de l'âpre pourfuite
Il fe fauva chez un certain Fermier,
En certain coin remparé de fumier.
À Matheo, c'étoit le nom du Sire,

　　　Sans tant tourner il dit ce qu'il étoit ;
Qu'un double mal chez lui le tourmentoit,
Ses Creanciers & fa Femme encor pire :
Qu'il n'y fçavoit remede que d'entrer
Au corps des gens, & de s'y remparer,
D'y tenir bon : Iroit-on là le prendre ?
Dame Honnefta viendroit-elle y prôner
Qu'elle a regret de fe bien gouverner ?
Chofe ennuïeufe, & qu'il eft las d'entendre.
Que de ces corps trois fois il fortiroit
Si-tôt que lui Matheo l'en prîroit ;
Trois fois fans plus, & ce pour récompenfe
De l'avoir mis à couvert des Sergens.
Tout auffi-tôt l'Ambaffadeur commence
Avec grand bruit d'entrer au corps des gens.
Ce que le fien, ouvrage fantaftique,

　　　Devint alors, l'Hiftoire n'en dit rien.
Son coup d'effai fut une Fille unique
Où le Galand fe trouvoit affez bien ;
Mais Matheo moïennant groffe fomme
L'en fit fortir au premier mot qu'il dit.
C'étoit à Naples, il fe tranfporte à Rome ;
Saifit un corps : Matheo l'en bannit,
Le chaffe encore ; autre fomme nouvelle.
Trois fois enfin, toûjours d'un corps femelle,

Remarquez bien, nôtre Diable fortit.
Le Roi de Naples avoit lors une Fille,
Honneur du fexe, efpoir de fa famille ;
Maint jeune Prince étoit fon pourfuivant,
Là d'Honnefta Belphegor fe fauvant,
On ne le put tirer de cet azile.
Il n'étoit bruit aux champs comme à la ville
Que d'un manant qui chaffoit les Efprits.

  Cent mille écus d'abord lui font promis.
Bien affligé de manquer cette fomme
(Car les trois fois l'empêchoient d'efperer
Que Belphegor fe laiffât conjurer)
Il la refufe : il fe dit un pauvre homme,
Pauvre pecheur, qui fans fçavoir comment,
Sans dons du Ciel, par hazard feulement,
De quelques corps a chaffé quelque Diable,
Apparemment chetif, & miferable,
Et ne connoît celui-ci nullement.
Il a beau dire ; on le force on l'ameine,
On le menace, on lui dit que fous peine
D'être pendu, d'être mis haut & court
En un gibet, il faut que fa puiffance
Se manifefte avant la fin du jour.

  Dès l'heure même on vous met en prefence
Nôtre Demon & fon Conjurateur.
D'un tel combat le Prince eft fpectateur.
Chacun y court, n'eft fils de bonne mere
Qui pour le voir ne quitte toute affaire.
D'un côté font le gibet & la hart,
Cent mille écus bien comptez d'autre part.
Matheo tremble, & lorgne la finance.
L'Efprit malin voïant fa contenance
Rioit fous cape, alleguoit les trois fois ;
Dont Matheo fuoit dans fon harnois,
Preffoit, prioit, conjuroit avec larmes.
Le tout en vain : Plus il eft en alarmes,
Plus l'autre rit. Enfin le Manant dit
Que fur ce Diable il n'avoit nul credit.
On vous le hape & mene à la potence.
Comme il alloit haranguer l'affiftance,
Neceffité lui fuggera ce tour :

Il dit tout bas qu'on batît le tambour,
Ce qui fut fait ; de quoi l'Eſprit immonde
Un peu ſurpris au Manant demanda :
Pourquoi ce bruit ? coquin, qu'entends-je là ?
L'autre répond : C'eſt Madame Honneſta
Qui vous reclame, & va par tout le Monde
Cherchant l'Époux que le Ciel lui donna.
Incontinent le Diable décampa,
S'enfuit au fond des Enfers, & conta
Tout le ſuccés qu'avoit eu ſon voïage.
Sire, dit-il, le nœud du Mariage
Damne auſſi dru qu'aucuns autres états.
Vôtre Grandeur voit tomber ici-bas,
Non par flocons, mais menu comme pluie,
Ceux que l'Hymen fait de ſa Confrerie.

J'ai par moi-même examiné le cas.
Non que de ſoi la choſe ne ſoit bonne ;
Elle eut jadis un plus heureux deſtin ;
Mais comme tout ſe corrompt à la fin,
Plus beau fleuron n'eſt en vôtre Couronne.
Satan le crut : il fut récompenſé,
Encor qu'il eût ſon retour avancé ;
Car qu'eût-il fait ? Ce n'étoit pas merveilles
Qu'aïant ſans ceſſe un Diable à ſes oreilles,
Toûjours le même, & toûjours ſur un ton,
Il fut contraint d'enfiler la venelle ;
Dans les Enfers, encore en change-t-on ;
L'autre peine eſt à mon ſens plus cruelle.
Je voudrois voir quelques gens y durer.
Elle eût à Job fait tourner la cervelle.
De tout ceci que pretends-je inferer ?

Premièrement je ne ſçai pire choſe
Que de changer ſon logis en priſon :
En ſecond lieu, ſi par quelque raiſon
Vôtre aſcendant à l'Hymen vous expoſe,
N'épouſez point d'Honneſta s'il ſe peut ;
N'a pas pourtant une Honneſta qui veut.

XXVII
Les Filles de Minée

Sujet tiré des Metamorphoses
d'Ovide.

Je chante dans ces Vers les Filles de Minée,
Troupe aux arts de Pallas dés l'enfance adonnée,

 Et de qui le travail fit entrer en courroux
Bacchus, à juste droit de ses honneurs jaloux.
Tout Dieu veut aux humains se faire reconnaître.
On ne voit point les champs répondre aux soins du Maître,
Si dans les jours sacrez autour de ses guerets,
Il ne marche en triomphe à l'honneur de Cérés.
La Grece étoit en jeux pour le fils de Sémélé ;
Seules on vid trois sœurs condamner ce saint zele.
Alcithoé l'aînée aïant pris ses fuseaux,
Dit aux autres : Quoi donc toûjours des Dieux nouveaux ?
L'Olympe ne peut plus contenir tant de têtes,

 Ni l'an fournir de jours assez pour tant de Fêtes.
Je ne dis rien des vœux dûs aux travaux divers
De ce Dieu qui purgea de monstres l'Univers ;
Mais à quoi sert Bacchus, qu'à causer des querelles ?
Affoiblir les plus sains ? enlaidir les plus belles ?
Souvent mener au Stix par de tristes chemins ?
Et nous irons chommer la peste des humains ?
Pour moi, j'ai resolu de poursuivre ma tâche.
Se donne qui voudra ce jour-ci du relâche :
Ces mains n'en prendront point. Je suis encor d'avis

 Que nous rendions le temps moins long par des recits.
Toutes trois tour à tour racontons quelque histoire ;
Je pourrois retrouver sans peine en ma memoire
Du Monarque des Dieux les divers changemens ;
Mais comme chacun sçait tous ces évenemens,
Disons ce que l'amour inspire à nos pareilles :
Non toutefois qu'il faille en contant ses merveilles,
Accoûtumer nos cœurs à goûter son poison ;
Car, ainsi que Bacchus, il trouble la raison.
Recitons-nous les maux que ses biens nous attirent.

   Alcithoé fe tut, & fes sœurs applaudirent.
Aprés quelques momens, hauffant un peu la voix,
Dans Thebes, reprit-elle, on conte qu'autrefois
Deux jeunes cœurs s'aimoient d'une égale tendreffe :
Pyrame, c'eft l'amant, eut Thifbé pour maîtreffe :
Jamais couple ne fut fi bien afforti qu'eux ;
L'un bien fait, l'autre belle, agreables tous deux,
Tous deux dignes de plaire, ils s'aimerent fans peine ;
D'autant plûtôt épris, qu'une invincible haine
Divifant leurs parens, ces deux Amans unit,

   Et concourut aux traits dont l'Amour fe fervit.
Le hazard, non le choix, avoit rendu voifines
Leurs maifons où regnoient ces guerres inteftines ;
Ce fut un avantage à leurs defirs naiffans.
Le cours en commença par des jeux innocens :
La premiere étincelle eut embrafé leur ame
Qu'ils ignoroient encor ce que c'étoit que flâme.
Chacun favorifoit leurs tranfports mutuels,
Mais c'étoit à l'infçû de leurs parens cruels.
La défenfe eft un charme ; on dit qu'elle affaifonne

   Les plaifirs, & fur tout ceux que l'amour nous donne.
D'un des logis à l'autre, elle inftruifit du moins
Nos Amans à fe dire avec figne leurs foins.
Ce leger réconfort ne les put fatisfaire ;
Il falut recourir à quelque autre myftere.
Un vieux mur entr'ouvert feparoit leurs maifons,
Le temps avoit miné fes antiques cloifons.
Là fouvent de leurs maux ils déploroient la caufe ;
Les paroles paffoient, mais c'étoit peu de chofe.
Se plaignant d'un tel fort, Pirame dit un jour,
Chere Thifbé, le Ciel veut qu'on s'aide en amour ;

   Nous avons à nous voir une peine infinie ;
Fuïons de nos parens l'injufte tyrannie :
J'en ai d'autres en Grece ; ils fe tiendront heureux
Que vous daignez chercher un azile chez eux ;
Leur amitié, leurs biens, leur pouvoir, tout m'invite
À prendre le parti dont je vous follicite.
C'eft vôtre feul repos qui me le fait choifir,
Car je n'ofe parler, helas ! de mon defir ;
Faut-il à vôtre gloire en faire un facrifice ?

De crainte des vains bruits faut-il que je languiſſe ?
Ordonnez, j'y conſens, tout me ſemblera doux ;

  Je vous aime Thiſbé, moins pour moi que pour vous.
J'en pourrois dire autant, lui repartit l'Amante ;
Vôtre amour étant pure, encor que vehemente,
Je vous ſuivrai par tout ; nôtre commun repos
Me doit mettre au-deſſus de tous les vains propos ;
Tant que de ma vertu je ſerai ſatisfaite,
Je rirai des diſcours d'une langue indiſcrete,
Et m'abandonnerai ſans crainte à vôtre ardeur,
Contente que je ſuis des ſoins de ma pudeur.
Jugez ce que ſentit Pirame à ces paroles ;
Je n'en fais point ici de peintures frivoles.

  Suppléez au peu d'art que le Ciel mit en moi :
Vous-mêmes peignez-vous cet Amant hors de ſoi.
Demain, dit-il, il faut ſortir avant l'Aurore ;
N'attendez point les traits que ſon char fait éclore ;
Trouvez-vous aux degrez du terme de Cerés ;
Là nous nous attendrons ; le rivage eſt tout prés :
Une barque eſt au bord ; Les Rameurs, le vent même,
Tout pour nôtre départ montre une hâte extrême ;
L'augure en eſt heureux, nôtre ſort va changer ;
Et les Dieux ſont pour nous, ſi je ſçai bien juger.

  Thiſbé conſent à tout ; elle en donne pour gage
Deux baiſers par le mur arrêtez au paſſage,
Heureux mur ! tu devois ſervir mieux leur deſir ;
Ils n'obtinrent de toi qu'une ombre de plaiſir.
Le lendemain Thiſbé ſort & prévient Pirame ;
L'impatience, helas ! maîtreſſe de ſon ame,
La fait arriver ſeule & ſans guide aux degrez ;
L'ombre & le jour luttoient dans les champs azurez.
Une lionne vient, monſtre imprimant la crainte ;
D'un carnage recent ſa gueule eſt toute teinte.

  Thiſbé fuit, & ſon voile emporté par les airs,
Source d'un ſort cruel, tombe dans ces deſerts.
La lionne le voit, le ſoüille, le déchire,
Et l'aïant teint de ſang, aux forêts ſe retire.
Thiſbé s'étoit cachée en un buiſſon épais.
Pirame arrive, & void ces veſtiges tout frais.
Ô Dieux ! que devient-il ? un froid court dans ſes veines ;

Il apperçoit le voile étendu dans ces plaines :
Il le leve ; & le fang joint aux traces des pas,
L'empêche de douter d'un funefte trépas.
Thifbé, s'écria-t-il, Thifbé, je t'ai perduë,

  Te voila par ma faute aux Enfers defcenduë !
Je l'ai voulu ; c'eft moi qui fuis le monftre affreux
Par qui tu t'en vas voir le féjour tenebreux :
Attens-moi, je te vais rejoindre aux rives fombres ;
Mais m'oferai-je à toi prefenter chez les Ombres ?
Jouïs au moins du fang que je te vais offrir,
Malheureux de n'avoir qu'une mort à fouffrir.
Il dit, & d'un poignard coupe auffi-tôt fa trame.
Thifbé vient ; Thifbé voit tomber fon cher Pirame.
Que devint-elle auffi ? tout lui manque à la fois,

  Le fens, & les efprits auffi bien que la voix.
Elle revient enfin ; Cloton pour l'amour d'elle
Laiffe à Pirame ouvrir fa mourante prunelle.
Il ne regarde point la lumiere des Cieux ;
Sur Thifbé feulement il tourne encor les yeux.
Il voudroit lui parler, fa langue eft retenuë ;
Il témoigne mourir content de l'avoir vûë.
Thifbé prend le poignard ; & découvrant fon fein,
Je n'accuferai point, dit-elle, ton deffein ;
Bien moins encor l'erreur de ton ame alarmée ;
Ce feroit t'accufer de m'avoir trop aimée.

  Je ne t'aime pas moins : tu vas voir que mon cœur
N'a non plus que le tien merité fon malheur.
Cher Amant, reçois donc ce trifte facrifice.
Sa main & le poignard font alors leur office :
Elle tombe, & tombant range fes vétemens,
Dernier trait de pudeur, même aux derniers momens.
Les Nymphes d'alentour lui donnerent des larmes ;
Et du fang des Amans teignirent par des charmes
Le fruit d'un Meurier proche, & blanc jufqu'à ce jour,
Éternel monument d'un fi parfait amour.
Cette hiftoire attendrit les filles de Minée :

  L'une accufoit l'Amant, l'autre la deftinée,
Et toutes d'une voix conclurent que nos cœurs
De cette paffion devroient être vainqueurs.
Elle meurt quelquefois avant qu'être contente ;

L'eſt-elle ? elle devient auſſi-tôt languiſſante :
Sans l'hymen on n'en doit recueillir aucun fruit,
Et cependant l'hymen eſt ce qui la détruit.
Il y joint, dit Climene, une âpre jalouſie.
Poiſon le plus cruel dont l'ame ſoit ſaiſie.
Je n'en veux pour témoin que l'erreur de Procris.

  Alcithoé ma sœur, attachant vos eſprits,
Des tragiques amours vous a conté l'élite ;
Celles que je vais dire ont auſſi leur merite.
J'acourcirai le temps ainſi qu'elle, à mon tour.
Peu s'en faut que Phœbus ne partage le jour.
À ſes raïons perçans oppoſons quelques voiles.
Voïons combien nos mains ont avancé nos toiles.
Je veux que ſur la mienne, avant que d'être au ſoir,
Un progrés tout nouveau ſe faſſe appercevoir :
Cependant donnez-moy quelque heure de ſilence,
Ne vous rebutez point de mon peu d'éloquence ;

  Souffrez-en les défauts ; & ſongez ſeulement
Au fruit qu'on peut tirer de cet évenement.

Cephale aimoit Procris, il étoit aimé d'elle ;
Chacun ſe propoſoit leur Hymen pour modelle.
Ce qu'Amour fait ſentir de piquant & de doux
Combloit abondamment les vœux de ces Époux.
Ils ne s'aimoient que trop ; leurs ſoins & leur tendreſſe
Approchoient des tranſports d'Amant & de Maiſtreſſe ;
Le Ciel même envia cette felicité :
Cephale eut à combattre une Divinité.

  Il étoit jeune & beau, l'Aurore en fut charmée ;
N'étant pas à ces biens, chez elle, accoûtumée.
Nos belles cacheroient un pareil ſentiment :
Chez les Divinitez on en uſe autrement.
Celle-cy declara ſon amour à Cephale.
Il eut beau luy parler de la foy conjugale ;
Les jeunes Deïtez qui n'ont qu'un vieil Époux,
Ne ſe ſoûmettent point à ces loix comme nous.
La Déeſſe enleva ce Heros ſi fidelle :
De moderer ſes feux il pria l'Immortelle.
Elle le fit ; l'amour devint ſimple amitié :
Retournez, dit l'Aurore, avec votre moitié.

    Je ne troublerai plus vôtre ardeur ni la fienne ;
Recevez feulement ces marques de la mienne.
(C'étoit un javelot toujours seur de fes coups.)
Un jour cette Procris qui ne vit que pour vous,
Fera le defefpoir de vôtre ame charmée,
Et vous aurez regret de l'avoir tant aimée.
Tout Oracle eft douteux, & porte un double fens ;
Celuy-cy mit d'abord nôtre Époux en fufpens :
J'aurai regret aux vœux que j'ai formez pour elle ;
Et comment ? N'eft-ce point qu'elle m'eft infidelle ?
Ah finiffent mes jours plûtôt que de le voir !

    Éprouvons toutefois ce que peut fon devoir.
Des Mages auffi-tôt confultant la fcience,
D'un feint adolefcent il prend la reffemblance ;
S'en va trouver Procris, éleve jufqu'aux Cieux
Ses beautez qu'il foûtient être dignes des Dieux ;
Joint les pleurs aux foûpirs comme un Amant fçait faire,
Et ne peut s'éclaircir par cet art ordinaire.
Il falut recourir à ce qui porte coup,
Aux prefens ; il offrit, donna promit beaucoup,
Promit tant que Procris lui parut incertaine.
Toute chofe a fon prix : voilà Cephale en peine ;

    Il renonce aux citez, s'en va dans les forêts,
Conte aux vents, conte aux bois fes déplaifirs fecrets :
S'imagine en chaffant diffiper fon martyre.
C'étoit pendant ces mois où le chaud qu'on refpire
Oblige d'implorer l'haleine des Zephirs.
Doux Vents, s'écrioit-il, prétez-moi des foupirs,
Venez, legers Demons par qui nos champs fleuriffent :
Aure, fais-les venir ; je fçai qu'ils t'obeïffent ;
Ton emploi dans ces lieux eft de tout ranimer.
On l'entendit, on crut qu'il venoit de nommer
Quelque objet de fes vœux autre que fon Époufe.

    Elle en eft avertie, & la voilà jaloufe.
Maint voifin charitable entretient fes ennuis :
Je ne le puis plus voir, dit-elle, que les nuits.
Il aime donc cette Aure, & me quitte pour elle ?
Nous vous plaignons ; il l'aime, & fans ceffe il l'appelle ;
Les échos de ces lieux n'ont plus d'autres emplois
Que celui d'enfeigner le nom d'Aure à nos bois.
Dans tous les environs le nom d'Aure réfonne.

Profitez d'un avis qu'en paſſant on vous donne.
L'interêt qu'on y prend eſt de vous obliger.
Elle en profite, helas ! & ne fait qu'y ſonger.

  Les Amants ſont toûjours de legere croïance.
S'ils pouvoient conſerver un raïon de prudence,
(Je demande un grand poinct, la prudence en amours)
Ils feroient aux rapports inſenſibles & ſourds.
Nôtre Épouſe ne fut l'une ni l'autre choſe :
Elle ſe leve un jour ; & lorſque tout repoſe,
Que de l'aube au teint frais la charmante douceur
Force tout au ſommeil, hormis quelque Chaſſeur,
Elle cherche Cephale ; un bois l'offre à ſa vuë.
Il invoquoit déja cette Aure pretenduë.

  Viens me voir, diſoit-il, chere Déeſſe accours :
Je n'en puis plus, je meurs, fais que par ton ſecours
La peine que je ſens ſe trouve ſoulagée.
L'Épouſe ſe prétend par ces mots outragée ;
Elle croit y trouver, non le ſens qu'ils cachoient,
Mais celui ſeulement que ſes ſoupçons cherchoient.
Ô triſte jalouſie ! ô paſſion amere !
Fille d'un fol amour, que l'erreur a pour mere !
Ce qu'on voit par tes yeux cauſe aſſez d'embarras,
Sans voir encor par eux ce que l'on ne void pas.
Procris s'étoit cachée en la même retraite

  Qu'un Fan de Biche avoit pour demeure ſecrete :
Il en ſort ; & le bruit trompe auſſi-tôt l'Époux.
Cephale prend le dard toûjours ſeur de ſes coups,
Le lance en cet endroit, & perce ſa jalouſe ;
Malheureux aſſaſſin d'une ſi chere Épouſe.
Un cri lui fait d'abord ſoupçonner quelque erreur ;
Il accourt, void ſa faute, & tout plein de fureur,
Du même javelot il veut s'ôter la vie.
L'Aurore & les Deſtins arrêtent cette envie.
Cet office lui fut plus cruel qu'indulgent.
L'infortuné Mari ſans ceſſe s'affligeant,
Eût accrû par ſes pleurs le nombre des fontaines,

  Si la Déeſſe enfin, pour terminer ſes peines,
N'eût obtenu du Sort que l'on tranchat ſes jours ;
Triſte fin d'un Hymen bien divers en ſon cours.
Fuïons ce nœud, mes Sœurs, je ne puis trop le dire.

Jugez par le meilleur quel peut être le pire.
S'il ne nous eſt permis d'aimer que ſous ſes loix,
N'aimons point. Ce deſſein fut pris par toutes trois.
Toutes trois pour chaſſer de ſi triſtes penſées,
À revoir leur travail ſe montrent empreſſées.
Climene en un tiſſu riche, pénible, & grand,

    Avoit preſque achevé le fameux different
D'entre le Dieu des eaux & Pallas la ſçavante.
On voïoit en lointain une ville naiſſante.
L'honneur de la nommer entr'eux deux conteſté,
Dépendoit du preſent de chaque Deïté.
Neptune fit le ſien d'un ſymbole de guerre.
Un coup de ſon trident fit ſortir de la terre
Un animal fougueux, un Courſier plein d'ardeur.
Chacun de ce preſent admiroit la grandeur.
Minerve l'effaça, donnant à la contrée
L'Olivier, qui de paix eſt la marque aſſurée ;
Elle emporta le prix, & nomma la Cité.

    Athene offrit ſes vœux à cette Déïté.
Pour les lui preſenter on choiſit cent pucelles,
Toutes ſçachant broder, auſſi ſages que belles.
Les premieres portoient force preſents divers.
Tout le reſte entouroit la Déeſſe aux yeux pers.
Avec un doux ſouris elle acceptoit l'hommage.
Climene aïant enfin reploïé ſon ouvrage,
La jeune Iris commence en ces mots ſon recit.

Rarement pour les pleurs mon talent réüſſit,
Je ſuivrai toutefois la matiere impoſée.
Telamon pour Cloris avoit l'ame embraſée :

    Cloris pour Telamon brûloit de ſon côté.
La naiſſance, l'eſprit, les graces, la beauté ;
Tout ſe trouvoit en eux, hormis ce que les hommes
Font marcher avant tout dans ce ſiecle où nous ſommes.
Ce ſont les biens, c'eſt l'or, merite univerſel.
Ces Amants, quoi-qu'épris d'un deſir mutuel,
N'oſoient au blond Hymen ſacrifier encore ;
Faute de ce métail que tout le monde adore.
Amour s'en paſſeroit, l'autre état ne le peut :
Soit raiſon, ſoit abus, le Sort ainſi le veut.

  Cette loi qui corrompt les douceurs de la vie,
Fut par le jeune Amant d'une autre erreur suivie.
Le Démon des Combats vint troubler l'Univers.
Un Païs contesté par des Peuples divers
Engagea Telamon dans un dur exercice.
Il quitta pour un temps l'amoureuse milice.
Cloris y consentit, mais non pas sans douleur.
Il voulut meriter son estime & son cœur.
Pendant que ses exploits terminent la querelle,
Un parent de Cloris meurt, & laisse à la belle
D'amples possessions & d'immenses tresors :

  Il habitoit les lieux où Mars regnoit alors.
La Belle s'y transporte ; & partout révérée,
Par tout, des deux partis Cloris consideréé,
Void de ses propres yeux les champs où Telamon
Venoit de consacrer un trophée à son nom.
Lui de sa part accourt, et, tout couvert de gloire
Il offre à ses amours les fruits de sa victoire.
Leur rencontre se fit non loin de l'élement
Qui doit être évité de tout heureux Amant.
Des ce jour l'âge d'or les eût joints sans mystere ;

  L'âge de fer en tout a coûtume d'en faire.
Cloris ne voulut donc couronner tous ces biens
Qu'au sein de sa Patrie, & de l'aveu des siens.
Tout chemin, hors la mer, alongeant leur souffrance,
Ils commettent aux flots cette douce esperance.
Zephyre les suivoit quand presque en arrivant,
Un Pirate survient, prend le dessus du vent,
Les attaque, les bat. En vain par sa vaillance
Telamon jusqu'au bout porte la résistance.
Aprés un long combat son parti fut défait ;

  Lui pris ; & ses efforts n'eurent pour tout effet
Qu'un esclavage indigne. Ô Dieux, qui l'eût pû croire !
Le sort sans respecter ni son sang ni sa gloire,
Ni son bonheur prochain, ni les vœux de Cloris,
Le fit être forçat aussi-tôt qu'il fut pris.
Le destin ne fut pas à Cloris si contraire ;
Un celebre Marchand l'achète du Corsaire :
Il l'emmene ; & bien-tôt la Belle, malgré soi,
Au milieu de ses fers, range tout sous sa loi.

L'Épouſe du Marchand la void avec tendreſſe.
Ils en font leur Compagne, & leur fils ſa Maîtreſſe.

  Chacun veut cet Hymen : Cloris à leurs deſirs
Répondoit ſeulement par de profonds ſoûpirs.
Damon, c'étoit ce fils, lui tient ce doux langage :
Vous ſoûpirez toûjours, toûjours vôtre viſage
Baigné de pleurs nous marque un déplaiſir ſecret.
Qu'avez-vous ? vos beaux yeux verroient-ils à regret
Ce que peuvent leurs traits, & l'excez de ma flâme ?
Rien ne vous force ici, découvrez-nous vôtre ame ;
Cloris, c'eſt moi qui ſuis l'eſclave, & non pas vous ;
Ces lieux, à vôtre gré, n'ont-ils rien d'aſſez doux ?

  Parlez ; nous ſommes prêts à changer de demeure ;
Mes parens m'ont promis de partir tout-à-l'heure.
Regretez-vous les biens que vous avez perdus ?
Tout le nôtre eſt à vous, ne le dédaignez plus.
J'en ſçai qui l'agréroient ; j'ai ſçû plaire à plus d'une ;
Pour vous, vous meritez toute une autre fortune.
Quelle que ſoit la nôtre, uſez-en ; vous voïez
Ce que nous poſſedons, & nous-même à vos pieds.
Ainſi parle Damon, & Cloris toute en larmes,
Lui répond en ces mots accompagnez de charmes.

  Vos moindres qualitez, & cet heureux ſejour
Même aux Filles des Dieux donneroient de l'amour ;
Jugez donc ſi Cloris eſclave & malheureuſe,
Voit l'offre de ces biens d'une ame dédaigneuſe.
Je ſçai quel eſt leur prix ; mais de les accepter,
Je ne puis ; & voudrois vous pouvoir écouter.
Ce qui me le défend, ce n'eſt point l'eſclavage ;
Si toûjours la naiſſance éleva mon courage,
Je me vois, grace aux Dieux, en des mains où je puis
Garder ces ſentimens malgré tous mes ennuis.

  Je puis même avoüer (helas ! faut-il le dire ?)
Qu'un autre a ſur mon cœur conſervé ſon empire.
Je cheris un Amant, ou mort ou dans les fers ;
Je prétens le cherir encor dans les enfers.
Pourriez-vous eſtimer le cœur d'une inconſtante ?
Je ne ſuis déja plus aimable ni charmante,
Cloris n'a plus ces traits que l'on trouvoit ſi doux,
Et doublement eſclave eſt indigne de vous.

Touché de ce difcours, Damon prend congé d'elle :
Fuïons, dit-il en foi, j'oublîrai cette Belle,

 Tout paffe, & même un jour fes larmes pafferont :
Voïons ce que l'abfence & le temps produiront.
À ces mots il s'embarque ; et, quittant le rivage,
Il court de mer en mer, aborde en lieu fauvage ;
Trouve des malheureux de leurs fers échapez,
Et fur le bord d'un bois à chaffer occupez.
Telamon, de ce nombre, avoit brifé fa chaifne ;
Aux regards de Damon il fe prefente à peine,
Que fon air, fa fierté, fon efprit, tout enfin
Fait qu'à l'abord Damon admire fon deftin,

 Puis le plaint, puis l'emmeine, & puis lui dit fa flâme.
D'une Efclave, dit-il, je n'ai pû toucher l'ame :
Elle cherit un mort ! Un mort ! ce qui n'eft plus
L'emporte dans fon cœur ! mes vœux font fuperflus.
Là-deffus de Cloris il lui fait la peinture.
Telamon dans fon ame admire l'avanture,
Diffimule, & fe laiffe emmener au fejour
Où Cloris lui conferve un fi parfait amour.
Comme il vouloit cacher avec foin fa fortune,
Nulle peine pour lui n'étoit vile & commune.
On apprend leur retour & leur débarquement ;

 Cloris fe prefentant à l'un & l'autre Amant,
Reconnoît Telamon fous un faix qui l'accable ;
Ses chagrins le rendoient pourtant méconnoiffable ;
Un œil indifferent à le voir eût erré,
Tant la peine & l'amour l'avoient défiguré.
Le fardeau qu'il portoit ne fut qu'un vain obftacle ;
Cloris le reconnoît, & tombe à ce fpectacle ;
Elle perd tous fes fens & de honte & d'amour.
Telamon d'autre part tombe prefque à fon tour ;
On demande à Cloris la caufe de fa peine ?
Elle la dit, ce fut fans s'attirer de haine ;

 Son récit ingénu redoubla la pitié
Dans des cœurs prévenus d'une jufte amitié.
Damon dit que fon zele avoit changé de face.
On le crut. Cependant, quoi-qu'on dife & qu'on faffe,
D'un triomphe fi doux l'honneur & le plaifir
Ne fe perd qu'en laiffant des reftes de defir.

On crut pourtant Damon. Il reſtraignit ſon zele
À ſceller de l'Hymen une union ſi belle ;
Et par un ſentiment à qui rien n'eſt égal,
Il pria ſes parens de doter ſon Rival.
Il l'obtint, renonçant dés-lors à l'Hyménée.
Le ſoir étant venu de l'heureuſe journée,

   Les nôces ſe faiſoient à l'ombre d'un ormeau :
L'enfant d'un voiſin vid s'y percher un corbeau :
Il fait partir de l'arc une fleche maudite,
Perce les deux Époux d'une atteinte ſubite.
Cloris mourut du coup, non ſans que ſon Amant
Attirât ſes regards en ce dernier moment.
Il s'écrie en voïant finir ſes deſtinées ;
Quoi ! la parque a tranché le cours de ſes années ?
Dieux, qui l'avez voulu, ne ſuffiſoit-il pas
Que la haine du Sort avançât mon trépas ?
En achevant ces mots il acheva de vivre ;

   Son amour, non le coup, l'obligea de la ſuivre ;
Bleſſé legerement il paſſa chez les morts ;
Le Styx vid nos Époux accourir ſur ſes bords ;
Même accident finit leurs précieuſes trames ;
Même tombe eut leurs corps, même ſejour leurs ames.
Quelques-uns ont écrit (mais ce fait eſt peu ſeur)
Que chacun d'eux devint ſtatuë & marbre dur.
Le couple infortuné face à face repoſe,
Je ne garantis point cette metamorphoſe ;
On en doute. On le croit plus que vous ne penſez,
Dit Climene ; & cherchant dans les ſiecles paſſez

   Quelque exemple d'amour & de vertu parfaite,
Tout ceci me fut dit par le ſage Interprete.
J'admirai, je plaignis ces Amans malheureux ;
On les alloit unir ; tout concouroit pour eux ;
Ils touchoient au moment ; l'attente en étoit ſûre ;
Helas ! il n'en eſt point de telle en la nature ;
Sur le point de joüir tout s'enfuit de nos mains ;
Les Dieux ſe font un jeu de l'eſpoir des humains.
Laiſſons, reprit Iris, cette triſte penſée.
La Feſte eſt vers ſa fin, grace au Ciel avancée ;

   Et nous avons paſſé tout ce temps en recits,
Capables d'affliger les moins ſombres eſprits !

Effaçons, s'il fe peut, leur image funefte :
Je pretends de ce jour mieux emploïer le refte ;
Et dire un changement, non de corps, mais de cœur :
Le miracle en eft grand ; Amour en fut l'auteur :
Il en fait tous les jours de diverfe maniere.
Je changerai de ftile en changeant de matiere.

Zoon plaifoit aux yeux, mais ce n'eft pas affez :
Son peu d'efprit, fon humeur fombre,

  Rendoient ces talens mal placez :
Il fuïoit les citez, il ne cherchoit que l'ombre,
Vivoit parmi les bois concitoïen des ours,
Et paffoit fans aimer les plus beaux de fes jours.
Nous avons condamné l'amour, m'allez-vous dire ;
J'en blâme en nous l'excés ; mais je n'approuve pas
Qu'infenfible aux plus doux appas
Jamais un homme ne foûpire.
He quoi, ce long repos eft-il d'un fi grand prix ?
Les morts font donc heureux ; ce n'eft pas mon avis.
Je veux des paffions ; & fi l'état le pire
Eft le neant, je ne fçai point
De neant plus complet qu'un cœur froid à ce poinct.

  Zoon n'aimant donc rien, ne s'aimant pas lui-même,
Vit Iole endormie, & le voilà frapé ;
Voilà fon cœur développé.
Amour par fon fçavoir fuprême,
Ne l'eut pas fait amant qu'il en fit un heros
Zoon rend grace au Dieu qui troubloit fon repos :
Il regarde en tremblant cette jeune merveille.
À la fin Iole s'éveille :
Surprife & dans l'étonnement,
Elle veut fuir, mais fon Amant
L'arrête, & lui tient ce langage :
Rare & charmant objet, pourquoi me fuïez-vous ?
Je ne fuis plus celui qu'on trouvoit fi fauvage :
C'eft l'effet de vos traits, auffi puiffans que doux :

  Ils m'ont l'ame & l'efprit, & la raifon donnée.
Souffrez que vivant fous vos loix
J'emploie à vous fervir des biens que je vous dois.
Iole à ce difcours encor plus étonnée,
Rougit, & fans répondre elle court au hameau,

Et raconte à chacun ce miracle nouveau.
Ses Compagnes d'abord s'assemblent autour d'elle :
Zoon suit en triomphe, & chacun applaudit.
Je ne vous dirai point, mes sœurs, tout ce qu'il fit,
Ni ses soins pour plaire à la Belle.
Leur hymen se conclut : un Satrape voisin,
Le propre jour de cette fête,
Enleve à Zoon sa conquête.

    On ne soupçonnoit point qu'il eût un tel dessein.
Zoon accourt au bruit, recouvre ce cher gage,
Poursuit le ravisseur, & le joint, & l'engage
En un combat de main à main.
Iole en est le prix, aussi bien que le juge.
Le Satrape vaincu trouve encor du refuge
En la bonté de son rival.
Helas ! cette bonté lui devint inutile ;
Il mourut du regret de cet hymen fatal.
Aux plus infortunez la tombe sert d'azile.
Il prit pour héritiere, en finissant ses jours,
Iole, qui moüilla de pleurs son Mausolée.
Que sert-il d'être plaint quand l'ame est envolée ?
Ce Satrape eût mieux fait d'oublier ses amours.

    La jeune Iris à peine achevoit cette histoire ;
Et ses sœurs avoüoient qu'un chemin à la gloire
C'est l'amour : on fait tout pour se voir estimé ;
Est-il quelque chemin plus court pour estre aimé ?
Quel charme de s'oüir loüer par une bouche
Qui même sans s'ouvrir nous enchante & nous touche.
Ainsi disoient ces Sœurs. Un orage soudain
Jette un secret remords dans leur profane sein.
Bacchus entre, & sa cour, confus & long cortege :
Où sont, dit-il, ces Sœurs à la main sacrilege ?
Que Pallas les défende, & vienne en leur faveur

    Opposer son Ægide à ma juste fureur :
Rien ne m'empêchera de punir leur offence :
Voïez :; & qu'on se rie aprés de ma puissance.
Il n'eut pas dit, qu'on vid trois monstres au plancher,
Ailez, noirs & velus, en un coin s'attacher.
On cherche les trois Sœurs ; on n'en void nulle trace :
Leurs métiers sont brisez, on éleve en leur place
Une Chapelle au Dieu, pere du vrai Nectar.

Pallas a beau se plaindre, elle a beau prendre part
Au destin de ces Sœurs par elle protegées.
Quand quelque Dieu voyant ses bontez negligées,

 Nous foit sentir son ire ; un autre n'y peut rien :
L'Olympe s'entretient en paix par ce moïen.
Profitons, s'il se peut, d'un si fameux exemple.
Chommons : c'est faire assez qu'aller de Temple en Temple
Rendre à chaque Immortel les vœux qui lui sont dûs :
Les jours donnez aux Dieux ne sont jamais perdus.

XXIX.
Le Juge Arbitre, l'Hospitalier, & le Solitaire.

 TROIS Saints également jaloux de leur salut,
Portez d'un même esprit, tendoient à même but.
Ils s'y prirent tous trois par des routes diverses.

 Tous chemins vont à Rome : ainsi nos Concurrens
Crurent pouvoir choisir des sentiers differens.
L'un touché des soucis, des longueurs, des traverses
Qu'en appanage on voit aux Procés attachez,
S'offrit de les juger sans recompense aucune,
Peu soigneux d'établir icy-bas sa fortune.
Depuis qu'il est des Loix, l'Homme pour ses pechez
Se condamne à plaider la moitié de sa vie.
La moitié ? les trois quarts, & bien souvent le tout.
Le Conciliateur crut qu'il viendroit à bout
De guérir cette folle & detestable envie.

 Le second de nos Saints choisit les Hôpitaux.
Je le louë ; & le soin de soulager ces maux
Est une charité que je préfere aux autres.
Les Malades d'alors étant tels que les nôtres,
Donnoient de l'exercice au pauvre Hospitalier ;
Chagrins, impatiens, & se plaignant sans cesse :
Il a pour tels & tels un soin particulier ;
Ce sont ses amis ; il nous laisse.
Ces plaintes n'étoient rien au prix de l'embarras
Où se trouva reduit l'Appointeur de débats.
Aucun n'étoit content ; la Sentence arbitrale

À nul des deux ne convenoit :
Jamais le Juge ne tenoit

    À leur gré la balance égale,
De femblables difcours rebutoient l'Appointeur.
Il court aux Hôpitaux, va voir leur Directeur.
Tous deux ne recueillant que plainte & que murmure,
Affligez, & contraints de quitter ces emplois,
Vont confier leur peine au filence des bois.
Là fous d'âpres rochers, prés d'une fource pure,
Lieu refpecté des vents, ignoré du Soleil,
Ils trouvent l'autre Saint, lui demandent confeil.
Il faut, dit leur ami, le prendre de foi-même.
Qui mieux que vous fçait vos befoins ?
Aprendre à fe connoître eft le premier des foins

    Qu'impofe à tous mortels la Majefté Suprême.
Vous étes-vous connus dans le monde habité ?
L'on ne le peut qu'aux lieux pleins de tranquillité :
Chercher ailleurs ce bien, eft une erreur extrême.
Troublez l'eau ; vous y voyez-vous ?
Agitez celle-ci. Comment nous verrions-nous ?
La vafe eft un épais nuage
Qu'aux effets du criftal nous venons d'oppofer.
Mes Freres, dit le Saint, laiffez la repofer ;
Vous verrez alors vôtre image.
Pour vous mieux contempler demeurez au defert.
Ainfi parla le Solitaire.

    Il fut crû, l'on fuivit ce confeil falutaire.
Ce n'eft pas qu'un emploi ne doive être fouffert.
Puifqu'on plaide, & qu'on meurt, & qu'on devient malade,
Il faut des Medecins, il faut des Avocats.
Ces fecours, grace à Dieu, ne nous manqueront pas ;
Les honneurs & le gain, tout me le perfuade.
Cependant on s'oublie en ces communs befoins.
Ô vous dont le Public emporte tous les foins,
Magiftrats, Princes, & Miniftres,
Vous que doivent troubler mille accidens finiftres,
Que le malheur abbat, que le bonheur corrompt,

    Vous ne vous voïez point, vous ne voïez perfonne.
Si quelque bon moment à ces penfers vous donne,
Quelque flateur vous interrompt.

Cette leçon fera la fin de ces Ouvrages :
Puiffe-t-elle être utile aux fiecles à venir !
Je la prefente aux Rois, je la propofe aux Sages ;
Par où fçaurois-je mieux finir ?

PREMIER RECUEIL : 1668 — 3
Preface. — 4
LIVRE I — 21
Fable I. La Cigale & la Fourmy. — 21
II. Le Corbeau & le Renard. — 21
III. La Grenoüille qui fe veut faire auffi groffe que le Bœuf. — 22
IV. Les deux Mulets. — 22
V. Le Loup & le Chien. — 23
VI. La Geniffe, la Chevre & la Brebis en fociete avec le Lion. — 24
VII. La Beface. — 25
VIII. L'Hirondelle & les petits Oyfeaux. — 26
IX. Le Rat de Ville, & le Rat des Champs. — 27
X. Le Loup & l'Agneau. — 28
XI. L'homme, & fon Image. — 29
XII. Le Dragon à plufieurs teftes, & le Dragon à plufieurs queuës. — 30
XIII. Les Voleurs & l'Afne. — 31
XIV. Simonide préfervé par les Dieux. — 31
XV. La mort & le Malheureux. — 33
XVII. L' — 34
Homme entre deux âges, & fes deux Maiftreffes. — 34
XVIII. Le Renard & la Cicogne. — 35
XIX. L'Enfant & le Maiftre d'Ecole. — 35
XX. Le Coq & la Perle. — 36
XXI. Les Frelons, & les Moûches à miel. — 37
XXII. Le Chefne & le Rozeau. — 38
LIVRE II — 39
Fable I. Contre ceux qui ont le gouft difficile. — 39
II. *Confeil tenu par les Rats.* — 40
III. *Le Loup plaidant contre le Renard pardevant le Singe.* — 41
IV. *Les deux Taureaux & une Grenoüille.* — 42
V. *La Chauvefouris & les deux Belettes.* — 42
VI. *L'Oyfeau bleßé d'une fléche.* — 43
VII. *La Lice & fa Compagne.* — 44
VIII. *L'Aigle & l'Efcarbot.* — 44
IX. *Le Lion & le Moucheron.* — 46
X. *L'Afne chargé d'éponges, & l'Afne chargé de fel.* — 47
XI. *Le Lion & le Rat.* — 48

XII. La Colombe & la Fourmy.	48
XIII. L'Aſtrologue qui ſe laiſſe tomber dans un puits.	49
XIV. Le Lievre & les Grenoüilles.	50
XV. Le Coq & le Renard.	51
XVI. Le Corbeau voulant imiter l'Aigle.	52
XVII. Le Paon ſe plaignant à Junon.	53
XVIII. La Chate metamorphosée en Femme.	54
XIX. Le Lion & l'Aſne chaſſant.	55
XX. Teſtament expliqué par Eſope.	55

LIVRE III — 58

Fable I. Le Meuſnier, ſon Fils, & l'Aſne.	58
II. Les Membres & l'Eſtomach.	60
III. Le Loup devenu Berger.	61
IV. Les Grenoüilles qui demandent un Roy.	62
V. Le Renard & le Bouc.	63
VI. L'Aigle, la Laye, & la Chate.	64
VII. L'Yvrogne & ſa femme.	66
VIII. La Goute & l'Araignée.	66
IX. Le Loup & la Cicogne.	68
X. Le Lion abattu par l'Homme.	68
XI. Le Renard & les Raiſins.	69
XII. Le Cigne & le Cuiſinier.	69
XIII. Les Loups & les Brebis.	70
XIV. Le Lion devenu vieux.	70
XV. Philomele & Progné.	71
XVI. La Femme noyée.	72
XVII. La Belette entrée dans un Grenier.	73
XVIII. Le Chat & un vieux Rat.	73

LIVRE IV — 75

Fable I. Le Lion amoureux.	75
II. Le Berger & la Mer.	76
III. La Moûche & la Fourmy.	77
IV. Le Jardinier & ſon Seigneur.	79
V. L'Aſne & le petit Chien.	80
VI. Le combat des Rats & des Belettes.	81
VII. Le Singe & le Daufin.	82
VIII. L'Homme & l'Idole de bois.	84
IX. Le Geay paré des plumes du Paon.	84
X. Le Chameau, & les Baſtons flotans.	85
XI. La Grenoüille & le Rat.	85
XII. Tribut envoyé par les Animaux à Alexandre.	87
XIII. Le Cheval s'eſtant voulu vanger du Cerf.	89
XIV. Le Renard & le Buſte.	90
XV. Le Loup, la Chevre, & le Chevreau	90

XVI. *Le Loup, la Mere & l'Enfant.*	91
XVII. *Parole de Socrate.*	93
XVIII. *Le Vieillard & ſes enfans.*	93
XIX. *L'Oracle & l'Impie.*	94
XX. *L'Avare qui a perdu ſon treſor.*	95
XXI. *L'œil du Maiſtre.*	96
XXII. *L'Aloüette & ſes petits, avec le Maiſtre d'un champ.*	97

LIVRE V — 99

Fable I. *Le Buſcheron & Mercure.*	99
II. *Le pot de terre & le Pot de fer.*	101
III. *Le petit Poiſſon et le Peſcheur*	102
IV. *Les Oreilles du Lièvre.*	102
V. *Le Renard ayant la queuë coupée.*	103
VI. *La Vieille et les deux Servantes.*	104
VII. *Le Satyre & le Paſſant.*	105
VIII. *Le Cheval & le Loup.*	106
IX. *Le Laboureur & ſes enfans.*	107
X. *La Montagne qui accouche.*	107
XI. *La Fortune & le jeune Enfant.*	108
XII. *Les Medecins.*	108
XIII. *La Poule aux œufs d'or*	109
XIV. *L'Aſne portant des Reliques.*	109
XV. *Le Cerf & la Vigne.*	110
XVI. *Le Serpent & la Lime.*	110
XVII. *Le Liévre & la Perdrix.*	111
XVIII. *L'Aigle & le Hibou.*	111
XIX. *Le Lion s'en allant en guerre.*	113
XX. *L'Ours & les deux Compagnons.*	113
XXI. *L'Aſne veſtu de la peau du Lion.*	114

LIVRE VI — 115

III. *Phœbus & Borée.*	117
IV. *Jupiter & le Métayer.*	118
V. *Le Cochet, le Chat & le Souriceau.*	119
VI. *Le Renard, le Singe, & les Animaux.*	120
VII. *Le Mulet ſe vantant de ſa Genealogie.*	121
VIII. *Le Vieillard & l'Aſne.*	122
IX. *Le Cerf ſe voyant dans l'eau.*	122
X. *Le Lievre & la Tortuë.*	123
XI. *L'Aſne et ſes Maiſtres.*	124
XII. *Le Soleil & les Grenoüilles.*	125
XIII. *Le Villageois et le Serpent*	125
XIV. *Le Lion malade, & le Renard.*	126
XV. *L'Oiſeleur, l'Autour & l'Aloüette.*	127
XVI. *Le Cheval & l'Aſne.*	127

XVII. Le Chien qui lâche ſa proye pour l'ombre.	128
XVIII. Le Chartier embourbé.	128
XIX. Le Charlatan.	129
XX. La Diſcorde.	130
XXI. La jeune Veuve.	131
Epilogue	132

DEUXIEME RECUEIL : 1678•1679 — 133

A Madame De Montespan.	134

LIVRE VII — 135

Fable I. Les Animaux malades de la peſte.	135
II. Le mal marié.	137
III. Le Rat qui s'eſt retiré du monde.	138
IV. Le Héron, La Fille.	139
V. Les Souhaits.	141
VI. La Cour du Lion.	143
VII. Les Vautours et les Pigeons.	144
VIII. Le Coche & la Moûche.	145
IX. La Laitiere & le Pot au lait.	146
X. Le Curé & le Mort.	147
XI. L'homme qui court apres la Fortune, & l'homme qui l'attend dans ſon lit.	148
XII. Les deux Coqs.	150
XIII. L'ingratitude & l'injuſtice des hommes envers la Fortune.	151
XIV. Les Devinereſſes.	152
XV. Le Chat, la Belette, & le petit Lapin.	154
XVI. La teſte et la queuë du Serpent.	155
XVII. Un Animal dans la Lune.	156

LIVRE VIII — 158

Fable I. La mort et le mourant.	158
I. Le Savetier & le Financier.	159
III. Le Lion, le Loup & le Renard.	161
IV. Le pouvoir des Fables.	162
V. L'Homme & la Puce.	164
VI. Les Femmes & le Secret.	164
VII. Le Chien qui porte à ſon cou le diſné de ſon Maiſtre.	165
VIII. Le Rieur & les Poiſſons.	166
IX. Le Rat & l'Huitre.	167
X. L'Ours & l'Amateur des Jardins.	168
XI. Les deux Amis.	170
XII. Le Cochon, la Chevre & le Mouton.	171
XIII. Tircis & Amarante.	172
XIV. Les Obſeques de la Lionne.	173
XV. Le Rat & l'Éléphant.	175
XVI. L'Horoſcope.	176
XVII. L'Aſne et le Chien.	178

XVIII. Le Baſſa & le Marchand.	179
XIX. L'Avantage de la Science.	181
XX. Jupiter et les Tonnerres.	182
XXI. Le Faucon & le Chapon.	183
XXII. Le Chat & le Rat.	184
XXIII. Le Torrent & la Riviere.	186
XXIV. L'Éducation.	186
XXV. Les deux Chiens & l'Aſne mort. LEs vertus devroient eſtre ſœurs, Ainſi que les vices ſont freres : Dés que l'un de ceux-cy s'empare de nos cœurs,	187
XXVI. Democrite & les Abderitains.	188
XXVII. Le Loup & le Chaſſeur.	190

LIVRE IX   **191**

Le Dépoſitaire infidele.	191
II. Les deux Pigeons.	194
III. Le Singe & le Leopard.	196
IV. Le Glan & la Citroüille.	197
V. L'Ecolier, le Pedant, & le Maiſtre d'un Jardin	198
VI. Le Statuaire & la Statuë de Jupiter.	199
VII. La Souris metamorphoſée en fille.	200
VIII. Le Fou qui vend la Sageſſe.	202
IX. L'Huitre, & les Plaideurs.	203
X. Le Loup, & le Chien maigre	204
XI Rien de trop	205
XII. Le Cierge.	206
XIII. Jupiter & le Passager.	206
XIV. Le Chat & le Renard.	207
XV. Le Mary, la Femme, & le Voleur.	208
XVI. Le Treſor, & les deux Hommes.	209
XVII. Le Singe, & le Chat.	210
XVIII. Le Milan & le Roſſignol.	211
XIX. Le Berger & ſon troupeau.	212
Les deux Rats, le Renard, & l'Œuf.	217

LIVRE X   **219**

Fable I. L'Homme & la Couleuvre.	219
II. La Tortuë & les deux Canards.	221
III. Les Poiſſons & le Cormoran.	222
IV. L'Enfoüiſſeur & ſon Compere.	223
V. Le Loup & les Bergers.	224
VI. L'Araignée & l'Hirondelle.	225
VII. La Perdrix & les Cocs.	226
VIII. Le Chien à qui on a coupé les oreilles.	227
IX. Le Berger & le Roy.	227
X. Les Poiſſons & le Berger qui joüé de la flûte.	229
XI. Les deux Perroquets, le Roy & ſon fils.	230

XII. *La Lionne & l'Ourſe.*	232
XIII. *Les deux Avanturiers & le Taliſman.*	233
Discours À Monsieur le Duc de la Rochefoucault.	234
XV. *Le Marchand, le Gentilhomme, le Pâtre & le Fils de Roy.*	236

LIVRE XI — 238

Fable I. *Le Lion.*	238
III. Le Fermier, le Chien, & le Renard.	240
IV. Le ſonge d'un habitant du Mogol.	242
V. Le Lion, le Singe, & les deux Aſnes.	243
VI. Le Loup, & le Renard.	245
VII. Le Païſan du Danube.	246
VIII. *Le vieillard, & les trois jeunes hommes.*	249
IX. Les Souris, & le Chat-huant.	250
Epilogue.	251

TROISIEME RECUEIL : 1694 — 252

LIVRE XII — 253

Fable I. Les Compagnons d'Uliſſe.	253
Fable II. Le Chat & les deux Moineaux.	256
III. Du Theſauriſeur & du Singe.	257
Fable IV. Les deux Chévres	258
Fable V. Le vieux Chat & la jeune Souris.	260
Fable VI. Le Cerf malade.	261
Fable VII. La Chauve-Souris, le Buiſſon, & le Canard.	261
Fable VIII. La querelle des Chiens & des Chats, & celle des Chats & des Souris.	
	263
IX. Le Loup & le Renard.	264
Fable X. L'Écreviſſe & ſa Fille.	266
Fable XI. L'Aigle & la Pie.	267
Fable XII. Le Milan, le Roi, & le Chaſſeur.	268
Fable XIII. Le Renard, les Mouches, & le Heriſſon.	271
XIV. L'Amour & la Folie.	272
XV. Le Corbeau, la Gazelle, la Tortuë, & le Rat.	273
Fable XVI. La Foreſt & le Bucheron.	276
XVII. Le Renard, le Loup, & le Cheval.	277
XVIII Le Renard & les Poulets d'Inde	278
XIX. Le Singe.	279
Fable XX. Le Philoſophe Scithe.	279
XXI. L'Élephant, & le Singe de Jupiter.	280
XXII. Un Fou & un Sage.	281
XXIII Le Renard Anglois	282
Fable XXIV. Daphnis & Alcimadure.	284
XXIV. Philemon & Baucis.	286
XXVI. La Matrone d'Epheſe.	291
Fable XXVII. Belphégor.	296

XXVII Les Filles de Minée — 304
XXIX. Le Juge Arbitre, l'Hoſpitalier, & le Solitaire. — 318

Printed in Poland
by Amazon Fulfillment
Poland Sp. z o.o., Wrocław
21 December 2023

7534d69d-e81d-40ad-ac8c-3bb794b06617R01